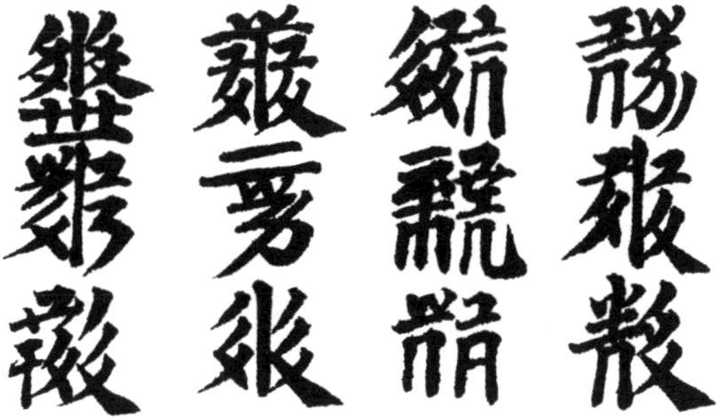

简说
辽宋夏金

王曾瑜

著

图书在版编目（CIP）数据

简说辽宋夏金 / 王曾瑜著. — 重庆：重庆出版社，2021.8

ISBN 978-7-229-15889-7

Ⅰ.①简… Ⅱ.①王… Ⅲ.①中国历史－辽宋金元时代②中国历史－西夏 Ⅳ.①K24

中国版本图书馆CIP数据核字（2021）第117601号

简说辽宋夏金

王曾瑜　著

出　品：	华章同人
出版监制：	徐宪江　秦　琥
责任编辑：	周英斌　何彦彦
责任印制：	杨　宁
营销编辑：	史青苗　刘晓艳
书籍设计：	潘振宇　774038217@qq.com

重庆出版集团
重庆出版社 出版

（重庆市南岸区南滨路162号1幢）
北京毅峰迅捷印刷有限公司　印刷
重庆出版集团图书发行有限公司　发行
邮购电话：010-85869375

全国新华书店经销

开本：880mm×1230mm　1/32　印张：8.5　字数：163千
2021年10月第1版　2023年1月第2次印刷
定价：58.00元

如有印装质量问题，请致电023-61520678
版权所有，侵权必究

目 录

上篇

10—13世纪的中国

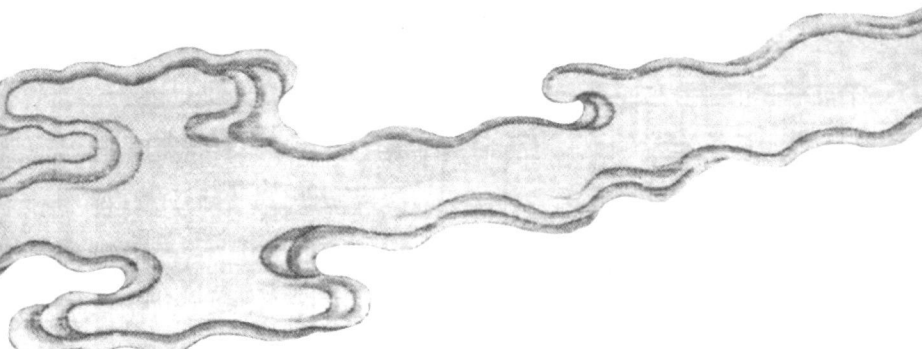

一 ◆ 辽宋夏金政治

辽朝 / 13　　宋朝 / 16　　西夏 / 21

金朝 / 22　　回鹘 / 25　　于阗 / 27

喀喇汗 / 27　　吐蕃 / 28　　大理 / 29

二 ◆ 辽宋夏金社会经济

中国古代经济发展的重要阶段 / 33

辽宋西夏金人口和社会 / 39

三◆辽宋夏金教育科技文化

四◆辽宋夏金宗教风俗

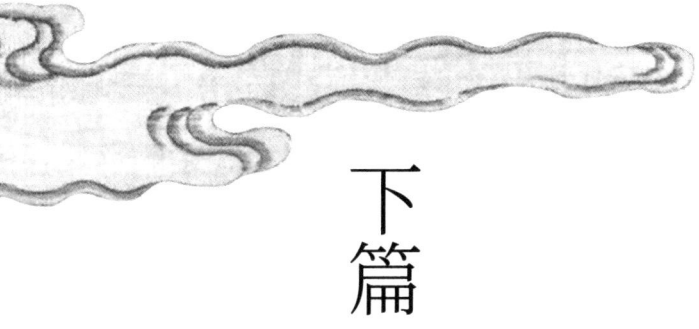

下篇

辽宋夏金的兴亡

一◆政治军事与制度

契丹游牧民族的政治特色 / 57

辽与北宋元丰前官制的异同 / 59

宋太祖的秘密誓约和政治文明 / 67

先王之政与祖宗之法 / 70

保守的文官政治 / 77

守内虚外 / 86

发达的台谏政治 / 89

荫补制的泛滥成灾 / 98

多元化士风的主流 / 102

北宋从腐败走向灭亡 / 109

开封的劫难和衰落 / 115

康王出使和救援开封的真相 / 122

国难当头时的腐败和行乐 / 125

南宋初年的抗金斗争 / 129

狼狈为奸据庙堂，贪饕成风是官场——宋高宗和秦桧的"中兴""盛世"之一 / 135

文丐奔竞颂降金，祥瑞纷至掩灾疫——宋高宗和秦桧的"中兴""盛世"之二 / 140

捕风捉影文字狱，株连蔓引瘴海行——宋高宗和秦桧的"中兴""盛世"之三 / 146

两次使用火药兵器的重要海战 / 150

西夏立国与西北沙化 / 154

女真族的汉化与腐化 / 161

金朝官制对后世的影响 / 165

蒙古族兴起的曲折 / 167

二 ◆ 社会经济

经济重心的南移与政治中心的东移 / 187

宋代的绿色革命 / 189

传统衣料的变化 / 193

石炭、石油和天然气 / 197

宋代农民的五大公害 / 203

世界上最早的纸币发行 / 206

海上贸易大国 / 207

三 ◆ 教科文与风俗

经学、教育和科举三位一体的确立 / 213
标准语的变化——北京话开始取代洛阳话 / 216
席地跪坐的改变 / 218

四 ◆ 两宋名人

范仲淹的两句名言 / 227
宗泽——大呼过河身已僵 / 228
李纲——谋身性虽拙，许国心独苦 / 232
李清照和秦桧、王继先 / 234
岳飞的高风亮节点滴 / 237
"莫须有"千古奇冤 / 240
文天祥——时穷节乃见 / 244

附录

治史心得

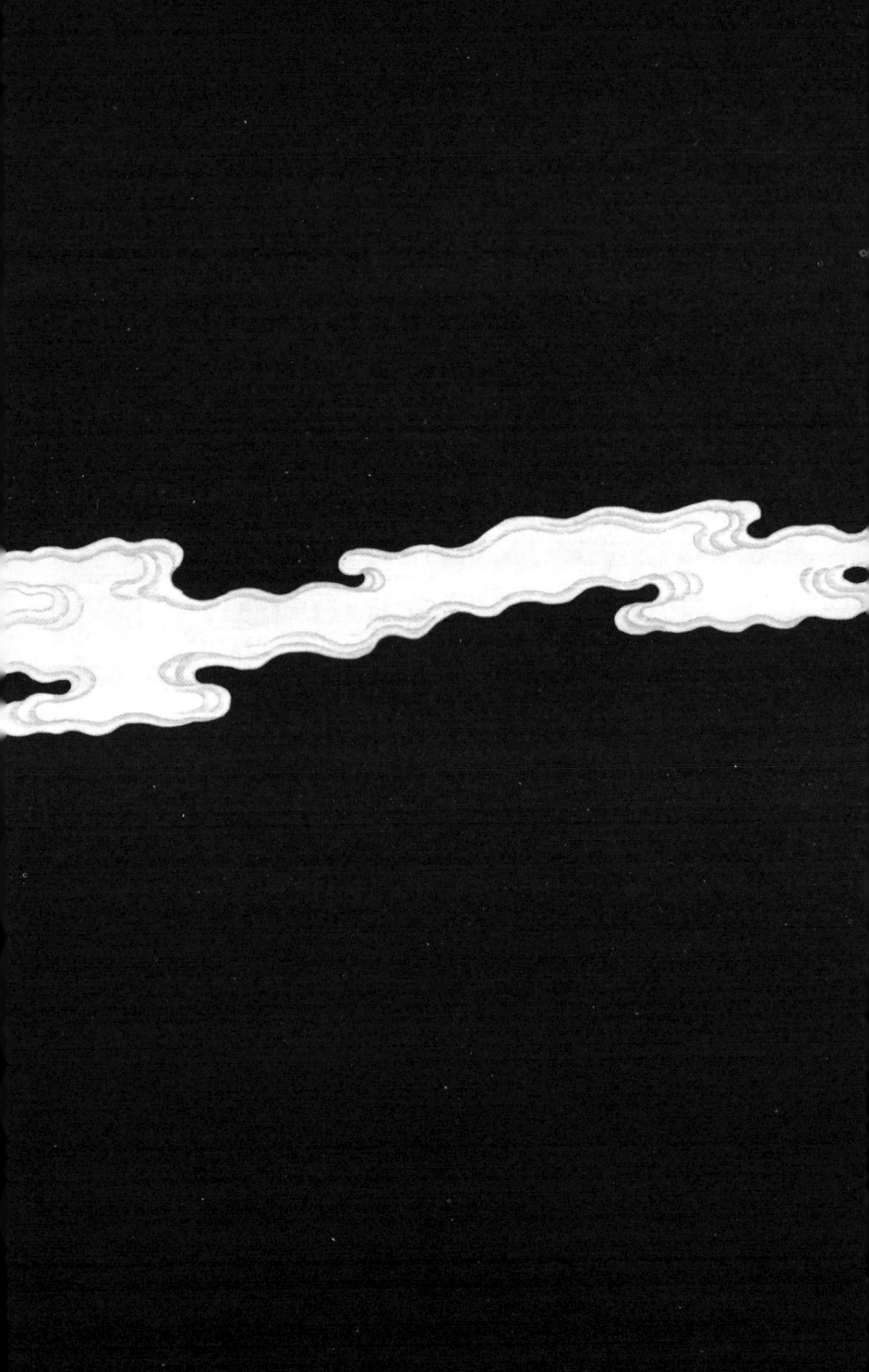

上篇

10—13世纪的中国

一

辽宋夏金政治

从公元10世纪到13世纪，在今天中国境内，曾并列存在着辽、宋、西夏、金、回鹘、于阗、喀喇汗、吐蕃、大理、蒙古（后定国号元）等政权，这其实是中国历史上又一个分裂的南北朝时期。辽朝辖有今东北和内蒙大部，南至北京、大同等地。西辽辖有今新疆和中亚部分地区。北宋辖有今华北大部，西起兰州、四川，直至南方。南宋丧失约三分之一的土地，退至今宝鸡南部的大散关至淮水一线以南。西夏辖有今宁夏、甘肃河西走廊和内蒙小部。金朝辖有今东北、华北和内蒙大部。西州回鹘和于阗辖有今新疆的一部分。喀喇汗辖有今新疆南部和中亚部分地区。吐蕃辖有今西藏与青海。大理辖有今云南。辽朝和金朝先后是东亚的第一军事强国，西辽也曾一度称雄于中亚，而宋朝在经济文化上是当时世界上最为先进的国家。西夏、回鹘、于阗、喀喇汗、吐蕃、大理等也对本地区和民族的发展做出了贡献。现将各国的政治概况分述于下。

辽朝

契丹族可能于神册元年（公元916年）建国，其国号汉语称辽。从传世的契丹文看来，或使用"哈剌契丹"双国号，"哈剌"之契丹语义为"辽"。在辽朝的全盛期，其统治区包括今东北、内蒙、外蒙和华北的北京、大同一带以至新疆东北等地。

在中国古史上，辽朝是一个相当特殊的皇朝，其政治和典章制度适应并表现了对游牧民族和农耕民族的兼容。辽朝有许多民族，人数最多的当属契丹人、奚人、汉人（时称汉儿）和渤海人。契丹人统治着整个国家，皇族耶律氏和后族萧氏两大族系在辽国国家体制中居于绝对的统治地位。"契丹与奚言语相通，实一国也"[1]，早在辽朝建国前，就已征服了奚人。辽朝将奚人作为一大部族，并与后族同称萧姓。辽朝于天显元年（公元926年）灭渤海国，于会同元年（公元938年）得到后晋割让的燕雲[2]十六州，又先后将大量的渤海人和汉人收归其统治。

辽朝当然也存在民族歧视和压迫。但是，允许汉人、渤海人等保留农耕民族的生产方式，以至发型、服饰等习俗，显得比较宽松，这与后来金朝强迫汉人剃头辫发，清朝入关后的留头不留发、留发不留头，适成鲜明对照。至于韩、刘、马、赵诸族为首的幽蓟汉人地主阶级，在辽国政权构成中，其地位仅次于契丹人，居第二位。渤海人与契丹人的民族矛盾较深，不但曾发动叛乱，在金朝兴起后，很多渤海人又归金反辽。

辽朝的契丹人虽然"嗜学"汉文明[3]，却长期保留着游牧民族的习俗。辽朝先后建立了五京，即上京临潢府（治今内蒙巴林左旗南波罗城）、东京辽阳府（治今辽宁辽阳市）、中京大定府（治今内蒙古宁城县西南大明城）、南京析津府（又称燕京，治今北京市）和西京大同府（治今山西大同市）。其中上京作为契丹人发祥和兴起之地，地位尤其重要。但是，辽朝皇帝却有相当一段时间不住在京城宫殿中，而是在露居野营的宫帐中处置国务。宫帐又是一年四季迁徙不定。从政治地位而论，宫帐反重于五京，这与中原皇朝的皇帝常住京都的宫殿颇异。

辽朝实行北面、南面两套官制，北面官负责处置契丹等各游牧民族事务，南面官负责处置汉、渤海等各农耕民族事务。"辽俗东向而尚左，御帐东向"[4]，这与中原汉族皇帝面南而治不同。北面官即是左，南面官即是右，北面官重于南面官。在地方行政管理系统上，辽朝对游牧民族实行部族制，而对汉人、渤海人等实行州县制，分别由中央的北面、南面官僚机构管理。此外，辽朝前后共有九帝、二后、一个皇太弟和一个改契丹姓的汉族大臣，置有十三个斡鲁朵，汉语称"十二宫一府"。各个斡鲁朵设有宫户等，也分别设置了统治游牧和农耕民族的北面、南面官僚机构，成为辽朝单独的行政和经济实体，乃是不受辽廷管辖的国中之国。

与斡鲁朵类似的是头下军州。头下军州主要是在契丹统治的腹心地区，环绕上京、中京建立起来的，可说是契丹贵族的领地。头下军州与斡鲁朵、由辽廷直接统治的行政区鼎足而三，在契丹社会经济生活、政治生活中占有重要地位。

契丹族不同于汉族，妇女地位较高，故皇后与皇太后掌政的时间不短，而臣僚们也并不像汉人那样，将此视为不正常的情况。在人事方面，辽朝主要实行贵族世选制，科举制居次要地位。"风俗贵亲，率以近亲为名王将相，以治国事，以掌兵柄，而信任焉。"[5]契丹人既长期保持游牧风俗，故辽军以骑兵为主力，但比较散漫。

辽朝东南与高丽接壤，南方先后与后唐、后晋、后汉、后周以及宋朝为邻，西南又与西夏、回鹘等相连，彼此都曾发生战争，但主要对手还是中原皇朝。辽军曾南下灭后晋，后周则发兵收回三关之地。辽宋之间有二十六年战争，辽军虽占上风，但因不善攻城战，无力深入宋朝内地，故对宋朝经济破坏不大。此后则有长达一百一十八年的和平，这在中华古史上还是仅有的。辽宋之间建立了比较平等的外交关系，但辽朝还是力图占据主导地位，并且利用西夏牵制和消耗宋朝的力量。

在辽朝中后期，西北的阻卜，即后来的蒙古成为辽朝的主要边患。辽朝并不重视对东北生女真的防范，而生女真建立金朝（公元1115年），前后经过十二年战争，于保大五年（公元1125年）灭亡辽朝。

契丹族的一支则迁徙到中亚和今新疆地区，以虎思斡鲁朵（今吉尔吉斯斯坦托克马克附近）为中心，重新建国，史称西辽。西辽收服原来的高昌、喀喇汗等国，适应了中亚和新疆的地理和人文环境，对辽朝的政治体制有因有革。西辽于天禧三十四年（公元1211年），被乃蛮的屈出律篡位。1218年，亡于蒙古。

宋朝

在五代十国分裂之际，经过周世宗的经营，中原地区出现了重新统一的转机。建隆元年(公元960年)，武将赵匡胤沿用五代"帅强则叛上"[6]的武夫政治故伎，发动兵变，夺取政权，建立宋朝，后庙号太祖，史称新皇朝为北宋。北宋定都于东京开封府(今属河南)，渐次削平各割据政权，完成了从中原到南方大部分汉族聚居区的重新统一。

宋朝吸取五代弊政的教训，专注于免蹈覆辙，堵塞各种政治上的漏洞，而并不追求规模一新。宋朝强调"祖宗之法"，其基本精神是"事为之防，曲为之制"[7]，"专务以矫失为得"[8]。其流弊则是矫枉过正，在第二代皇帝宋太宗时已发展到"守内虚外"，甚至"斥地与敌"。[9]北宋的弊政大都可追溯到宋太宗时。

北宋政治军事和典章制度的利弊得失是十分鲜明的，大致可以概括如下：

第一，按照皇帝集权、臣僚分权和中央集权、地方分权的原则，北宋各种政治制度的设计和操作，还是有效地维护了政治稳定，消弭了各种内讧，有利于经济和文化的发展。

第二，自宋太宗始，以兴盛的科举制造就了发达的文官政治。从重视门第到重视出身，是唐宋时期官场的一大转变。宋朝"取士不问家世，婚姻不问阀阅"[10]，官场中只讲究出身，科举入仕者算是"有出身"，其他门径入仕者都是"无出身"。宋朝所谓皇帝"与士大夫治天下"[11]，其实就是与"有出身"者治天下。文官政治，即"以儒立国"[12]，对政治稳定和文化发展是有正面影响的。

第三，在人类历史上，政争是不可避免的，而在专制时代，政争又往往是十分残酷的。宋太祖立下了秘密誓约："藏于太庙，誓不诛大臣、言官，违者不祥。"[13]故北宋的政争少有诛杀，较为文明。即使在北宋后期有三次大规模贬窜士大夫的运动，一般也不开杀戒。宋人称"古者士大夫多被诛夷，小亦鞭笞。太祖皇帝以来，始礼待士大夫，终始有恩矣"[14]。赵宋一代在强调皇帝大权独揽的同时，又兼顾对臣僚的体貌宽柔，在中华古史上是绝无仅有的。[15]

第四，北宋除后期外，将"异论相搅"作为"祖宗之法"，其初意是使臣僚"各不敢为非"。[16]在较为宽松的政治和舆论环境下，宋朝台谏政治的发达，超越前朝后代。在人治条件下，台谏政治固然有各种流弊。但按照儒家理论，台谏官作为政治上的反对派，行使监督权，发表异论，对于"扶直道"[17]，维系一个时代的正派士风，有一定意义。

第五，文官政治并不意味着就是保守，但宋朝文官政治的特点在总体上说却是保守。正如王安石讥评说，"因循苟且"，"侥幸一时"，[18]不求振作有为，但求勉强维持，得过且过。"因循苟且"和"守内虚外"互为表里，都是"祖宗之法"的重要方面。

第六，宋政多"繁缛之文"[19]，缺乏行政效率。长期稳定的政治局面，造成"无意外仓卒之变，惟无意外之变，所以都不为意外之防"[20]。北宋从政治体制到决策都缺乏应变能力。这在金军南侵、北宋亡国时，表现得尤其明显。正如朱熹说:"今看著徽宗朝事,更无一著下得是。古之大国之君犹有一二著下得是,而大势不可支吾,那时更无一小著下得是。"[21]

第七,北宋的荫补制,即官僚世袭制盛行,超迈汉唐,这是严重的倒退,却是贯彻了"与士大夫治天下"的精神。除北宋初期外,宋朝大约在十分之九的时间里冗官为患,冗官的中心问题就是荫补制。冗官造成了沉重的财政负担、严重的社会痼疾,又严重影响官僚机构的行政效率。

第八,由于宋太祖以武将"黄袍加身"的来历,宋朝"守内"的第一要旨就是猜忌和防范武将。宋朝维持着超越前代的大规模常备军,冗兵给财政造成了沉重的负担,成为严重的社会痼疾,而其军制却是以束缚武将才能,降低武将地位和素质,牺牲军事效能为特征。在崇文抑武、以文驭武的方针指导下,整个时代的尚武精神沦落。北宋逐步实行文臣统兵和宦官统兵,降至北宋末,举国竟无折冲御侮之将。

第九,人们常说,宋朝积贫积弱。其实,北宋的人力超过唐朝,物力和财力、政府财政收入更大大多于唐朝。但丰厚的财政收入难以负荷冗兵、冗官等支出,而横征暴敛又加重了民贫,这就是积贫。宋朝的综合国力无疑强于辽朝、西夏、金朝等,但因"守内虚外"、崇文抑武等因素,实力的运用水平很差,这就是积弱。

第十,一般说来,腐败与专制是一对双生子,专制必然滋生腐败,腐败必然依赖专制。但宋朝的腐败还有其突出的表现。金元时代评论,认为宋政失之于"宽柔"[22]。"宽柔"表现为对误国败事者有罪不罚,罚不当罪,罪废复用,所谓"赏重于罚,威不逮恩"[23]。宋朝的上层官员,大多治国救国无方,而在钩心斗角、玩弄机谋权术时,却又有足够的聪明才智。发展到顶点,则是不管国家存亡、百姓死活,自己不能治国和救国,却必须破坏他人治国和救国。

总的说来,北宋的专制政治有开明的成分、保守的成分、拙劣和荒唐可笑的成分,互相交织着。

北宋于靖康二年(公元1127年)亡于金朝。宋高宗又于当年重建宋朝,史称南宋,后定都于临安府(治今浙江杭州)。南宋保存了北宋约三分之二的统治区,并且基本继承了北宋的政治军事传统和典章制度。但南宋也有若干不同于北宋的特点:

第一,"守内虚外"的方针发展到了极点。在宋军愈战愈强的形势下,南宋当政者却宁愿杀害抗金名将,与金朝订立极其屈辱的和约,这在中华古史上是空前绝后的。宋金的不平等外交前后持续了八十七年。

第二,相权的扩张。南宋也有重视皇权压制相权的时期,但四个权臣专擅的时间共计七十年[24],不仅占据了南宋一百五十三年的近一半时间,还促成了南宋的灭亡。

第三,南宋在大半时间放弃了"异论相搅"的"祖宗之法",特别是在南宋前期,为保证能对金屈辱媾和,不但实施严厉的迫害和文禁,甚至还制造文字狱。南宋在大半时间内,政治和舆论环境并不宽松,台谏官"扶直道"的功能下降。

第四，南宋先后面临金朝和蒙古的军事威胁，依托江淮和西部山地，总的说来，还是沿用"祖宗之法"，维持了内部的稳定，并且表现出了顽强的自卫能力。横扫欧亚大陆的蒙古军，唯有在进攻南宋时，遭遇到最顽强的抵抗。宋元战争持续长达四十六年。

南宋最后在祥兴二年（公元1279年）亡于元朝。但对元朝混一天下不宜估计过高，即使在元世祖时，对国家也治理得并不好，此后更是每况愈下。

西夏

西夏原是在夏州（治今内蒙古自治区与陕西靖边县北交界处）地方割据政权的基础上发展起来，于天授礼法延祚元年（公元1038年）正式建国，或自称白上国、大夏国，但人们习惯依辽人和金人等称呼其为西夏。其统治区包括今宁夏全部、甘肃大部和陕西、青海、内蒙的小部分，其国都为兴庆府（治今宁夏银川市），后改名中兴府。

西夏是多民族国家，党项人为统治民族，但又联合汉人、吐蕃人、回鹘人等的上层，可称是蕃汉联合政治。西夏立国依靠的是党项族的强宗大族，夏景宗开国后，也杂用汉臣"主谋议"，但"主兵马"者看来大多是党项人，对宋战争前，须与"诸豪歃血"。[25]皇族嵬名氏（兼用汉姓李）[26]注意与党项的大姓通婚，后族"贵宠用事"[27]，而皇权与后权、皇族与强宗大族之间也不时发生冲突。但西夏看来没有建立像辽朝那样的两套官制，大体是效仿宋制，设立中央官制和地方的州县制。

夏景宗建国时，对境内各族下秃发令，创制西夏文，规定统一服饰，以求境内各族党项化。但西夏各族的逐渐汉化还是势不可免的。西夏在后期的八十一年间，正式实行科举制，基本以科举取士选拔官吏，不论宗室贵族、平民百姓，也不论党项族、汉族或者其他民族，通过科举进入仕途是正当的途径。这意味着加强中央集权，至少是削弱了强宗大族的政治地位，削弱了贵族世选制。

西夏巧妙地利用了辽朝与北宋的矛盾，争取自身的独立和生存，但主要的敌手是北宋，双方进行了长期的战争。西夏最初处于攻势，并且成为胜者。西夏军以骑兵为主力，但显然不善于攻城战，故对宋朝只限于边境杀掠。后来又不断地被北宋攻城略地，被动挨打，却仍努力支撑困境。直到北宋末南宋初，西夏利用金军攻宋的机遇，夺取若干被占之地。此后与南宋隔绝，而与金朝基本维持和平。到夏金晚期，双方都处在蒙古的威胁下，但彼此仍有战争。西夏于宝义二年(公元1227年)亡于蒙古。

金朝

生活在东北白山黑水之间的生女真族，于辽天庆四年(公元1114年)起兵反辽，建立金朝，后灭辽破宋。金朝极盛期的统治区大致包括原辽朝的辖区，以及南至淮水的广大地域。金朝的国都最初设在生女真的发祥地上京会宁府(治今黑龙江阿城南白城子)，后迁至中都永安府——改名大兴府(治今北京市)。

金朝是多民族国家，女真人始终占统治地位。金朝初年，事实上存在着女真人、渤海人、契丹人和奚人、汉儿(原辽统治区汉人)和南人(原宋统治区汉人)五个民族等级。后来汉儿与南人之间的界限逐渐模糊。金朝存在着很强的民族歧视，特别是在金朝初期，金人强迫汉人剃头辫发，又大量驱掳汉人当奴隶，激起以汉人为主体的各民族的强烈武装反抗。金朝为了据守夺得的中原之地，将女真等大量落后民族迁入燕山以南，大量掠夺汉人的耕地，并将统治中心也转移至华北。女真人相当快地汉化，其汉化程度高于契丹人和蒙古人，同时又相当快地腐化，经历类似清朝八旗子弟的命运遭遇。国内的民族矛盾日益加深，直到金朝后期，仍爆发汉人的武装反抗。刘祁说，"大抵金国之政"，"分别蕃、汉人，且不变家政"，"偏私族类，疏外汉人"，"此所以不能长久"。[28]

金朝政制与辽朝不同，最初保留了原始社会部落联盟制的若干特点，后由辽宋降金的汉人制订了中央集权制，逐步撤销东、西枢密院、行台尚书省等对广大中原地区的单独管辖，并将隋唐以来的中央三省制合并为尚书省。金朝对地方管辖主要实行路州县制，但南迁的女真族等的猛安、谋克又成为与州县平行的行政单位，而对北方游牧民族也另外设置部族、糺等行政单位。行台尚书省虽在前朝与金初已设，而在金朝晚期，为军事需要临时设置的行尚书省制，实为元明清逐步建立省一级行政区划之嚆矢。

金朝初年，女真完颜皇族掌握军政大权，用人方面以贵族世选制为主。此后经历了残酷的政争，完颜皇族的势力不断削弱。但总的说来，女真强宗大族仍在金朝政权构成中唱主角，女真人入仕的主要途径有三：荫补、世选和军功，后来考试也成为女真入仕的一条重要途径。金朝对于考试制度的重视，远超辽朝和元朝。但金朝总的说来是以武立国，汉人文士通过科举入仕，仅居次等地位。

金朝初年，"文移极少"[29]，行政效率颇高。"及其中叶，鄙辽俭朴，袭宋繁缛之文；惩宋宽柔，加辽操切之政。是弃二国之所长，而并用其所短也。"[30]金朝不时爆发残酷的政争，唐宋制度里的政治冲突和妥协，并没有与女真原有的民主因素合流。相反，两种制度里的专制和野蛮的成分结合在一起，促成了政治过程的残暴化。金朝一反宋朝优礼臣僚的传统，实行"杖责"，"上自宰执公卿"，"亦不能免杖"，金帝的杖责有"御断"和"监断"两种，"有因而致死者"。[31]

自金朝中期以降，近侍的权势就愈来愈膨胀。因外廷大臣不受信任，参与决策者经常只是皇帝身边的近侍。此外，金朝吏的地位远高于宋朝，重用吏，以吏排挤士大夫，也是金朝政治生活的一大特点。

金初武力，以女真骑兵为基干，有顽强的战斗力，胜过辽与西夏骑兵,又能进行大规模的攻城战,故能深入中原。但随着移居中原的女真人的腐化,"狃于宴安,习成骄惰"[32],由北方游牧民族组成的乣军成为金军的精锐。

金朝取代辽朝之后,也接收了辽朝的边患,对漠北地区的统治已大为减弱。北方的鞑靼,即蒙古,始终是大患。即使在金朝强盛时期,实际上也努力避免南北同时用兵。金章宗时对宋战争,表面上金朝勉强成为胜利者,实则两败俱伤。蒙古旋即兴兵攻金,而乣军又背叛金朝,于是金朝只能弃地南逃,迁都开封,退守黄河以南,却又与宋、西夏、蒙古三方同时交兵。金朝最后于天兴三年(公元1234年),被宋蒙联军灭亡。

回鹘

唐朝后期到五代,今中国西北进一步形成多民族错居的形势。回纥族,又称回鹘,即今维吾尔族,乘吐蕃衰微之机,其一部的族帐扩散到河西走廊,驻牧地于凉州(治今甘肃武威)、甘州(治今甘肃张掖)、肃州(治今甘肃酒泉)、瓜州(治今甘肃安西东南)、沙州(治今甘肃敦煌)一带,与沙州的张氏、曹氏汉族政权时或发生冲突,又逐渐融合。回鹘族以甘州为中心建立的政权,史称甘州回鹘,或称"甘、沙州回鹘"[33]。沙州后来应被甘州回鹘所控制。

甘州回鹘是个多民族政权。回鹘"可汗王禄胜遣使曹万通"出使宋朝,"自言任本国枢密使"。[34]甘州回鹘的使宋者多有汉人,说明汉族在其政权中有一定地位。宋端拱时(公元988—989年),"回鹘都督石仁政、麼啰王子、遏挐王子、越黜黄水州巡检四族并居贺兰山下,无所统属"[35]。这表明其统治的松散,各部首领以都督、王子、巡检等名号,各统其族帐,与甘州的可汗甚至没有隶属关系。

甘州回鹘与辽朝、宋朝有相当接触。西夏建国前,与甘州回鹘前后进行了约三十年的战争,最后占据了河西走廊,甘州回鹘灭亡。但沙州回鹘政权显然还在此后一段时期保持了某种独立。

回鹘的一部据有今新疆的大部分地区,以高昌(治今新疆吐鲁番东南)为中心,史称高昌回鹘,又称西州回鹘。其国主自称阿厮兰汗,汉语译为西州狮子王。《辽史》中屡见的"阿萨兰回鹘",即是高昌。或说龟兹(治今新疆库车)另有回鹘政权。

高昌国显然是适应多民族的情况,实行较松散的统治。"所统有南突厥、北突厥、大众熨、小众熨、样磨、割禄、黠戛司、末蛮、格哆族、预龙族之名甚众",伊州(治今新疆哈密)"州将陈氏,其先自唐开元二年(公元714年)领州,凡数十世",这又是汉人。[36]

西辽建国,高昌臣服于西辽。但人数较少的契丹人逐渐同化于回鹘人,据西辽亡国后的记载,"其国人无几,衣服悉回纥也"[37]。回鹘后又臣服于蒙古。

于阗

于阗位于今新疆和田南,是唐朝的安西四镇之一,其国主为尉迟氏。五代时,国主用汉姓名李圣天,由后晋册封为大宝于阗国王。于阗国主仿效汉人衣冠,使用"同庆"年号,并设置州的行政区划,据有今新疆南部一带。于阗的佛教兴盛。大约在11世纪初,西部的喀喇汗国灭掉了于阗李氏政权。

喀喇汗

喀喇汗史或称黑汗、黑韩,这是今中国境内第一个伊斯兰国家。喀喇汗国大约于10世纪在中亚建国,实行双王制和分封制,后分裂为东、西两汗国。在灭掉于阗后,控制了今新疆南部。

喀喇汗国与宋朝交往时或仍称于阗。如宋元丰四年(公元1081年)国主称"于阗国偻儸大(有?)福力量知文法黑汗王"[38]。政和间(公元1111—1117年),又自称"日出东方、赫赫大光、照见西方五百里国,五百国内条贯主、〔师子〕黑汗王"[39]。所谓"五百国",应是指分封制下的众多小国。

东、西喀喇汗国先后臣服于西辽。13世纪初,东、西喀喇汗国先后灭亡。

吐蕃

吐蕃是今藏族的祖先，当唐朝时，曾建立军事强国。但到唐朝末年，"亦自衰弱，族种分散，大者数千家，小者百十家，无复统一矣"[40]。除西藏本部外，在今青海、甘肃一带，"至五代时，吐蕃已微弱，回鹘、党项诸羌夷分侵其地"[41]，更形成多民族错居的形势。

吐蕃族发展过程中，曾融入党项、吐谷浑、回鹘、沙陀、汉等多种民族成分。五代后唐时，西凉府（凉州）的六谷蕃部建立政权，六谷蕃部还包括吐蕃化的汉人、党项人、回鹘人等。宋初，六谷蕃部与尚未建西夏国的党项政权相抗。后党项大约在宋大中祥符八年（公元1015年）占领西凉府，吐蕃的"旧部往往"逃往河湟。[42]

在河湟一带的吐蕃大致在宋真宗时建立政权，"又得回纥种人数万"，于阗人阿里骨也被奉为首领，可知其多民族成分，但"其国大抵吐蕃遗俗"。吐蕃政权大约于宋明道二年（公元1032年）"徙居青唐"（治今青海西宁）。[43]青唐吐蕃曾帮助北宋与西夏相抗，也成为西夏争取和打击的对象。后来宋朝改变政策，几次出兵，于崇宁三年（公元1104年）消灭青唐政权，设西宁州，赐其首领姓名赵怀德。

金朝进据中原，"复分陕西北鄙"与西夏，双方"以河为界"。[44]于是西夏统治了西宁州一带的吐蕃族，但"西番三十八族首领赵继忠"又投归南宋。[45]河湟的吐蕃族"虽属夏国，叛服不常"[46]。

此外，四川西部也与吐蕃为邻，南宋孝宗时，有吐蕃族首领赖苗。[47]蒙古于1239年进兵西藏，吐蕃遂正式归入中国版图。

大理

唐天复二年（公元902年），占据今云南的南诏国亡，此后有郑、赵、杨、段四姓先后建立长和国、兴元国[48]、义宁国和大理国。段氏大理国建于文德元年（公元938年）。

大理是多民族国家，宋人一般称"大云南蛮"和"小云南蛮"，"其他小国，或千百家为一聚，或二三百家为一族，不相臣属"[49]。目前一般认为，大理国的统治民族是白族。大理效法汉制，"其规模服色"，"略本于汉"，还"设科选士"，实行科举制，[50]并设有府、郡等行政区划，但各民族仍保留各自的生产方式和组织形式。

大理及周边民族与宋朝的经济和文化交流，有时还相当频繁。大理于天定二年岁末（公元1254年初），被蒙古军灭亡。

1 《辽史》卷七三《耶律曷鲁传》。
2 本书部分人名、地名保留了繁体，是因为在繁简转化中有多对一的情况，简化之后就改变了其原本的意思，尤其是某些人名简化之后就相当于为其改名。
3 《萍洲可谈》卷二。
4 《辽史》卷四五《百官志》。
5 《宋朝诸臣奏议》卷一三五富弼《上仁宗河北守御十三策》。
6 《新唐书》卷五〇《兵志》。
7 《续资治通鉴长编》（以下简称《长编》）卷一七开宝九年十一月乙卯。
8 《水心别集》卷一二《法度总论二》。
9 《历代制度详说》卷十《屯田》。
10 《通志》卷二五《氏族略·氏族序》。
11 《长编》卷二二一熙宁四年三月戊子。
12 《陈亮集》（增订本）卷一《上孝宗皇帝第三书》。
13 《松隐文集》卷二六《进前十事札子》。
14 《黄氏日抄》卷八十《引放词状榜》。
15 《辽史》卷二十《兴宗纪》："南府宰相杜防、韩绍荣奏事有误，各以大杖决之。"《说郛》卷八文惟简《虏廷事实》载："虏中上自宰执公卿，下至判司簿尉，有罪犯者，亦不能免杖。"这是金朝的情况。朱熹《朱子语类》卷一三三也记载有金朝高官受杖责的情况。明朝更有残酷的廷杖。
16 《长编》卷二一三熙宁三年七月壬辰。
17 《文山先生全集》卷三《御试策一道》。
18 《王文公文集》卷一《上时政书》。
19 《金史》卷四六《食货志》。朱子语类》卷一二七谈论"今官府文移之烦"时说："国初时事甚简径，无许多虚文。"并举了实例。
20 《朱子语类》卷一二八。
21 《朱子语类》卷一二七。
22 《金史》卷四六《食货志》。
23 《长编》卷一三八庆历二年十月戊辰。
24 秦桧专擅，应以绍兴十一年（公元1141年）宋金和议，金朝保证他当终身宰相，宋廷收大将兵

25 《宋史》卷四八五《夏国传》。
26 据《辽史》卷一一五《西夏传》、《金史》卷一三四《西夏传》、《长编》卷一九九嘉祐八年七月丙辰记载，西夏皇族虽曾被宋朝赐姓赵，但与辽、宋、金交涉时用的是汉姓李。
27 《涑水记闻》卷一一。
28 《归潜志》卷一二《辩亡》。
29 《朱子语类》卷一二七。
30 《金史》卷四六《食货志》。
31 《说郛》卷八文惟简《虏廷事实》。
32 《历代名臣奏议》卷三五〇卫泾奏。
33 《宋史》卷四九〇《回鹘传》，《宋会要》蕃夷四之二。
34 《宋史》卷四九〇《回鹘传》。
35 《宋史》卷四九〇《回鹘传》，《宋会要》蕃夷四之二。
36 《宋史》卷四九〇《高昌传》，《挥麈前录》卷四。
37 《归潜志》卷一三《北使记》。
38 《清波杂志》卷六，《宋史》卷四九〇《于阗传》。
39 《清波杂志》卷六，《铁围山丛谈》卷一，《游宦纪闻》卷五。
40 《宋史》卷四九二《吐蕃传》。
41 《新五代史》卷七四《吐蕃传》。
42 《宋史》卷四九二《吐蕃传》。
43 《宋史》卷四九二《吐蕃传》，《东都事略》卷一二九《附录七》。
44 《金史》卷一三四《西夏传》。
45 《宋史》卷四八六《夏国传》。
46 《金史》卷九一《移剌成传》附《结什角传》。
47 《宋史》卷四九六《黎州诸蛮》，《成都文类》卷二七王敦诗《雄边堂记》。
48 《说郛》卷三六李京《云南志略》。《鉴诫录》卷六《布燮朝》有长和国的记载。
49 《宋史》卷四九六《黎州诸蛮》，《历代名臣奏议》卷三三九吴昌裔奏。
50 《大理行记》。

二

辽宋夏金社会经济

中国古代经济发展的重要阶段

在中国古代经济发展的长河中,辽宋西夏金代,主要以宋为代表,显然占有突出的地位。在两宋统治的三百年中,我国经济、文化的发展,居于世界的最前列,是当时最为先进、最为文明的国家。辽宋西夏金的经济也发生过两次严重的"逆转",是由女真人和蒙古人两次南下造成的。

从另一角度看,在辽宋西夏金代,今中国境内的各地人口分布和经济发展是很不平衡的。在手工生产的时代,人口密度大致决定了一个地区的经济发展水平。当然,人口密度的增加也意味着天然植被和生态系统的破坏。中国古代的生态环境主要有西北沙化和黄河水患两大问题,二者是紧密关联的。辽宋西夏金代的生态环境状况有进一步恶化趋势。宋初,内地已缺乏木材,需要由西北地区输入,这自然加剧了西北森林的砍伐,又转而加重了黄河的水患。南宋初,"决黄河,自泗入淮"[1],黄河入泗水河道,然后自南清河入淮入海。这又给淮河流域造成水患。

当时存在着农耕经济、半农半牧经济、游牧经济,还有少量的渔猎经济。如以经济发达区和不发达区作大致区分,在东部可以燕山为线,总的说来,燕山南北的差异相当明显。燕山之南,先后被辽金统治的"幽州之地沃野千里","地则五谷百果,良材美木,无所不有",而出榆关"才数十里,则山童水浊,皆瘠卤,弥望黄草白云,莫知亘极"。[2]当然,辽朝的古北口以北奚人聚居区，辽东汉人和渤海人聚居区，也有一定程度的开发，金朝在东北平原也有零星开发。

在西部，则大致可以关中平原西端作为发达地区和不发达地区的分界。中原皇朝政治中心的东移，显然对西部经济产生了影响。当盛唐时，"自安远门西尽唐境一万二千里，闾阎相望，桑麻翳野，天下称富庶者无如陇右"[3]。一些学者经认真考证，认为这条史料至少有夸张之处，但当时陇右也确实不是落后地区。然而自中唐以降，西北的社会经济虽有局部的、暂时的发展，但总的趋势是停滞甚至倒退的，中唐五代以来西北与内地经济发展的差距就已形成，在宋夏金时，差距又进一步扩大。自宋朝陕西沿边的鄜延、秦凤、泾原、环庆、熙河五路往西，总的说来，都属不发达地区。

即使是宋的统治区内，经济发展也同样不平衡。大致以淮水为界，淮水以北的北方地区的经济不如淮水以南的南方地区，即北不如南。宋代的经济重心已自北方转移到南方。即使在南方，若以峡州（湖北宜昌）为中心，北至商雒山秦岭，南至海南岛，画一南北直线，又表现为西不如东。北不如南，是量的差别；而西不如东，则不仅是量的差别，更是质的差别，因为有的地区还是处于"刀耕火种"的原始农业水平。当然，西部的成都府路等地区也是发达地区。

宋朝农耕经济最具代表性的，是浙西平原。两浙路的精耕细作之所以冠于全国，主要是在人多地少、劳动力充足的条件下，依靠精耕细作，提高单位面积产量，提高复种指数，大面积地创造了当时世界上最高的亩产量，这也彰显了中国人多地少的种植业的长远发展方向。换言之，中国农业的优良传统是精耕细作，这主要开始于宋朝。汉唐之际，以北方为主体的粮食生产发展，着重于用牛耕代替耒耜，实际上是横向开拓生产广度。大致自宋开始，着重于纵向开拓生产深度的南方粮食生产的崛起，其实是当时世界上的绿色革命。

东部的粮食生产主要是北方的粟麦和南方的稻。青藏吐蕃则以青稞为主粮。[4]高昌回鹘"地产五谷，惟无荞麦"[5]。当时内地的纤维作物还是传统的丝麻，而高昌回鹘和四川、广南、福建都有棉花种植，而且开始向两浙、江南等地扩展，甚至超越黄河，出现在北方金朝的河间府一带。棉花时称木绵、吉贝，所织的布称木绵布、吉贝布或白叠布。契丹、党项、吐蕃等族则广泛使用皮毛和毛织物。

辽、宋、西夏、金境内广泛实行牛耕，故养牛业与种植业关系最为密切。但回鹘却是"以橐驼耕而种"[6]。从今东北到青海，广大的半农半牧区和游牧区，大抵牧养牛、羊、马、驼等牲畜。马关系到古代骑兵的建设。但"契丹马骨格颇劣"，宋境"凡马所出，以府州（治今陕西府谷）为最，盖生于黄河之中洲曰子河汊者有善种"。[7]"地愈西北，则马愈良。"[8]当时以凉州和青唐吐蕃马最为优良。[9]西南大理等地的马匹矮小。西夏和吐蕃的特殊牲畜是牦牛。高昌回鹘可能是另一良马产地，"其驽马充食"，"贫者皆食肉"，"贵人食马，余食羊及凫雁"。[10]

宋朝有发达的手工业，其造船业、金属矿冶业、纺织业、制纸业、印刷业、制瓷业等均比唐朝有相当大的提高。煤，古称石炭，中国是世界上最早利用煤的国家，但大量开采和利用大致始于宋朝，使燃料构成发生重大变化，辽朝与西夏也有煤的生产和利用。由于煤主要贮藏于北方，后来金朝取代宋朝，成为最大的生产国。中原的印刷业也传播到边疆，西夏和回鹘都发展了活字印刷。西夏发展了独特的铁冷锻技术，"契丹鞍、夏国剑"被誉为"天下第一"，[11]是辽和西夏先进的手工业产品。

宋朝的铸钱额大大高于唐朝。宋钱不仅在境内流通，还通过走私贸易，广泛流传海外和内陆。辽、西夏和金的铸钱业规模小，其境内主要行用宋钱，以供商品流通之需。大致在宋天圣元年（公元1023年），四川地区开始发行世界上最早的纸币——交子。南宋和金发行各种纸币，纸币行用扩大到两国全境，但滥印纸币引发了通货膨胀。中国古代的纸币发行持续到元朝和明初，其中以金朝后期与元朝后期的纸币贬值最为严重。白银初步转化为货币，但只居辅助地位。吐蕃、回鹘、大理等都不行用宋钱。回鹘有银币，其境内交易，"善马直绢一匹"，"驽马""才直一丈"。[12]帛也行使货币职能，大致处于钱帛兼用的水平。大理以马与宋交易，宋方支付金银等。在宋朝，除货币外，官府发行的各种交引、公据、关子、僧道度牒等，也成为有价证券。

中国古代的城市是政治中心和工商业、消费中心。城市的规模和人口取决于乡村人口提供余粮的能力。尽管辽朝营建了上京临潢府（治今内蒙古巴林左旗南波罗城）和中京大定府（治今内蒙古宁城县西大明城），西夏建设了国都兴庆府（治今宁夏银川市），金朝营建了上京会宁府（治今黑龙江阿城南白城子），但人口密集的大城市还是全部集中在燕山以南。宋朝拥有如开封、临安等人口在十万户以上的一批大城市，这在当时世界上还是仅有的。城市中打破了唐代的坊、市区分颇严的格局，居民区和商业区互相交融。作为城市居民的坊郭户已经与乡村户分开，单独进行户口管理和统计。由于坊郭户的增多，城墙不再是城乡的天然分界。商业活动也突破了前代朝启暮闭的模式。城墙外的工商业区称为草市，草市居民也算坊郭户。除州县城外，还有成千上万的镇和市，星罗棋布于各地，是小工商业点。

宋朝商业达到很大的规模，特别在大城市，店铺林立，天南地北的商品极其丰富，品种繁多。在全国范围内形成了北方、东南、川蜀、关陇四个各具特色的区域性市场。这些市场不仅有力地推动了农业和手工业的发展，也活跃了与北方诸族和南海的交换活动。在城市中，为便于官府的控制和勒索，往往设置商业的同业组织，称为"行"，而手工业的同业组织或可称为"作"。商行保护和垄断本行的商业利益，有各种行规。商业中的雇佣制相当普遍。城市中的质库，即当铺，以及各种服务业相当发达。出租住房也十分普遍。商业信用，如赊买、预付货款、交引等信用证券的交易，都有很大发展。高利贷盛行，以财物、地契、房契等的抵押借贷颇为流行。

宋朝与今中国境内的各族贸易兴盛，主要是发达地区的农产品、手工业产品与不发达地区的畜牧业产品进行交易，显示了各族互相依存的、密切而不可分的经济关系。宋朝的海外贸易较唐代有了很大发展，是当时世界上重要的海上贸易国。

宋朝的内河运输以长江、运河和汴河为主动脉，国都开封的物资供应，大部分依赖这三条河道运输。黄河也有相当的运输量。沿海如明州、泉州、广州等地的港口是当时世界上的大商港。陆路以开封为中心，修建了抵达各州各县的官道。官道两旁往往植树，并开挖排水沟，设置标明里程的里堠以及标明国界、州界和县界的界堠。

北宋缺马，其畜力车多用牛、驴、骡等，尤以牛车最为普遍，运输也用人力车或牲口驮载。马匹用于骑乘，而牛车和轿子是人们乘坐的重要交通工具。内河和海上的船舶大小不等，官私船只的数量和运输量很大。在大城市，还有交通工具的出租业。官府的物资运输，沿用唐制，往往编组为"纲"，[13]如米以一万石为一纲，铜钱以二万贯为一纲，金以二万两为一纲，银以十万两为一纲。官府以纲作计量单位，制订有关法令，其中包括对押纲人员的奖惩。

在不发达地区，道路条件颇差，马、驼等是主要的交通工具，辽朝颇有特色的畜力车是驼车。

宋朝的通信系统是遍布各地的驿站网。规定步递日行二百里，除官府文书外，还可邮寄私人信件。马递日行三百里，急脚递日行四百里，金字牌递日行五百里。辽朝用银牌邮传紧急公文，规定"昼夜驰七百里，其次五百里"[14]。金朝的邮递有金牌、银牌和木牌，规定的最高速度是"日行七百里"[15]。

辽宋西夏金人口和社会

总的说来，辽宋西夏金时期是继汉与隋唐以后，中国古代人口的第三个增长期。古代的户口统计缺乏准确性，但据北宋晚期统计，人口大约超过了一亿。南宋中期和金朝中期的南北人口总数大约也与此相当。

宋朝政府户口登记的一大特点，是进行分类管理。如居住城市者称坊郭户，居住乡村者称乡村户；拥有田地、房产等称主户，不拥有田地、房产等称客户；田地、房产等多者称上户，田地、房产等少者称下户；乡村主户分为五等户，坊郭户分十等户；品官之家称官户，非品官之家称民户；官户与富有的吏户称形势户，其余的人户称平户。户口分类便于官府在赋役的摊派、灾年赈贷与蠲免赋税等方面实行不同的政策。

户口分类在某种程度上反映了宋时的阶级结构，如官户大致上是官僚地主；乡村上三等户大致是地主；乡村四、五等户称下户；乡村下户与客户大致是农民，包括自耕农、半自耕农和佃农。宋时的私人奴婢称人力和女使，其身份较前代有所提高。坊郭户包括了官吏、城居地主、工商业者等复杂成分。地主阶级大致可划分为皇室、官户、吏户、乡村上户、僧道户、干人等几个阶层。除了赵氏皇室外，官户作为一个法定的阶层，居于社会的最高层。

宋代是典型的租佃制农业社会。地主、官僚等拥有大部分农田，农田经营以租佃制为主，雇佣制为辅。农民以佃农和半自耕农居多，他们租种田地后，须缴纳地租。地租以实物租为主，有分成租和定额租两类，货币租有相当发展。租额大体上依田地亩产量的一半上下浮动，定额租一般每宋亩几宋斗到一宋石，但有的米、谷高达两三宋石。农民与地主往往订有租佃契约。乡村佣工也有所发展，在农田经营中占有不可忽视的比例。地主、商人和官僚兼并土地，往往兼用强占、买卖、典当等多种方式。土地兼并问题虽然引起不少士人的关注和呼吁，但政府事实上不可能采取任何措施。予以解决。

宋朝由于各地经济发展不平衡，经济关系也存在不小的差别。如海南岛黎族居住区，还处于原始社会，而宋朝大部分地区则是实行租佃制，诸如先进的两浙路等地区采取的是实物和货币两种形态的定额地租。租佃制基本上适应了当时的生产力水平。

在手工业部门中，工匠与国家的隶属支配关系发生较大变化，国家的劳役制被逐步排除，唐代的雇佣制得到进一步推广和扩大。工匠在生产上有了更多的自由和主动性。宋代涌现了更多专业化的手工业者。宋代事实上废弃了唐律中奴婢的贱人身份，实现了私家奴婢的大部分雇佣化。

中国古代宗族制度大致经历了三个发展阶段：第一是夏商周时期，第二是秦汉到隋唐时期，第三是宋元明清时期。随着隋唐以来门阀宗族制度的逐渐衰落，以"敬宗收族"为特征的第三种类型的宗族制度在宋代社会逐渐确立。此后元明清代的宗族制度大致是宋代宗族制度的延续和发展。

在辽、西夏和金的契丹、党项和女真社会中，其宗族不仅是由血缘关系组成的共同体，而且是一个重要的经济实体。每个宗族不仅有血缘关系的族属，也有血缘相异的非族属。党项宗族经济实体之所以重要，就在于它孕育着奴隶制和非奴隶制的经济成分。但契丹族、党项族奴隶制的发展，局限于边疆一隅之地，虽对汉族租佃制有所破坏，还不算大。女真贵族集团却把奴隶制推广到北中国，造成了北中国的局部倒退。猛安谋克户内迁华北，强占大量耕地，激化了民族矛盾，女真族逐步采用了租佃制，但又加剧了其自身腐化。

1　《建炎以来系年要录》（以下简称《要录》）卷一八建炎二年十一月乙未，《宋史》卷二五《高宗纪》。
2　《宣和乙巳奉使金国行程录》。
3　《资治通鉴》卷二一六天宝十二载八月。
4　《金史》卷九一《移剌成传》附《结什角传》。
5　《宋史》卷四九〇《高昌传》，《挥麈前录》卷四。
6　《新五代史》卷七四《回鹘传》。
7　《宋会要》兵二四之三。
8　《岭外代答》卷九。
9　《宋朝诸臣奏议》卷四五王襄《上钦宗论彗星》："盖青唐之马最良。"又《袖中锦》称"西马""天下第一"，当亦是指青唐等地的马。
10　《宋史》卷四九〇《高昌传》。引文中之"羊"，《挥麈前录》卷四作"牛"，今参据《说郛》弓五六王延德《高昌行纪》，似应以"羊"为准。
11　《袖中锦》。
12　《宋史》卷四九〇《高昌传》，《挥麈前录》卷四。
13　《新唐书》卷五三《食货志》。
14　《辽史》卷五七《仪卫志》，《甲申杂记》。
15　《北行日录》上，《金史》卷五八《百官志》。

三

◆

辽宋夏金
教育科技文化

辽宋西夏金代的中国境内，主要流行七种文字，即汉文、契丹文、西夏文、女真文、回鹘文、喀喇汗国文和古藏文。其中辽、西夏和金境内是汉文与契丹文、西夏文、女真文并行。大理境内通行汉文，但个别汉字略异。契丹文和女真文又分大、小字，大字是仿汉字的方块字，小字是拼音字。西夏文是仿汉字的方块字。回鹘文是依粟特文字创制的，在新疆、中亚等地广泛使用，西辽时，"其书契、约束并回纥字"[1]。蒙古最早也是使用回鹘字母拼写蒙古文。喀喇汗国文则是以阿拉伯字母为基础创制的一种突厥文。古藏文也是一种拼音文字，后来的所谓蒙古新字，即八思巴字，其字母主要来源于藏文字母。光从文字上看，就足以证明当时中国境内各民族密切的文化联系和交流。

宋朝在中国古代教育、科技和文化发展史上占有突出的重要地位。或认为唐朝是中国古代文化的鼎盛期，此处不妨对唐宋文明成就做些比较。唐代文明最重要的代表是唐诗，是公认的古代诗歌发展巅峰，唐诗胜于宋诗。而宋代文明胜过唐代文明的有教育、经学、科技、史学、宋词和散文六项。当然，以上的比较并不完全，人们在如传奇小说与话本、音乐、舞蹈、建筑、绘画、雕塑、书法等较次要的方面还有所轩轾，但只怕无碍于上述的总体评论。宋朝文明在当时世界上占据领先地位。宋代以后，文化方面不是没有新的进展，例如人们常称道的元曲、明清小说、李贽和明末清初思想、乾嘉学派等，但总的说来，中华文明已愈来愈趋于落伍了。一些前辈学者认为宋代文明是中华古文明的高峰，是经得住推敲的。以下对宋朝的教育、科技和文化成就略作介绍。

教育

宋代的太学和各地的州县学、书院蓬勃兴起。其中书院对后世影响尤大。宋神宗时，在太学实行三舍法，即外舍、内舍和上舍的升级制度，这是中国以至世界教育史上的首创，开了现代教育分级制的先河。北宋对前代的教育分科有所发展，在太学之外，先后建立武学、律学、医学、算学、书学、画学等。北宋著名教育家胡瑗"在湖州，置治道一斋，治兵、治民、水利、算法之类，各使诸生精论熟讲"[2]，也显示了分科设教的倾向。尽管对其他学科重视不够，但这无疑是高等教育实行分科的先驱。

由于印刷术的发展，如《百家姓》《千字文》一类识字课本的流行，宋朝的教育较前朝有了很大的普及，城乡出现了许多专职的教书先生，不少地区的乡村利用农闲举办冬学。南宋后期的临安城内外，"乡校、家塾、舍馆、书会，每一里巷须一二所，弦诵之声，往往相闻"[3]，甚至还可招收女孩入学[4]。福州号称"城里人家半读书"[5]。

在肯定宋代教育成就的同时，也应指出，正是从北宋开始，完成了经学、教育和科举三位一体的紧密结合，从而也将教育的功能简单地、狭隘地与仕途相联系，这就孕育着此后中国教育转向落后的因素。

宋学

宋代是中国古代经学发展的最重要时期，完成了由"汉学"向"宋学"的转变，即由章句之学转变为义理之学。但长期以来，人们将宋学简单地归结为程朱理学，这是不确切的，因为程朱理学仅是宋学的一个流派，直到南宋中后期，才成为显学，后又长期占据了经学的主导地位。宋学流派纷呈，非程朱理学一家所能囊括。

谈到宋学的出现，人们自然可以追溯到中唐韩愈等人的影响，但宋学主要形成于北宋中期。学者们不仅对儒经的注疏，甚至对儒经也提出大胆的怀疑。从方法论上说，汉学属于微观类型，而宋学则属于宏观类型。在我国古代学术史上，宋学确实开创了学术探索的新局面，并表现了它独特的新思路和新方法。宋学强大的生命力和突出的特点，还表现在把学术探索和社会实践结合起来，力图在社会改革上表现为经世致用之学。但程朱理学又把内心反省工夫放在首位，脱离社会现实的实践，以静、诚、敬等修身养性，这大致上又是理学异于不少宋学流派的基本点。

在宋学诸多流派中，先后占据支配和主导地位的是王安石的王学和程朱理学。两派尽管有尖锐的分歧，但在尊孟方面，却有其共同性。正是在两派的倡导下，孟子在宋代由诸子之一被提到了"亚圣"的地位，儒学开始了孔孟并称的新阶段。

中国学术思想史上强调门户之见、道统之说，总认为只有自己的学说为说言正论，其他思想是异端邪说。王学的创立者王安石强调"一道德"，反对"异论纷然"。[6]程朱理学则强调"自孟轲没，圣学失传"，唯有自己"得不传之学于遗经，志将以斯道觉斯民"。[7]双方其实都认为唯有自己的学说才是儒学发展史上的第三块里程碑。这本质上是一种文化专制主义，特别是将一种学说贯彻于科举取士，更起着严重的禁锢思想的恶劣作用。这是宋学发展留下的一条重要教训。我们承认世界是丰富多彩的，就应当承认思想也是丰富多彩的。检验真理只能通过实践，通过平等讨论，相信自己掌握着真理，就无须依靠权力的支撑。中国有着深厚的一言堂传统，直到近代，才由蔡元培在北京大学提出了一个相反的方针——兼容并包，即群言堂。

依照古代大儒的思维，是偏喜抽象，偏喜综合，偏喜概括，偏喜想象，偏喜模糊，甚至混沌，而不求具体，不求分析，不求实证。按现代科学实验可分成两种层次，一是理论科学实验，二是技术科学实验。中国古代恰好缺乏理论科学实验的思维和传统。中国古代哲学偏重于政治和伦理，而哲人们大都无兴趣对自然界进行细微的观察和研究，仅满足于用某些抽象概念创立宇宙论。如无极、太极、阴阳、五行等概念长期行用，停滞不前，而缺乏通过实证和分析，不断探索宇宙和自然奥秘的精神和思维模式。宋学也沿袭这种传统，并有了进一步的发展。这又潜藏着中国哲学由先进转向落后的因素。因为哲学只有扎根在自然科学的沃土，才能有强大的生命力。这是宋学发展的又一条教训。中国古代哲学，包括宋学的思维模式，也不能不影响自然科学的发展。

科技

宋代是中国古代科技发展的黄金时期。闻名于世的中国古代四大发明中，指南针、印刷术和火药三项主要是在宋代得到应用和发展。沈括是宋代科技的主要代表人物，他在科学方面成就颇丰，并有笔记小说《梦溪笔谈》和医书《良方》传世。北宋有天文史上两次著名的超新星记录。苏颂和韩公廉制造了水运仪象台和浑天仪，乃是世界上第一台天文钟和假天仪。其他如农学、农业技术和以《营造法式》为代表的建筑学等都有显著成就。北宋初构筑横跨长江的大浮桥，为桥梁史上的创举。南宋时广泛使用车船，应用了原始的螺旋桨，如此等等。

有人认为，研究科学史，必须注重科学发展的连贯性，即后人不断在前人研究的基础上添加成果，方才成其为科学史。从这个角度看，中国古代的科学应主要有数学和医学两门，这与宋代学校设有医学和算学是相应的。宋代数学有其成就，但对近代数学说不上有何影响。中华传统医学独特的理论体系无疑是深受古代哲学的影响。宋金时期的医学理论有新的发展，出现了法医专著《洗冤录》和妇科专著。北宋时的医学分科，已与近代医学分科类似。女真人没有医学，金朝医学其实是北宋医学的延续和发展。人体的经络机制和气功，是东方科学思维的重要结晶，尽管至今还未能以现代精密科学做出解析。宋代所制作的两具针灸铜人和相关医书，是针灸学划时代的进步。与古代数学不同，中华传统医学至今仍然在造福中华民族，并且对人类健康做出愈来愈大的贡献。

史学

宋代是中国古代史学的鼎盛期。各种官修史书卷帙庞大，一些史学新体裁先后创立。地理总志和方志的纂修引人注目，南宋的方志修撰，取得了划时代的进步，后世明清甚至民国的方志，在规模与体例方面大致未脱其窠臼。史学领域扩大到了金石学，宋人开创的金石学为近代考古学的嚆矢。司马光的《资治通鉴》，为中华古史学中足以与《史记》

齐名和争辉的经典之著。李焘的《续资治通鉴长编》为中国古代私人撰写的最大编年体史书。凡此种种，加之鸿篇巨制之多，史学家成就之大，都足以凌驾汉唐，睥睨明清。但与唐朝史学相比，宋朝没有像刘知幾《史通》那样有创见、有强烈追求真理和批判精神的史学著作。

词

词和诗的最重要区别，在于其音乐性。虽然一些古诗、乐府之类都能咏唱，但词的音乐特色却更为鲜明，其长短句和严格的韵律，都更便于咏唱，词可谓是宋朝的流行歌曲。尽管按固定的曲谱填词，可以追溯更早的时期，但确立为音乐文学，或者说是一种中国特色的音乐，主要始于词这种文学体裁。宋朝许多文士参加词的写作，特别是出现了所谓"豪放派"的词人，如南宋的辛弃疾等人。从文学角度看，豪放派开拓了词的创作新境；但从音乐角度看，豪放词却造成了词的文字与音乐情调的乖离，即文学语言和音乐语言的乖离。因为词的曲谱一般是"浅斟低唱""绸缪宛转"的"艳词"，如从《念奴娇》的词牌名推测，本是用音乐表达妓女念奴如何娇美，这种乐曲显然与苏轼用该词牌创作的"大江东去"的文字不协调。可惜如今词的曲谱已基本失传，但词的发展却是开创了一种重要的音乐模式，特别是对戏剧的发展产生了重大影响。从元杂剧到近代京剧和地方戏，其基本模式，就是按固定的曲谱填词，实为词的传承和发展。京剧和地方戏根据剧情，选择相应的、不同的曲谱填词，实现文学语言和音乐语言的统一与和谐，又是对词的改进。人们往往把词称为宋词，这也标志着宋词是词这种文学体裁的最高水平。

散文

唐朝虽有韩愈、柳宗元创导古文，但直到北宋初，骈体文仍占据统治地位。北宋开始的新的古文运动，到北宋中期取得了全胜，名家辈出，其散文至今传诵不衰。后人所称"唐宋八大家"，北宋即占据六人。

汉字是方块字，最适合表达其文字之美的体裁大致有骈体文、古诗词和对联。骈体文不宜一概否定，但与骈体文比较，当时所谓的古文无疑能更自由地、充分地表达思想和描绘、论析事物。总的说来，宋代的散文成就超过了唐朝。

诗

宋诗不如唐诗,这已是定论。但宋诗也有自己的特点。宋朝出现了如苏轼、陆游等重要诗人。特别是陆游的爱国诗,对华夏的精神文明产生了久远的影响。

总之,我们要实事求是地、充分地估价作为中华古文明鼎盛期的灿烂的宋代文明,但也应努力探索宋代文明的缺陷,探寻中华文明此后落伍的因素,这才是辩证唯物论。唯其如此,研究历史,就不单纯是为古人算账,而是为今人和后人开路。

1 《归潜志》卷一三《北使记》。
2 《鹤林集》卷二八《与魏鹤山书》。
3 《都城纪胜·三教外地》。
4 《警世通言》卷二三《乐小舍拼生觅偶》,依原注,是采自南宋话本《喜乐和顺记》。
5 《淳熙三山志》卷四〇。
6 《宋史》卷一五五《选举志》。
7 《河南程氏文集》卷一一《明道先生墓表》,《伊洛渊源录》卷二。

四

辽宋夏金宗教风俗

如对当时的宗教文化区域作大致分类，燕山以南的汉族聚居区虽然也有佛教、道教的流行，但占主导地位的是儒家文化，可算是儒家文化区。后来的金朝亦是如此。辽朝和西夏是佛教和儒家的混合文化区。回鹘、吐蕃和大理是佛教文化区，尽管其教派并不相同。喀喇汗国则是伊斯兰教文化区。

　　在辽宋西夏金代的中国，宗教仍以佛教为主，道教只居次要地位。各政权下的佛教、道教都有不同教派，并且出现了一些新教派。大致在喀喇汗国灭于阗后，伊斯兰教正式在今新疆南部扎根。此外，以天地、山川、鬼神等崇拜为特征的祠庙也十分兴盛。

　　在此期间，中国人风俗的变化主要有四项。一是居室从席地跪坐转变为垂足而坐，引起礼仪和家具等的一系列变化，结果是中国变革了唐俗，而日本反而保留了唐俗。睡炕在北方开始逐渐普及。二是衣料开始了用棉制品取代传统的丝麻制品的漫长过程。三是石炭被大量开发作为民用燃料。四是汉文的口语化，以及标准语开始由洛阳话向今北京话的漫长转变。

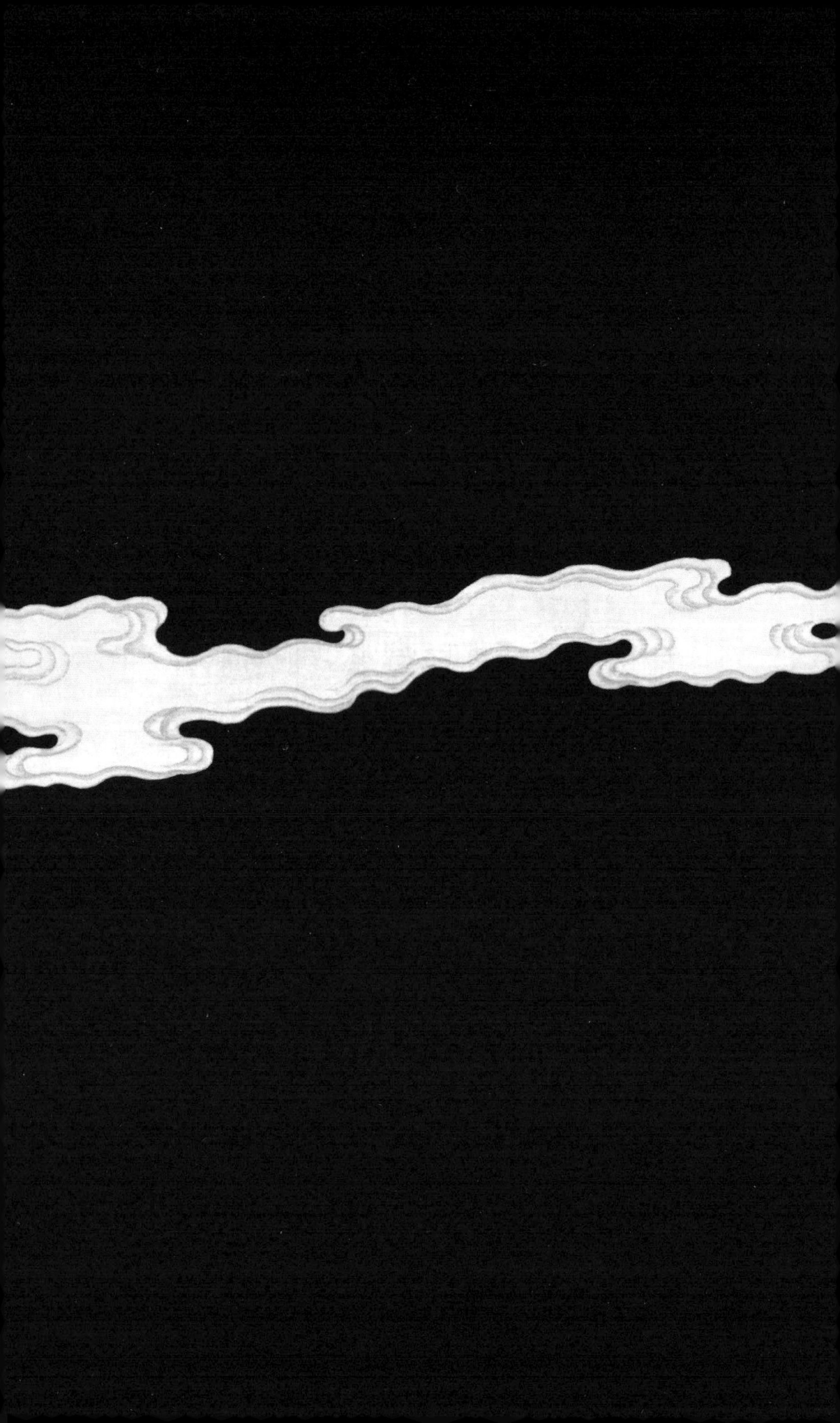

下篇

辽宋夏金的兴亡

一

政治军事与制度

契丹游牧民族的政治特色

在中国的历朝历代中，唯有辽朝保持了浓厚的游牧民族的政治特色。辽朝虽然先后建立了五京，即上京临潢府、东京辽阳府、中京大定府、南京析津府和西京大同府。其中上京作为契丹人发祥和兴起之地，地位尤其重要。但辽代的政治中心，不在汉人式的五京，而在游牧式的"捺钵"。"捺钵"是"契丹家语"，原来无非"谓住坐处"，但汉语的翻译就提高为皇帝的专有住处，"犹言行在也"[1]，或称宫帐。辽朝虽设五京，皇帝却有相当部分时间不住京城宫殿，而是在露居野营的宫帐中处置国务。宫帐又是一年四季迁徙不定。从政治地位而论，宫帐反重于五京，为政治中心，这与中原皇朝的皇帝常住京都的宫殿颇异，突出反映了辽朝的契丹游牧民族的政治特色。

一年四季，辽朝皇帝的"春捺钵""夏捺钵""秋捺钵"和"冬捺钵"地点并不固定，但都有与时节相应的渔猎活动。关于捺钵，即宫帐的布置和陈设，仅存几段记述。

《辽史》卷三二《营卫志》说："皇帝牙帐，以枪为硬寨，用毛绳连系。每枪下黑毡伞一，以庇卫士风雪。枪外小毡帐一层，每帐五人，各执兵仗为禁围。南有省方殿，殿北约二里曰寿宁殿，皆木柱竹榱，以毡为盖，彩绘韬柱，锦为壁衣，加绯绣额。又以黄布绣龙为地障，窗槅皆以毡为之，傅以黄油绢。基高尺余，两厢廊庑亦以毡盖，无门户。省方殿北有鹿皮帐，帐次北有八方公用殿。寿宁殿北有长春帐，卫以硬寨。宫用契丹兵四千人,每日轮番千人祗直。禁围外卓枪为寨,夜则拔枪,移卓御寝帐。周围拒马,外设铺,传铃宿卫。每岁四时,周而复始。"

宋朝几个使者留下了关于辽朝宫帐的报告。宋绶在辽圣宗开泰九年(公元1020年)出使,说:"东向设毡屋,署曰省方殿。无阶,以毡藉地,后有二大帐。次北又设毡屋,署曰庆寿殿。去(木叶)山尚远。国主帐在毡屋西北,望之不见。尝出三豹,甚驯,马上附胡人而坐,猎则以捕兽。"[2]

王易在辽道宗清宁四年(公元1058年)出使,记载说:"小禁围在大禁围外东北角,内有毡帐二〔十〕三座。大禁围每一面长一百十一步,内有毡帐十座,黑毡兵幕七座。大小禁围外有契丹兵甲一万人,各执枪、刀、旗、鼓、弓箭等。"[3]

沈括在辽道宗大康元年(公元1075年)出使,说:"至单于庭。有屋,单于之朝寝、萧后之朝寝凡三,其余皆毡庐,不过数十,悉东向。庭以松干表其前,一人持牌立松干之间,曰阁门,其东向六七帐,曰中书、枢密院、客省。又东毡庐一,旁驻毡车六,前植纛,曰太庙,皆草莽之中。"[4]

彭汝砺在辽道宗大安七年(公元1091年)出使,他描写辽朝的宫帐说:"广平甸谓房地险〔阻〕,至此广大而平易云。初至单于行在,其门以芦箔为藩,垣上不去其花以为饰,其上谓之羊箔门。作山棚,以木为牌,左曰紫府洞,右曰桃源洞,总谓之蓬莱宫。殿曰省方殿。其左金冠紫袍而立者数百人,问之多酋豪。其右青紫而立者数十人。山棚之前,作花槛,有桃、杏、杨、柳之类。前谓丹墀,自丹墀十步,谓之龙墀。殿皆设青花毡,其阶高二三尺,阔三寻,纵杀其半,由阶而登,谓之御座。"[5]

以上几条记录并不一致,看来都属辽朝中后期的。但这也说明辽朝宫帐的布置和陈设,还有兵卫等,并无非常严格的、死板的制度。其中有两条是共同的,一是宫帐都驻扎在"草莽之中",二是多少效仿中原皇帝制度,在宫帐中以宫、殿、阁门、中书、枢密院、客省之类命名,并且随着时间的推移,愈来愈讲究排场和气派。辽朝的国政中心即在此类宫帐中,皇帝,有时还有皇后、太后,"与北、南臣僚议国事,暇日游猎"[6]。

辽朝另一浓厚的游牧民族的政治特色是设立北面官,专门管辖各游牧民族,行政的单位是部族。

辽与北宋元丰前官制的异同

中国古代的官制变化,大致由简趋繁,又由繁趋简,而辽与宋神宗元丰改制前的官制,同属最为繁杂的阶段。要了解宋朝官制,有两条要领:一是注意元丰前后的差别,二是不能用循名责实的方法,因为宋朝官制的最大特点,正是名实乖离。第二条也同样适用于辽朝的官制。辽朝官制也有另一条要领,就是北、南官制。

自唐朝和五代以降,官制愈来愈繁杂和混乱,而辽宋承此余绪,又更为繁杂和混乱。如要以一般的循名责实的方法,就不易了解。在辽朝和北宋前一百二十年,三省、六部等长官都沦为虚衔。如北宋三省、六部等机构虽全部保存,却基本无职掌，而另设一些机构掌管重要政务。关于名实乖离，可举一些实例。

其一，北宋有两个户部，管理财政的三司之一是户部，设户部副使、户部判官等，是管事的；而尚书省的户部，又设判户部事，事务极少。至于如户部尚书、侍郎等却成为官员升迁的虚衔。但到元丰以后，户部尚书、侍郎等又成了实职"差遣"。至于辽朝，如六部尚书、侍郎、郎中、员外郎等，也全是虚衔。即使是更高的官，如尚书左仆射、兼门下侍郎、平章事、司空、政事令等，也都成了虚衔。如果我们见到辽宋史料上有户部尚书、侍郎等，就循名责实，认为是管理财政的，就完全弄错了。

其二，文天祥已处南宋晚期，他中状元后，即担任"签书宁海军节度判官厅公事"的实职。我看过几本他的传记，对此差遣都弄错了。原来自唐五代以来，凡是节度使驻节的所在，称为节镇，往往另立军名，称节度使不能叫某州节度使，而须叫某某军节度使。但宋朝又有府、州、军、监一级行政区划。两种军名，名同实异，又互相混淆。例如《水浒传》中宋江智取无为军，这是宋朝的地名，为今安徽无为县。话本小说《碾玉观音》载《鹧鸪天》词，说是"关西秦州雄武军刘两府所作"。此处的"雄武军"就是秦州的节镇军名，其实军阀制早已废除，但节镇州府的军名仍然保留。寻找此类军名，须在《宋史·地理志》等书中才能找到，而《宋史·职官志》中却无相关记载。所谓"宁海军"就是南宋行都临安府的节镇军名。文天祥的差遣，就相当于如今的市政府办公厅主任，却沿用了军阀制的旧名。

其三，刘两府就是名将刘锜，古代对尊敬的官长等不能直呼其名，须避名讳。宋代的"两府"一般是指中书和枢密院，刘锜并未在两个机构任职，却称"两府"，又如何循名责实？原来他拥有"太尉"的高级武官虚衔，也可称两府。《三朝北盟会编》卷二〇五《淮西从军记》记录刘锜问另一大将杨存中："两府何以处？"原来当时杨存中已官至太尉。

其四，"元帅"一词，至今还是最高级的军衔。宋朝很少任命元帅。在北宋末，任命陈遘为河北兵马元帅，汪伯彦和宗泽为副元帅，都是文臣统兵。宋朝文官与武官有严格的区别。今人往往称宗泽为抗金名将，就说错了。宗泽是典型的进士出身的文官，只是在生命的最后三年间才不得不主持军务，却并未担任过一天军职。准确的说法，宗泽应是抗金名臣或著名的统兵文臣。

其五，唐五代的"衙前"，原是节度使之类的司令部武官群的统称，"衙"与"牙"通。宋朝铲除藩镇制后，各州府衙门仍然保留了衙前的名目，作为吏胥中公人的一种。衙前也可称牙前、牙吏、衙吏、衙校、衙将等。其级别有都知兵马使、押衙、教练使、中军使等。若循名责实，还误以为是军人，其实已与军务完全无关，其职责很杂，也包括看守仓库、运送物资等。衙前承唐五代遗制，还有所谓"银、酒、监、武"一类加衔，银是银青光禄大夫，酒是国子祭酒，监是监察御史，武是武骑尉，却又都是名为官，实为吏。宋代官与吏其实有严格的界限，决不可混淆，但衙前却是似官而非官。无独有偶，辽朝也有此类加衔。如韩瑜在辽穆宗"应历中，初补天雄军衙内都指挥使。寻诏赴阙，授银青崇禄大夫、检校工部尚书、〔右金吾〕卫将军、兼御史大夫、上柱国"[7]。"衙内都指挥使"应是衙前的一种级别，而天雄军是魏州的节镇军名，不在辽境，显然是遥授，没有实职。及至韩瑜升迁为地位不高的诸卫将军，却拥有如此多的加衔，当然也是沿袭唐朝五代的遗制。辽朝所以将"银青光禄大夫"改名"银青崇禄大夫"，则是避辽太宗耶律德光的御讳。

其六，宋朝官与吏虽有严格的界限，却又有官任吏职、吏任官职的情况，尽管如此，官还是官，吏仍是吏。但不少吏胥却有官的名目，如堂后官、守当官、勾押官、勾覆官、开拆官、孔目官、表奏官、驱使官等，不应误以为官。堂后官作为中书门中最高级的吏胥，也是沿用五代旧制。[8]由于堂后官地位显要，宋太宗时，"以将作监丞李元吉、丁顾言为堂后官"，"京官任堂后官自此始也"。[9]"将作监丞"在当时属文阶官的级别，不是实职。两人就是官任吏职。宋朝的边远地区无法派遣正式官员，就命吏胥摄官。如宋真宗时，海南岛的长官有"琼州左都押衙、权知崖州韦怀逸"[10]，"左都押衙"是衙前的一个级别，他是以吏的身份出任官职。

其七，宋朝无品小武官有所谓"军、大将"[11]，特别是大将的名称，颇为吓人，也同样不能循名责实。宋神宗时规定，隶属三司衙司的"大将、军将以一千五百人为额"[12]。直到宋徽宗政和时，才把大将改名进武副尉、军将改名进义副尉，[13]算是正名。当然，一些朝代，包括宋朝的武官也不是现代意义上的军官。

宋神宗元丰改制，一是将三省、六部、九寺、五监等机构恢复其职能，而取消了如三司之类本是重复的机构，在此前提下，原先六部尚书等虚衔必须恢复其实职，其虚衔必须相应更名，如吏部尚书更名为金紫光禄大夫，其他五部尚书更名为银青光禄大夫。但当时只是将文官更名，到宋徽宗政和时，又将武官更名，如前述大将、军将的更名。元丰改制，对了解宋朝官制是一条重要界线。如在改制前，六部尚书、侍郎等却只是官员升迁的虚衔，而在改制后，就成了实职，宋代称为差遣。

下面再谈辽朝，一般认为，辽朝实行北面、南面两套官制，北面官处置契丹等各游牧民族事务，南面官处置汉、渤海等各农耕民族事务。"辽俗东向而尚左，御帐东向"[14]，这与中原汉族皇帝面南而坐不同。在契丹皇帝面前，臣僚们列队，北面官即是左，南面官即是右，北面官重于南面官。在地方行政管理系统上，游牧民族实行部族制，而汉人、渤海人等实行州县制，分别隶属于中央的北面、南面官僚机构。

但是，北面、南面两套官制显然不是辽朝建国之初即已形成。辽朝的枢密使是从五代后唐学来的。辽世宗在天禄元年（公元947年），"始置北院枢密使，以安搏为之"，又以"高勋为南院枢密使"。[15]后来辽人说，"国制，以契丹、汉人分北、南枢密院治之"，"一国二枢密，所以风俗不同"。[16]设北、南枢密院是建立两套官制之始。

再说宰相制度的演变。契丹人建立辽朝之前，已有宰相。辽太祖耶律阿保机称帝时，即有"北宰相萧辖剌、南宰相耶律欧里思率群臣上尊号曰天皇帝,后曰地皇后"[17]。他称帝第四年,"以后兄萧敌鲁为北府宰相。后族为相自此始"[18]。神册六年(公元921年),辽太祖"以皇弟苏为南府宰相","宗室为南府宰相自此始"。[19]长期以来,辽朝的北、南宰相一直在契丹人萧和耶律两姓中选拔,这是辽朝用人的世族世选。打破此种制度,看来是在辽景宗时,乾亨元年(公元979年)以前,汉人室昉破例地"拜枢密使,兼北府宰相"[20]。此后,一些汉人也被任用为宰相。

辽兴宗时,宋使余靖记载得非常清楚:"契丹之官,领番中职事者,皆异服,谓之契丹官,枢密、宰臣则曰北枢密、北宰相;领燕中职事者,虽国人亦汉服,谓之汉官,执政者则曰南宰相、南枢密。"[21]史书上一般是使用"北府宰相""北宰相"和"南府宰相",但也使用"左丞相"和"右丞相"。在东向而坐的皇帝面前,北宰相站立北方,即左,故北宰相就是左宰相,而南宰相站立南方,即右面,故南宰相就是右宰相。汉人杜防两次担任辽兴宗的"南府宰相",一次担任辽道宗的"右丞相"[22],张俭两次出任"左丞相"[23]。辽朝举行"册皇太后仪"时,有"北府宰相押册","丞相、亲王"等参加典礼,却无南宰相。辽圣宗册皇太后时,"宰相押册","丞相上殿"。[24]当时北宰相是室昉,南宰相是(耶律?)解领。实际上,南宰相应即是丞相。辽人称耶律宗允在辽道宗"清宁初","拜南宰相,斯则我朝所置元辅也,位在丞相之上"。[25]左、右丞相的名词出现在辽圣宗后期,不妨认为,最初宰相就是丞相,后来又依官位高低,把宰相和丞相定为两等。左丞相和右丞相即是北丞相和南丞相。至于有时特设的"大丞相",也就是大宰相,位于北枢密使、南枢密使和宰相之上。

古文中的"部族",有时即是指今人所称的部落。而辽的部族,是游牧民族的行政单位,固然与不同民族有关,但辽廷完全可以重新编组,故部族名称和数量时有变动。辽太祖时设十八部,辽圣宗时设三十四部,隶属"北府凡二十八部"、"南府凡一十六部"。[26]所谓"北府"和"南府"一般认为就是指北、南宰相府,只怕也只能如此理解。北、南宰相最初应是分管各游牧部族。

然而辽朝领土的扩张,又将属于农耕民族的东北渤海人和燕云汉人并入。辽太祖天显元年灭渤海国,最初的统治方式,只是另设东丹国,以太子耶律倍(图欲)为国王,"建元甘露",设置左大相、右大相、左次相、右次相四名及百官,"一用汉法"[27]。大致到辽穆宗时,辽朝不再任命东丹王。

客观上确实需要对农耕民族有不同的统治方式,这是辽朝建立南面官制度的前提。打破旧制,汉人出任北、南宰相,应当被看成是北面、南面两套官制建制完成的某种标志。北面、南面两套官制的确立,大致可判断在辽景宗至圣宗时。北、南宰相职责发生重大改变,北宰相改为管辖游牧各部族,而南宰相改为管辖汉人和渤海人。辽圣宗时有"左夷离毕""右夷离毕""左林牙""右林牙"等,夷离毕相当于汉语的副相参知政事,但专门掌管刑法,林牙相当于汉语的翰林学士。"左"代表北面官,而"右"代表南面官。此类官名也同样可以作为北面、南面两套官制完成的标志。

宋朝的相当部分实职差遣,或只能由文官担任,或只能由武官担任。辽朝对文、武官出任南面、北面官显然没有限制。当然,辽宋时的武官与今日的军官不同,不见得就是军人。从民族方面说,契丹和奚人可以任南面官,汉和渤海人也可以任北面官,但北面、南面官员分别穿戴契丹服饰和汉服。

此外,尽管有北、南两套官制,也并不意味着全体臣民都受北面、南面官的管辖。皇帝、皇后直辖的斡鲁朵,即汉语所称的"十二宫一府",还有贵族们直辖的头下军州,都不隶属北面、南面官。

从职责上看,宋朝的宰相和枢密院长官对掌文武二柄,时称二府,但实际上宰相也参与军事。辽朝的北、南宰相府和北、南枢密院,在职责上似乎是前者偏重民政,后者偏重军政,实际上更加混淆不清。金末元好问说"南衙不主兵""北衙不理民",[28]显然不符史实。辽世宗开设北、南枢密院,南院枢密使高勋即是"总汉军事"[29]。辽朝以武立国,宰相和枢密使,也不论是契丹人或汉人,都统兵打仗,只是有时对汉人参与军事有所限制。

宋朝的宰相在官位上无疑是高于枢密使。辽朝的情况比较混乱。宰相既称"元辅",应是地位最高的官员。辽圣宗开泰四年(公元1015年),"命北府宰相刘晟为都统,枢密使耶律世良为副,殿前都点检萧屈烈为都监,以伐高丽"[30],宰相的地位高于枢密使。然而萧朴"拜北府宰相,迁北院枢密使"[31],看来枢密使似又在宰相之上。张俭则是从南院枢密使拜左丞相。[32]这应与他们相应的虚衔高低有关。

辽宋官制在今人看来，确实杂乱无章，难以把握。宋朝官制的史料丰富，只要用心钻研，一般说来，可以逐渐了解其细节知识；而辽朝官制史料太少，元人编写的《辽史》又显然有不少错讹，对其细节知识就难以推敲。

宋太祖的秘密誓约和政治文明

据陆游《避暑漫抄》记载，宋太祖称帝的第三年，即建隆三年(公元962年)，"密镌一碑，立于太庙寝殿之夹室，谓之誓碑，用销金黄幔蔽之，门钥封闭甚严。因敕有司，自后时享及新天子即位，谒庙礼毕，奏请恭读誓词"。此后每代新皇帝登基，照例由一个不识字的宦官"验封启钥，先入焚香，明烛，揭幔，亟走出阶下，不敢仰视"。然后由皇帝亲自到碑前"再拜，跪瞻默诵讫，复再拜而出"。仪式庄重而神秘。碑中"誓词三行，一云：'柴氏子孙有罪，不得加刑，纵犯谋逆，止于狱中赐尽，不得市曹刑戮，亦不得连坐支属。'一云：'不得杀士大夫及上书言事人。'一云：'子孙有渝此誓者，天必殛之'"。在迷信观念极重的古代，第三条当然是极重的毒誓。但到北宋末年，金军攻破开封，太庙"门皆洞开，人得纵观"，秘密就此公开。此外，被俘的宋徽宗，也曾托曹勋向宋高宗转达重要口信，据曹勋向宋高宗上奏：

(太上皇)又语臣曰："归可奏上，艺祖有约，藏于太庙，誓不诛大臣、言官，违者不祥。故七祖相袭，未尝辄易。每念靖康年中，诛罚为甚。今日之祸，虽不〔在〕此，然要当知而戒焉。"[33]

在君主专制的条件下，敢于直言是极其不易的。众所周知，唐太宗虚心纳谏、从善如流是出了名的，但这只属个人的政风，并未立下什么制度性的死规矩。宋太祖立下秘密誓约，证明这个开国皇帝确有政治远见，其誓约不仅是保证言路畅通和监察权实施的重大措施，也体现了专制时代难能可贵的宽容政治，是政治文明的重大进步。与其他朝代相比，宋朝强调优礼士大夫，台谏官的谏诤和纠劾条件在不少场合下是比较宽松的，他们受到宋太祖誓约的保护。官员最重的处罚不过是流放岭南。古代的专制政治当然是残酷的，且不说平民布衣，就是大臣，也动辄遭杀身之祸。宋人谢逸在《读阮籍传》中说："魏晋之交，王室不竞，强臣跋扈，杀戮大臣，如刲羊刺豕，无所顾惮。一时名士，朝不谋夕，如寝处乎颓垣败屋之下，岌岌然将恐压焉。"[34]其实，在整个中国古代，又何尝不是"杀戮大臣，如刲羊刺豕"！北宋末年，陈公辅上奏说：

> 汉法，大臣有罪，皆弃市夷族。本朝祖宗恩德之厚，未尝杀戮大臣，然窜逐岭表固有之矣。[35]

南宋末年，黄震的《黄氏日抄》卷八〇《引放词状榜》说：

> 自太祖皇帝深仁厚德，保育天下三百余年，前古无比。古者士大夫多被诛夷，小亦鞭笞。太祖皇帝以来，始礼待士大夫，终始有恩矣。

宋太祖誓约在北宋历代执行得相当严格，如大臣卢多逊和丁谓图谋皇位，也仅流放了事。[36]在北宋后期的激烈党争中，大批反变法派被流放岭南，变法派章惇、蔡卞制造冤狱，确实想将他们定为"大逆不道之谋"，而置于死地，但宋哲宗说："已谪遐方，朕遵祖宗遗志，未尝杀戮大臣，其释勿治。"[37]只有在宋钦宗时开了杀戒。宋徽宗认为宋钦宗诛斩王黼、朱勔、童贯等人"不祥"，故命曹勋传话，要宋高宗引以为训。

宋高宗在位三十六年，这是宋朝政治冤狱和文字狱最滥、正直士大夫受祸最烈的一代，主要也仅开三次杀戒：第一次是杀张邦昌、宋齐愈等降金媚敌者，第二次是杀害直言敢谏的名士陈东和欧阳澈，第三次是杀害岳飞、张宪和岳雲。秦桧得势之后，睚眦必报，杀心极重，但毕竟受到了皇帝的羁束，而在大部分场合，皇帝也仍受宋太祖誓约的羁束，对许多正直士大夫的重惩，也就是流放岭南或海南岛。

南宋第二个权臣韩侂胄得势时，"坐伪学逆党得罪者五十有九人"，但也仅是贬窜了事。为时不久，"伪党之祸浸解"，并未开杀戒。[38]后韩侂胄在政变中被杀，宋宁宗最初并不知情。后有诏斩其同党苏师旦，才开了杀戒。苏师旦原是"平江(府)之胥吏"，又当韩侂胄之"厮役"，属武官，在宋人眼里不算士大夫。[39]

第三个权臣史弥远为人阴鸷,他以谋反的罪名,杀害了武学生华岳和济王赵竑,但对许多名士,也仅是设法将他们逐出朝廷,外任地方官。第四个权臣贾似道,对政敌和名士,"小忤意辄斥,重则屏弃之,终身不录"[40],也未开杀戒。贾似道最终流放到漳州,在木绵庵被县尉郑虎臣"拉杀",即击杀,并非出自宋廷的命令。宋廷明令斩杀的,只有其幕僚翁应龙。[41]

由此可见,陈公辅和黄震的说法是符合史实的。后世认为宋政"宽柔"[42],从政治文明的角度看来,宋太祖的秘密誓约确实体现了"宽柔"的积极方面。当然,在专制主义中央集权的总体制下,此种政治文明的进步毕竟是有限度的,不可估计过高。特别宋高宗不顾宋太祖毒誓,亲自下令进行的两次屠戮,即使在中华古史上也是罕见的凶残。

自宋以后的金、元、明、清以至更晚,在政治文明方面的倒退,则是显而易见的。皇帝的专制淫威不断强化,政治过程的残暴化,动辄迫害和诛戮,草菅人命,反而被视为司空见惯。从珍视人命的现代人权和文明理念看来,这是理应被批判、谴责及至唾弃的历史罪恶传统。

先王之政与祖宗之法

在诸子百家争鸣时代,法先王与法后王,成了儒家与法家等争议的一个重要命题之一。《孟子·滕文公下》说:"入则孝,出则悌,守先王之道。"其《离娄上》篇说:"今有仁心仁闻而民不被其泽,不可法于后世者,不行先王之道也……为政不因先王之道,可谓智乎?"《荀子·非相》说:"凡言不合先王,不顺礼义,谓之奸言,虽辩,君子不听。法先王,顺礼义,党学者,然而不好言,不乐言,则必非诚士也。故君子之于言也,志好之,行安之,乐言之。故君子必辩。"其《非十二子》篇说:"不法先王,不是礼义,而好治怪说,玩琦辞,甚察而不惠,辩而无用,多事而寡功,不可以为治纲纪;然而其持之有故,其言之成理,足以欺惑愚众,是惠施、邓析也。"又《儒效》篇说:"儒者法先王,隆礼义,谨乎臣子而致贵其上者也。"但同篇又说:"法后王,一制度,隆礼义而杀《诗》《书》;其言行已有大法矣,然而明不能齐法教之所不及,闻见之所未至,则知不能类也,知之曰知之,不知曰不知,内不自以诬,外不自以欺,以是尊贤畏法而不敢怠傲,是雅儒者也。法先王,统礼义,一制度,以浅持博,以古持今,以一持万,苟仁义之类也,虽在鸟兽之中,若别白黑,倚物怪变,所未尝闻也,所未尝见也,卒然起一方,则举统类而应之,无所儗怍,张法而度之,则晻然若合符节,是大儒者也。"其中提到的惠施是名家,而邓析创制竹刑。后世的儒学家或认为孟子主张法先王,而荀子主张法后王,看来不完全符合荀况的原意。

《吕氏春秋·慎大览·察今》说:"上胡不法先王之法?非不贤也,为其不可得而法。先王之法,经乎上世而来者也,人或益之,人或损之,胡可得而法?虽人弗损益,犹若不可得而法。东夏之命,古今之法,言异而典殊。故古之命多不通乎今之言者，今之法多不合乎古之法者。殊俗之民，有似于此。其所为欲同，其所为欲异。口惛之命不愉，若舟车、衣冠、滋味、声色之不同。人以自是，反以相诽。天下之学者多辩，言利辞倒，不求其实，务以相毁，以胜为故。先王之法，胡可得而法？虽可得，犹若不可法。凡先王之法，有要于时也。时不与法俱至，法虽今而至，犹若不可法。故择先王之成法，而法其所以为法。先王之所以为法者，何也？先王之所以为法者，人也，而己亦人也。故察己则可以知人，察今则可以知古。古今一也，人与我同耳。有道之士，贵以近知远，以今知古，以益所见，知所不见。故审堂下之阴，而知日月之行，阴阳之变；见瓶水之冰，而知天下之寒，鱼鳖之藏也；尝一脟肉，而知一镬之味，一鼎之调。荆人欲袭宋，使人先表澭水。澭水暴益，荆人弗知，循表而夜涉，溺死者千有余人，军惊而坏都舍。向其先表之时可导也，今水已变而益多矣，荆人尚犹循表而导之，此其所以败也。今世之主法先王之法也，有似于此。其时已与先王之法亏矣，而曰此先王之法也，而法之以为治，岂不悲哉？故治国无法则乱，守法而弗变则悖，悖乱不可以持国。世易时移，变法宜矣。"《吕氏春秋》虽号为杂家，但上述言论其实应是法家的观点。后李斯提议"以古非今者族"[43]，秦始皇实行焚书坑儒，就将否定法先王之论推向极端。

汉武帝独尊儒术之后，历代统治者虽然尊崇儒家法先王之论，其实是儒法合一，内法外儒，也必然将法先王与法后王之论杂糅。人们议政，引经据典，算是法先王。但是，儒家经典的议论，对现实政治的操作肯定是不够用的，于是又须兼以援引前朝和本朝的规范或前例。其中宋人常用的，就是祖宗之法。宋朝开国之初，自然不可能有所谓祖宗之法，大致是在第四代宋仁宗时，方才提出祖宗之法的问题。祖宗之法的概念，是相当宽泛的，不必区分什么是太祖之法、太宗之法或真宗之法，如果说太宗之法与太祖之法有差异，当然还是将太宗之法作为祖宗之法，只要某代皇帝创始者，都可以纳入祖宗之法。宋人所谓祖宗之法，不是没有法律和制度，但更重惯例和传统。

宋朝到了第四代宋仁宗时，其实日子已经不好过了。司马光和王安石对宋仁宗传下的祖宗之法，评价都不高。王安石将宋仁宗时的政治归结为"因循苟且，逸豫而无为，可以侥幸一时，而不可以旷日持久"[44]。司马光说宋仁宗"历载甚久，而太平未效"[45]，"晚年婴疾，厌倦万几，遂以天下之事悉委之两府"[46]。但后来到宋神宗时，围绕着变法，两人的政见产生尖锐的分歧。

司马光用以压制王安石的，重要一条就是祖宗之法。司马光在策问的注中说："熙宁三年三月二十八日，王介甫言于上，以为天命不足畏，祖宗不足法，流俗不足恤。故因策目以此三事质于所试者。"他提问说："祖宗之法未必尽善，可革则革，不足循守"[47]，对不对？这就是有名的所谓"三不足"之说。但当宋神宗向王安石发问："闻有'三不足'之说否？"王安石当即否认说："不闻。"但他随后又说："至于祖宗之法不足守，则固当如此。且仁宗在位四十年，凡数次修敕；若法一定，子孙当世世守之，则祖宗何故屡次变改？"[48]

王安石要实行变法，所高举的旗帜，说是法先王，其实是用先王之政压祖宗之法。他说，"今朝廷法严令具，无所不有，而臣以谓无法度者，何哉？方今之法度，多不合乎先王之政故也"，"然臣以谓今之失，患在不法先王之政者，以谓当法其意而已。夫〔五〕帝、三王相去盖千有余载，一治一乱，其盛衰之时具矣，其所遭之变，所遇之势，亦各不同，其施设之方亦皆殊，而其为天下国家之意，本末先后未尝不同也。臣故曰当法其意而已。法其意，则吾所改易更革，不至乎倾骇天下之耳目，嚣天下之口，而固已合乎先王之政矣"。[49]他给司马光的信中说："举先王之政，以兴利除弊，不为生事。"[50]

王安石托古改制，却有他的抱负和理想，所谓"祖宗之法不足守，则固当如此"，说明在他的内心深处，其实对祖宗之法，确实没有多少敬意。有范镗向王安石献诗说："文章双孔子，术业两周公。"王安石"大喜"，说："此人知我父子。"其子王雱死后，他作悼诗说："一日凤鸟去，千年梁木摧。"[51]这是以"凤鸟"为喻，将王雱比作孔子。不仅在"文章"上，王安石以孔孟之后的第三代圣人自居，在"术业"上，也以当代的周公自负。他说："于米粒狼戾时多取之，于食不足时则赒之，合于先王不忍人之政。"宋神宗说："如常平法亦所以制兼并。"王安石说："此于治道，极为毫末，岂能遽均天下之财，使百姓无贫？"[52]一方面，他制订和实施青苗法，另一方面，又称"此于治道，极为毫末"，足见他"举先王之政"口气之大。

只要能比附先王之法者，王安石都会引经据典，确实非常雄辩。关于酒税、市易法之类，他说："臣以为酒税法如此，不为非义。何则？自三代之法固已如此，《周官》固已征商，然不云须几钱以上乃征之。泉府之法，物货之不售，货之滞于民用者，以其价买之，以待卖者，亦不言几钱以上乃买。又珍异有滞者，敛而入于膳府，供王膳，乃取市物之滞者。周公制法如此，不以烦碎为耻者，细大并举，乃为政体。但尊者任其大，卑者务其细，此先王之法，乃天地自然之理。"[53]谈及保甲法，他又说："三代禁防百姓严密之意，能什伍其民，维持之以法制，则天下定；不维持之以法制，则其不乱者幸也。"[54]

由于王安石动辄援引《周礼》，一些反对者也引经据典，说王安石在歪曲先王之政。韩琦上奏反对青苗法，他说："《周礼》至远之地出息二千，今青苗取息尚过《周礼》一倍，则制置司言比《周礼》取息也已不为多，亦是欺罔圣听，且谓天下之人皆不能辨也。"[55]

但王安石以后，特别到了南宋，国势如江河日下，连宋仁宗之政也成了值得追怀的好光景。纵观两宋三百年间，以用先王之政压祖宗之法，王安石竟成仅有的特例。

宋人谈论本朝祖宗之法，不仅是正面的，并且具有神圣的意味，凡是涉及本朝积久的弊政，就不会使用祖宗之法一词。然而从今人看来，宋朝的祖宗之法却再无神圣性，其列祖列宗世代相传的积弊，无疑也应是其祖宗之法。当然，对宋朝的积弊，今人与宋人的看法也必然有异，某些今人看来属传统积弊者，宋人仍会视其为神圣的、不可动摇的祖宗之法。这些应是今人剖析宋朝祖宗之法的基本观点。

此外，即使在尊崇"祖宗之法"的宋朝，"祖宗之法"似乎显得神圣而不可动摇，却仍无以突破权大于法的根本性框架。按宋朝"故事，内臣不拜节度使"，但宋徽宗却"擢童贯领节度使，其后杨戬、蓝从熙、谭稹、梁师成皆踵之。凡〔内侍〕寄资，一切转行，祖宗之法荡然无余矣"。[56]到底还是现实的皇权大于"祖宗之法"。

今人剖析宋朝的所谓祖宗之法，大致可区分为三类：一是开明的，二是保守的，三是荒唐可笑，甚至可憎的，而这三者又完全是出于宋朝统治者的私利。开明者如宋太祖的秘密誓约，"好谏纳言者，自是宋家家法"[57]，"异论相搅"[58]之类。保守者如"因循苟且"，"侥幸一时"，[59]不求振作有为，但求勉强维持，得过且过。主要由荫补制造成的冗官，多"繁缛之文"[60]，缺乏行政效率。荒唐可笑而可憎者，如实行崇文抑武，文尊武卑，用不懂军事的文臣主掌军政，甚至统兵打仗，不惜束缚武将的才能，牺牲军事效能。"守内虚外"，甚至"斥地与敌"，[61]厉行投降主义。施行"宽柔"之政[62]，对误国败事者有罪不罚，罚不当罪，罪废复用，"赏重于罚，威不逮恩"[63]。研究宋朝的祖宗之法，须对其各种各类，具体分析，区别对待，有褒有贬，即使褒贬也应有分寸。

保守的文官政治

宋太祖建国后，由于是武人政变、黄袍加身的来历，又冀望自己创立的朝代能够长治久安，已显露出追求文治的倾向。如他曾说："朕〔今〕选儒臣干事者百余，分治大藩，纵皆贪浊，亦未及武臣一人也。"[64]但当时五代重武之余习依然保留，在宋太祖开国第二年，因杜太后葬礼已毕，"宴宰臣、节度、防御、团练使、刺史、统军、诸军、厢主军指挥使以上及诸道进奉使于广政殿"[65]。众多武将，包括官阶不太高者都有资格参加御宴，这在往后是不可设想的事。

严格意义上说，宋朝确立文官政治，是始于宋太宗时。一是当时科举入仕的名额剧增。宋太祖时，尚踵唐五代之旧，登科人数一般仅十多人，只有两次破例为百余人。然而宋太宗即位，最初即达五百人，最多一次达一千三百余人。二是开始在官场中强调出身，文官以科举登科为"有出身"，其他为"无出身"，更不论武官了。在魏晋南北朝，从官场到社会地位，最受重视者，无疑是门第。唐朝虽有科举制，但门第观念仍重，而宋朝取代门第观念者，是出身。《说郛》弓一六《丁晋公谈录》记载，"吕丞相端本自奏荫"，"后苑赏花宴，太宗宣臣僚赋诗，吕奏曰：'臣无出身，不敢应诏。'"表明到宋太宗时，无出身者在官场中已是低声下气。宋朝的宰相和执政大多是科举出身，即"有出身"，如吕端者，是个别情况。这无疑是唐宋之际从官场到社会的一个变化。人们常引用文彦博说皇帝"与士大夫治天下"[66]，其实就是与"有出身"者治天下。

宋朝以兴盛的科举制，造就了发达的文官政治。文官政治，即"以儒立国"[67]，对政治稳定和文化发展是有正面影响的。但"过犹不及"，一切事物超过限度，必然走向反面。宋朝厉行文尊武卑，在名分方面过分压制武将，南宋初的汪藻说："祖宗时，武臣莫尊三衙，见大臣必执梃趋庭，肃揖而退，非文具也，以为等威不如是之严，不足以相制。"[68]胡寅说，宋仁宗朝的"吕夷简为相日"，有高级武将"忽遇于殿廊，年老皇遽，不及降阶而揖，非有悖戾之罪也。夷简上表求去，以为轻及朝廷，其人以此废斥，盖分守之严如此"。[69]这与前述宋初的情况适成鲜明对照，在制度上保证武将在文官大臣面前必须低声下气。过分的崇文抑武，以压抑和束缚武将的军事才能与指挥权为快，又造成整个时代的尚武精神沦落，军事的萎靡不振。

科举制本意是在公平、公正的学问考试竞争中选拔人才，然而与之相伴随的，则必然是考试作弊。尽管宋朝采取了诸如糊名、誊录等各种措施，也不可能杜绝。宋代最出名的科举作弊案，是秦桧养子秦熺及其子秦埙的中举。秦熺参加殿试，在试卷中以"赋无天地，诗有龙蛇"八字为暗号，[70]而被考官定为第一，秦桧又假惺惺辞免，宋高宗最后定为第二。秦埙参加两浙转运司解试时，最初就由秦桧的亲党疏通考官候选人萧燧，被萧燧拒绝。陈之茂出任考官，定爱国诗人陆游为第一，秦桧大怒，后在殿试中将陆游黜落。殿试的考官全由秦桧提名。考官董德元按誊录字号拿到秦埙试卷,就兴高采烈地说:"吾曹可以富贵矣!"当时考官阅卷,必须闭门上锁,而另一考官沈虚中更命吏胥越墙飞报秦埙。宋高宗亲自阅卷,想抑制一下秦桧,就将张孝祥定为第一,秦埙改为第三名。秦桧又因此迁怒张孝祥,很快给他制造冤狱。秦熺参加殿试时,已荫补为正八品右通直郎,秦埙更已荫补为从四品敷文阁待制,[71]但他们还是一定要力争从"无出身"变为"有出身",也说明"有出身"对混迹官场和社会的重要性。

英国有保守党,"保守"一词在英文中当然不是贬义词,但现代中文已约定俗成,将其视为贬义词。文官政治并不意味着就是保守,但宋朝文官政治的最大特色,在总体上说则是保守。正如王安石讥评宋朝前百年的政治"因循苟且","侥幸一时",[72]"交私养望者多得显官,独立营职者或见排沮,故上下偷惰取容而已","赖非夷狄昌炽之时,又无尧汤水旱之变,故天下无事,过于百年"。[73]不求振作有为,但求勉强维持,得过且过。保守的官场是个大染缸,宋朝的许多大臣在大染缸浸沉之余,往往没有大气魄和大器识,却不乏小聪明和小伎俩,其小聪明有时适足以成就其大失策。他们平时高谈阔论,十分矜持,自鸣得意;一旦处于险局,就会充分暴露其庸劣,而束手无策。更有甚者,则是怯于公战,勇于私斗,治国和救国全然无方,而钩心斗角,玩弄机谋权术,却又有足够的聪明才智,这是"窝里斗"和"窝里横"的坏传统和恶劣士风。发展到了顶点,则是不管国家存亡、百姓死活,自己不能成功,却必须破坏他人成功,自己不能救国，却必须阻止他人救国。

　　大致上说，宋朝文官政治的保守性，也是始自宋太宗时。人们常引宋太宗即位大赦，强调要继承乃兄的遗法："事为之防，曲为之制，纪律已定，物有其常，谨当遵承，不敢逾越。"[74]专注于免蹈五代覆辙，堵塞各种政治上的漏洞，这当然并不意味着保守。事实上，宋太宗最初还是有一股锐气，想有一番作为的，尽管他是个并不高明的政治家，特别军事才能短拙，与乃兄不可同日而语。譬如对于宋太祖包庇的妻舅王继勋，宋太宗毫不留情地严惩其滥杀无辜之罪，就有革新庶政的意味。待到北边两次伐辽失败，宋太宗本人也中箭受伤，只能摆出消极防御、被动招架的态势，而南面恢复唐朝对交州的管辖的企图又成为泡影，他也就心灰意懒了。但他也看准了边患不足以动摇自己的统治根基。宋太宗在位晚年，自我总结说："朕承丧乱之后，君临大宝……朕执心坚固，靡与动摇，昼夜孜孜，勤行不怠，于今二十载矣。卿等以朕今日为治如何也？虽未能上比三皇，至于寰海晏清，法令明著，四表遵朝化，百司绝奸幸，固亦无惭于前代矣。"[75]如"寰海晏清"等语当然是自我吹嘘，不符史实，他明知无法与大唐贞观之文治武功媲美，却仍以"昼夜孜孜"，保住已有的基业，不出大乱子而自豪。其实质还是一种不求有功，但求无乱的保守施政思想。

　　到第三代宋真宗时，武将的权位已被压至出不了变乱的地步。人们对辽宋的澶渊之盟，已多所议论。当时辽朝大军倾巢而出，主政的承天太后萧绰，其后夫汉人韩德让（当时名德昌，战后改姓耶律)[76]，另加辽圣宗三个最重要的人物全在军中。辽军不善攻城，只是回避了一些重要城市的攻坚战，而悬军深入。这本是险棋，如果对手是个较高明的军事家，一方面避免硬拼，设法断其后勤供应，另一方面又乘虚直捣燕云，对辽朝来说是非常危险的。辽的军事部署固然不高明，却遭逢了更糟的对手。事实上，杨延朗(后改名延昭)就提出此策，说"幽、易数州可袭而取"，但"奏入，不报"。[77]鼠目寸光的宋廷习惯于被动应战，根本不可能有此深谋远略和军事气魄。杨延朗只是一个战区司令，不能左右战略指挥。前沿总司令是败将兼庸将，北面都部署王超，他"阵于唐河，执诏书按兵不出战"[78]。宰相寇凖排除参知政事王钦若和签书枢密院事陈尧叟的"南幸"之议，只是力主亲征，把战战兢兢的宋真宗强行推到澶州，最终达成了对宋方来说无疑是吃亏的和议。尽管如此，宋真宗其实认为此种和议是如天之赐，自此之后，宋廷进入文恬武嬉的状态。宋真宗为了弥补心理上的缺憾，不惜装神弄鬼，尊崇道教，伪造天书，大事封禅，挥霍民脂民膏，虚饰盛世，"一国君臣如病狂然"[79]。宋朝的保守政治也就进一步深化。

四十年后，辽朝乘宋朝困于对西夏的战争，进行勒索，宋朝被迫增加岁币，富弼出使归来，非常痛切地上奏说："所可痛者，当国大臣议和之后，武备皆废，以边臣用心者谓之引惹生事，以搢绅虑患者谓之迂阔背时，大率忌人谈兵，幸时无事，谓虏不敢背约，谓边不必预防，谓世常安，谓兵永息，恬然自处，都不为忧……计中国之势，如人坐积薪之上，而火已然，虽焰未及其身，可谓危矣！北虏之强既如彼，中国之危又如此，而尚不急求所救之术，是欲秦之鱼烂，梁之自亡耶？臣备位枢府，夙夜忧畏，恨未得死所，少纾国难。"[80]在宋仁宗庆历年间，富弼与范仲淹、韩琦都是改革派，受保守派的排挤，离开朝廷外任。十年之后，富弼和韩琦先后回朝任宰相，却被保守的官场磨光了锋芒，依旧安常习故，不思变革。

辽宋与宋金的关系迥然不同，辽宋战争不过是宋朝的边患，而新兴的金朝却有灭宋的企图和军力。金军不同于辽军，不仅善于野战，也善于攻城，故能深入中原。北宋末年，当金军南侵之际，朝廷那群平时养尊处优、高官厚禄之辈乱成一团，束手无策。时为太常少卿的李纲却脱颖而出，超升兵部侍郎，很快又超升执政。他本是科举出身的文官，不懂军事，在仓促之间，却临危主动请缨，有效地组织了开封的防御，因而陡然在朝野和军民中享有很高的威望，但却引起那帮高官极重的妒忌。他们力主降金，使尽各种花招，"疾李纲胜己，同力挤排"。耿南仲进言："欲援太原，非纲不可。"唐恪说："火到上身，自拨，但责以成功，纲须自去，陛下切不可听其避免。"宋钦宗立即任命李纲为河北、河东路宣抚使。当时台谏官陈过庭、陈公辅、余应求等都看穿了耿南仲等人的用心，说李纲"不知军旅，将兵必败"，"为大臣所陷"，"不宜遣"。李纲本人也有自知之明，"再拜力辞"，说自己"且误国事，死不足以塞责"。宋钦宗却为之震怒，李纲不得不就任出行。[81]太原之战是决定北宋皇朝命运的关键性一战。史实证明，保守派再进一步，必然变为投降派。耿南仲"中制河东之师，必使陷没，以伸和议之必信"[82]。李纲在救援战中并非不尽己力，却在本来已是十分艰难的形势下，又遇到朝廷的多方掣肘，终于在太原陷落后被劾下台，贬黜出京。李纲的下台，固然是快了耿南仲之流的私愤，但受害最深的，其实还是听信谗言的宋钦宗本人。正如《朱子语类》卷一二七论"靖康之乱"所说：

> 本朝全盛之时，如庆历、元祐间，只是相共扶持这个天下，不敢做事，不敢动。被夷狄侮，也只忍受，不敢与较，亦不敢施设一事，方得天下稍宁。积而至于靖康，一旦所为如此，安得天下不乱？

蒙受靖康亡国奇耻深痛，丧失半壁河山的南宋，其保守政治的新特征，就是投降政治，甘愿忍受偏安的局面，而丧失重新大一统之志，也正是北宋保守和苟且的政风的延续。被某些史家称为"中兴贤相"的赵鼎是解州闻喜县人，他对家乡的失陷、国家的危难，曾用一阕《满江红》词抒发其悲痛心情："试问乡关何处是，水云浩荡〔迷〕南北。"他初入中枢，也并非没有锐气，如谴责拥兵玩寇的庸将刘光世和张俊，举荐岳飞收复襄汉，面对金军大举进犯，力主皇帝亲征，也反对向金朝乞和。但几年之后，他又力主所谓"安靖不生事"[83]，反对罢刘光世的兵权，伙同秦桧将南宋"行在"从建康后撤临安，以各种借口，主持对金屈辱讲和。

特别是在南宋时，有一条政治定律，不论某人以往的政治主张和表现如何，一旦转变为主守，特别是主和，就绝不可能企求他真有卧薪尝胆、雪复仇耻之志。陈康伯和史浩两个名相也都是实例。

陈康伯在宋高宗绍兴末力主备战，抗金战争爆发后，"中外震骇，朝臣有遣家豫避者。康伯独具舟迎家入浙，且下令临安诸城门扃鐍率迟常时，人恃以安"[84]，处变不惊，确实起了好作用。但他在宋孝宗隆兴时，特别是著名的投降派汤思退复相后，却也倾向于和议。陈康伯与汤思退、周葵、洪遵四人联名上札子说："群臣纷纷，乃谓臣等意欲讲和，以苟目前之安"，"此皆以利害不切于己，大言误国，以邀美名。宗社之重，岂同戏剧。今日议和，政欲使军民少就休息，因得为自治之计，以待中原之变"，"今日之和，乃所以成他日之恢复。惟在陛下无忘今日之纷纷，而力行其所未至，使臣等得效其区区之愚，不专为苟安之事，以实议者之言"。[85]其言虽辩，而观其实效，则是汤思退的降金阴谋在相当程度上得逞。

史浩是宋孝宗的老师，在宋孝宗即位前，恪尽献可替否之责，有"智囊"[86]之称，故深得宋孝宗的倚信。绍兴末年，宋金再战，宋军败退，时为太子的宋孝宗不胜其愤，向宋高宗主动请缨，史浩得知后，力劝太子不可将兵，终于使太子避免了宋高宗的猜忌，而得以继位。故宋孝宗即位后，史浩立即升任参知政事和宰相。他劝宋孝宗为岳飞昭雪平反。宋高宗当太上皇之后，居德寿宫，纵容宦官开设酒库，犯榷酒之禁。有谏官袁孚上奏直言谏诤，宋高宗却为之震怒，宋孝宗只能下御批，将袁孚罢官。史浩出面调解，结果让袁孚主动辞职，宋孝宗又为之另加直秘阁的职名，给几方面都保留了面子。史浩的聪明才智，表现在极善圆满地排解专制政体和官场的各种纠纷，但处置军国大事时，却又是十足的庸劣。史浩对金只主张防守，宋孝宗听信其说，下令吴璘班师，招致了德顺之战的最终大败。宋孝宗最终明白："此史浩误朕！"[87]史浩对金朝早就提出"欲以弟侄之礼事之"[88]，无非仍是稍稍争取点体面而忍辱苟安。他"既参知政事，(张)浚所规画，浩必阻挠，如不赏海州之功，沮死骁将张子盖，散遣东海舟师，皆浩之为也"[89]。这当然也是误国失策的行为。史浩反对张浚用兵，并非没有道理，张浚虽然主战，从来是败事有余，而成事不足。表面看来，史浩属主守派。然而史浩后来再出相，却再无任何发奋图强、准备北伐的政绩，这也证明他其实还是忍心于苟安。

著名的抗战派胡铨曾一针见血地指出，"议者乃曰：'姑与之和，而阴为之备；外虽和，而内不忘战。'此向来权臣误国之言"，"一溺于和，则上下偷安，将士解体，终身不能自振，尚又安能战乎"？[90]南宋的史实证明了其评论的正确。

朱熹评论赵鼎说："当国久，未必不出于和。"[91]这是南宋保守政治的特点，具有某种规律性。"安靖"一词就成了保守以至降金乞和的代名词。程敦厚上书，赞扬宋高宗降金为"致安靖之福"[92]。宋高宗等人给抗战派所加的罪名，就是"好作不靖，胥动浮言"[93]，"唱为不靖"[94]，"作为不靖，有害治功"[95]，"务于不靖，以售其奸"[96]之类。宋高宗特别强调："其不靖害治者，显黜勿贷，庶知惩畏。"[97]宋宁宗时，危稹说："谋国者欲以安靖为安靖，忧国者欲以振厉为安靖，自二议不合，是以国无成谋，人无定志。"[98]但主政的权臣，史浩之子史弥远其实是继承乃父的衣钵，"力主安靖之说"[99]，他给边臣赵范书信，"令谕四总管各享安靖之福"[100]。

朱熹说赵鼎："看他做来做去，亦只是王茂弘规摹"[101]。东晋王导字茂弘。爱国诗人陆游更进一步，"庙谋尚出王导下，顾用金陵为北门"。东晋以建康为国都，建康亦名金陵，而赵鼎则力主将"行在"从建康后撤临安，其实就是无复北顾中原的象征。"诸公可叹善谋身，误国当时岂一秦。不望夷吾（春秋时的管仲）出江左，新亭对泣亦无人"[102]，认为南宋的保守和投降政治还是在东晋的王导"规摹"，"新亭对泣"之下，这是准确的、中肯的评论。

总的说来，文官的保守政治一直伴随着宋朝，直至灭亡。

守内虚外

南宋人吕祖谦在《历代制度详说》卷十《屯田》中抨击当时的防务说：

> 夫警备于平居无事之时，屯守于阃奥至安之地，未尝有一日之战，而上下交以为至难，此所谓斥地与敌，守内虚外，以常为变，以易为难者耶！虽孙氏、东

> 晋南北之常势，固不暇讲，况敢望其如汉唐之守边屯兵乎！况敢望如艺祖之世，郭进、李汉超之勋伐乎！

他使用的"守内虚外"和"斥地与敌"两说，引起了现代研究者的重视。宋太宗后期的淳化二年（公元991年），曾对近臣们说："国家若无外忧，必有内患。外忧不过边事，皆可预防。惟奸邪无状，若为内患，深可惧也。帝王用心，常须谨此。"[103]这是他当了十七年皇帝之后的经验之谈。尽管宋太宗本人有高梁河战败中箭的大辱，但经历几番交锋，已倦于兵事，故不时提倡"清静致治之道"，说什么要"修德以怀远"，"四夷当置之度外"。[104]当时未与辽达成和议，仅仅是因为求和不成之故。的确，如前所述，他也看准了辽朝的边患不足以动摇自己的统治根基，而内心真正害怕的，是"内患"，是所谓"奸邪无状"。他没有说明"内患"和"奸邪"是什么，从史实上看，应是包括了赵匡胤的两个儿子和宋太宗之弟赵廷美，凡是可能祸及其统治者，都是奸邪。其中当然也包括猜忌武将。

宋太祖由于黄袍加身的经历，当然也猜忌武将，宋太祖是宋朝各代皇帝中唯一的天才军事家。他命将出师，只在临行前作简要的指示和告诫，故王禹偁称他"所用之将专而不疑"[105]。现代陆海空天电一体化的作战，是可以"将从中御"的，但仍必须发挥战役指挥官的主动性和积极性。在古代战争中，通信迟缓，而军情瞬息万变，"将从中御"[106]，犯兵家之忌。宋太宗运筹于深宫之中，而致败于千里之外，"每事欲从中降诏，授以方略，或赐与阵图"[107]，像宋太宗那样，简直把前方将帅变成了由他牵线的木偶，这在中国古代军事史上，可能是绝无仅有的。军事的失利，正确的反对意见，也并未使宋太宗改弦易辙。王安石后来曾感慨地说："若御将如此，即惟王超、傅潜乃肯为将。稍有材略，必不肯于此时为将，坐待败衄也。"[108]宋太宗所以"将从中御"，其实无非是把将帅当作自己皇位的假想敌，正是"守内虚外"的具体实践。

如果说宋太宗是欲对辽求和而不可得，宋真宗终于迎来了屈辱的和平。他说："方今四海无虞，而言事者谓和戎之利，不若克定之武也。"王旦说"止戈为武，佳兵者，不祥之器"，"先帝（宋太宗）时，颇已厌兵。今柔服异域，守在四夷，帝王之盛德也"，"武夫悍卒"，"凶于国而害于家，此不可不察也"，宋真宗"深然之"。[109]不但对辽，后来宋朝处理对西夏和金的关系，也往往依照战而后和、和而后安的格式行事。张方平说："自古以来论边事者，莫不以和戎为利，征戎为害。"[110]"和戎为利"，这反映了赵宋历代多数统治者的主张。

宋高宗在登基之初，其立国规模，就是接受黄潜善和汪伯彦之议，准备割让黄河以北的土地，而对金乞和。他被金军一再追逐，仓皇奔命，流离颠沛，求和而不可得，因为当时金朝自认为可以吞灭南宋。待到金朝愿意媾和，实因宋朝的军力已增长到足以抗衡的地步。其时南宋即使对金保持一种不战不和、武装对峙的状态，也完全可以存活下去。但宋高宗出于猜忌武将的防内需要等多种考虑，宁愿接受极其屈辱和苛刻的和议条款，杀害和迫害抗战派，向杀父仇人称臣下跪，将"守内虚外"的传统，发展到了"斥地与敌"，以求偏安东南的地步。正如一位文士指责他"偷安独乐"，"结胡虏之好，罢天下之兵，诛大将而挫忠臣之锐，窜元戎而销壮士之心"，"自旷古来，未有受辱如朝廷也！未有忍辱如陛下也！"。[111]如此作为，在中华古史上也是仅有的。

宋高宗为了降金乞和，编造各种口实，譬如说是为了尽自己所谓孝悌之道。待到母亲韦氏被放回，而难兄宋钦宗仍被金人扣押，分明悌道大亏。当时他所忧心的大将罢兵权问题亦已解决。有人建议对金出兵，救其难兄。宋高宗已经说不出任何其他理由，只能搬出祖宗家法，他说："真宗皇帝澶渊之盟，敌人不犯边塞。今者和议，人多异论，朕不晓所谓，止是不恤国事耳！"[112]在他看来，只有向杀父仇人称臣，忍辱苟安，才算是继承"真宗皇帝"家法而"恤国事"。

宋高宗后来当太上皇，八十寿诞时，对宋孝宗怒气冲冲地说："杨万里殿策内比朕作晋元帝，甚道理！"[113]其实，将他比做晋元帝，倒是抬举了他。晋元帝虽然只能自守半壁江山，却并未斥地与敌，未向杀父仇人纳贡称臣。

发达的台谏政治

中国古代政治，特别从秦汉以来，总的说来，是向着加强君主专制的方向和轨道演变的。但绝不是说，皇帝的权力总是不受任何制约。无论是古人政治经验的积累，还是儒家思想，都相当强调今人所谓的监察权，其中心设计，一是对皇帝谏诤，二是对百官纠劾。"谏官掌献替，以正人主；御史掌纠察，以绳百僚。"[114]尽管历代官制不同，但谏官和台(御史台)官都以不同的名称和体制，持续保留下来，作为帝制下特殊的监察制度和机构，又是专制制度中的一点民主因素。但到元明清三朝，就撤销了谏官制度。其中台谏政治最发达者，当推宋朝。

《尚书·说命上》说："木从绳则正，后(君主)从谏则圣。"按照儒家的政治伦理，皇帝和大臣并非是天生圣聪和神明、一贯正确，不能有权就是有理、权位高就是有理。唯有"从谏"，方能达到"圣"的境界。今人所谓在真理面前人人平等的理念，其实正是设置台谏官的理论依据。

尽管有此说，然而在君主专制的条件下，敢于直言是极其不易的。《荀子·臣道篇》说："大臣父兄有能进言于君，用则可，不用则去，谓之谏；有能进言于君，用则可，不用则死，谓之争(同诤)。"他是将诤作为更高一级的谏，即犯死直谏。《韩非子·说难》将谏诤比喻为因触犯龙的逆鳞，而有杀身之祸。唐太宗也说："人臣欲谏，辄惧死亡之祸，与夫赴鼎镬，冒白刃，亦何异哉？故忠贞之臣，非不欲竭诚者，敢竭诚者，乃是极难。"[115]正如明朝一首小曲所说："一边是富贵荣华，一边是地罗天网，忠臣义士待如何？自古君王不认错！"[116]在古代的历史条件下，"文死谏，武死战"[117]，确实可以作为文武官员的最高道德标准。

如前所述，尽管宋太祖的秘密誓约在北宋时并未公开，但已经造成了无须"文死谏"的宽松条件，士大夫所受的最重的处罚不过是流放岭南。这促成了宋朝台谏政治的发达，苏轼之说反映了台谏政治在宋朝的重要性：

> 历观秦汉以及五代，谏争而死盖数百人，而自建隆以来，未尝罪一言者，纵有薄责，旋即超升。许以风闻，而无官长，风采所系，不问尊卑，言及乘舆，则天子改容，事关廊庙，则宰相待罪。[118]

古代的台谏政治不能不与士人的名节密切相关。古代的儒家学说向来是崇尚名节的，名节是一种匡世济时的重要手段。按照儒家理论，凡是合格的台谏官，他们为维护皇朝的长治久安，绝不能只看君主和大臣的脸色行事，而必须能痛陈时弊，其谏争和弹劾不应是不痛不痒，而应是专戳君主和大臣的痛处。但这个问题单纯从制度上是根本无法保证的，全在于担任台谏官者的素质。然而在儒家思想的教育下，历代也确实有一批又一批的优秀台谏官，他们一不怕罚，二不怕死，而以忠于职守的直言，彪炳于史册。

宋朝台谏合一，两类官员的职责互相渗透，其实已无分工，御史可以谏争，谏官也可以纠劾，这也是一大特点。

依北宋元祐时和南宋的官品令，侍御史是从六品，殿中侍御史和左、右司谏是正七品，左、右正言和监察御史是从七品。[119]他们官品虽低，却可明人不做暗事，"明目张胆"地弹击高官，批评皇帝。凡是弹奏某个大官，按例必须将奏疏的"副本"递送此人，[120]绝不会做一个偷偷摸摸的举报者。宋朝官制的设计，台谏权也成为皇权用以压制宰执权的一个重要因素，所谓"君为元首也，大臣股肱也，谏臣耳目也"[121]。"台谏者，天子耳目之臣"[122]，从制度上说，又是用于监视宰执的。

古代台谏官有允许风闻言事的特权，政治家王安石有如下一段解释："许风闻言事者，不问其言所从来，又不责言之必实。若他人言不实，即得诬告及上书诈不实之罪。谏官、御史则虽失实，亦不加罪，此是许风闻言事。"[123]事实证明，特别是很多埋藏很深的腐败问题，是很难揭发的。如果以揭发不实处以诬告、诬蔑等罪，就等于杜绝了谏诤和纠劾之路，必须允许所论的人和事与实际情况有出入，而实行言者无罪。

司马光编修《资治通鉴》的助手范祖禹"闻禁中觅乳媪，祖禹以帝年十四，非近女色之时，上疏劝进德爱身"。高太后"谕祖禹，以外议皆虚传"。范祖禹却再次上疏，强调"今外议虽虚，亦足为先事之戒"，"凡事言于未然，则诚为过；及其已然，则又无所及，言之何益？陛下宁受未然之言，勿使臣等有无及之悔"。[124]这是风闻言事，言者无罪，还要求闻者足戒的一例。尽管所言不实，而范祖禹却还要强调此奏"为先事之戒"。

宋人时或强调，"天下者"，"群臣、万姓、三军之天下，非陛下之天下"，多少有一种士大夫、万姓与天子共天下的民主精神。[125]

尽管有宋太祖的秘密誓约，但宋朝台谏政治开始起重要作用是在宋仁宗时。宋仁宗亲政后，宠爱尚美人，"一日，尚氏于上前有侵后语"，郭皇后"批其颊，上自起救之，误批上颈"，于是皇帝大怒，宣布废后。现在看来，废皇后其实无关于国计民生，但在儒臣们看来，却是涉及君德的大事。右司谏范仲淹带头，"即与权御史中丞孔道辅率知谏院孙祖德，侍御史蒋堂、郭劝、杨偕、马绛，殿中侍御史段少连，左正言宋郊，右正言刘涣诣垂拱殿门，伏奏皇后不当废，愿赐对，以尽其言。护殿门者阖扉，不为通，道辅抚铜环，大呼曰：'皇后被废，奈何不听台谏入言！'"皇帝自感理亏，不愿接见，"寻诏宰相召台谏"。宰相吕夷简憎恨郭后，全力怂恿和支持皇帝废郭后，却在台谏官的责问下无言以对。最后皇帝和宰相只能采取霸道的办法，将孔道辅、范仲淹等黜责，"遣使押道辅及范仲淹亟出城，仍诏谏官、御史自今并须密具章疏，毋得相率请对，骇动中外"。[126]

谏争废后事件就宋代政治史而言，算不得什么大事，而就古代监察制度史而论，却是大事，这表明台谏权发展到了一个新的水平，敢于旗帜鲜明地和皇权、相权作某种程度的对抗。正如南宋吕祖谦所说，"自孔道辅、范仲淹敢于抗(吕)夷简"，"台谏之权敢与宰相为抗矣"，"自庆历以来，台谏之职始振，自治平以来，台谏之权始盛"。[127]

宋人名节观念的强调与台谏官的振职，大致上可说是一而二、二而一的事。另一个在倡导名节方面起了很大作用的人，就是欧阳修，他不论在政治上还是在学问上，都可以说是全才，是一代宗师。他所著的《五代史记》，如卷三二《死节传》、卷三三《死事传》、卷三四《一行传》等，批判了五代时"以苟生不去为当然"，"缙绅之士安其禄而立其朝，充然无复廉耻之色者皆是也"。此书卷五四又批判了冯道，"天下大乱，戎夷交侵，生民之命，急于倒悬，道方自号'长乐老'，著书数百言，陈己更事四姓及契丹所得阶勋官爵以为荣"，"事九君，未尝谏诤"，将这个曾"取称于世"的人置于儒家的天平上衡量。欧阳修在庆历三年(公元1043年)出任知谏院后，[128]正如前引吕祖谦之说，"台谏之职始振"。继范仲淹和欧阳修之后，如包拯等有骨气的台谏官辈出，无疑是书写了古代监察制度史上的辉煌篇章。宋仁宗懦弱无能，遇大事无主意，其实也是台谏官得以发挥作用的重要条件。

但是，在古代人治的条件下，台谏制度只能是一柄双刃剑。自宋神宗始，台谏官愈来愈深地卷入党争，成为党同伐异的工具。宋钦宗时，太学生雷观上书说："自祖宗以来，相臣多因言官论列，直指某人可相，某人不可相，无非天下之公议，此最为我宋之盛典。崇宁以来，台谏一蒙时相拔擢，则多怀私恩，无有直言者矣。"[129]谏官程瑀说："洎王安石用事以来，专以摧折台谏为事。然当时人材承累朝养育，而砥砺名节之风不衰，论议风生，以斥逐为荣，未为安石下也。至蔡京用事，师法安石，而残狠过之，议己者置之死地。台臣引用私党，藉为鹰犬，博噬正士。"[130]专制政治的本质，却又决然筛选和宠爱随风转舵之人、曲学阿世之士，由他们充当台谏官，就只能为不良政治推波助澜。

到南宋时，此种流弊又有进一步发展。秦桧作为宋朝第一个权臣，在他独相的十八个年度里，除了像廖刚、何铸等个别人外，绝大多数台谏官无非是"士大夫之顽钝、嗜利、无耻者"，他们附会和议，"清议不容"，[131]作为由秦桧牵线的一批恶狗，随时按他的指示，出来狂吠乱咬，迫害正直的文臣武将，攻击一切秦桧不喜欢的人，其中也包括他昨日的党羽。《朱子语类》卷一三一说："秦桧每有所欲为事，讽令台谏知后，只令林一飞（秦桧庶子）辈往论之。要去一人时，只云劾某人去，台谏便著寻事，上之。台谏亦尝使人在左右探其意，才得之，即上文字。太上（宋高宗）只是虑房人，故任之如此。"台谏官还不只是通过林一飞等人被动地接受秦桧的旨意，而且是主动地服务上门，打听秦桧的意图。此后南宋三个权臣控制台谏的局面，大致是其余绪。

南宋晚期，尽管宋朝的国运已进入衰亡期，但仍然出现了如洪天锡那样的台官。他在宝祐三年（公元1255年）出任监察御史，上疏说："臣职在宪府，不惟不能奉承大臣风旨，亦不敢奉承陛下风旨。"他屡次上奏说："古今为天下患者三：宦官也，外戚也，小人也。"并且弹击宦官董宋臣、卢允升，外戚、将作监谢堂，知庆元府厉文翁等人。洪天锡"尝书桃符"："平生要识琼崖面，到此当坚铁石心。"这表明他是做了被流放到海南岛的最坏准备。所以周密称赞说，"近世敢言之士，虽间有之，然能终始一节，明目张胆，言人之所难者，绝无而仅有，曰温陵洪公天锡君畴一人而已"，"其刚劲之气，未尝一日少沮也"。[132]

监察权既是皇权的附庸，在某些场合下甚至是权臣的附庸，就绝不可能真正有效地制约腐败。正如彭龟年所说："台谏之士所以能震慑奸宄，唯藉人主听纳其言，假以声势。"[133]南宋一些权臣是特大贪污犯，岂但他们得势时从未得到追究，他们的失势也与贪污、受贿等无关。秦桧死后，宋高宗虽然铲除他的政治亲党不遗余力，却不准追究他的贪污、受贿等罪。

古代君主忌讳臣僚分朋植党，但是，在事实上，因政见不同和其他原因，党争或其他政争是势不可免的。用今人的眼光看来，君主专制体制下的某些台谏官，也可说是具有某种民主色彩的反对派，或者说，按儒家伦理，优秀的台谏官就应当是某种意义上的反对派，能够对君主、宰执等唱反调，或者将不称职的宰执轰下台。廖刚说："人君之患，莫大于好人从己，若大臣惟一人之从，群臣惟大臣之从，则天下事可忧。"[134]又如洪天锡所说："不惟不能奉承大臣风旨，亦不敢奉承陛下风旨。"其实都是阐明台谏官应当自居反对派的角色。反对派的存在起着监督作用，无疑是对政治的清明有利的。

欢迎和容纳直言，从来被古人认为是重要的君德，是太平治世的重要标尺。晁说之说："好谏纳言者，自是宋家家法。"[135]彭龟年特别强调："言路通，则虽乱易治也；言路塞，则虽治易乱也。"[136]

但如前所述，即使在台谏政治最发达的宋朝，此种"家法"也是极难执行的。宋光宗时，殿中侍御史刘光祖说："比年以来，士大夫不慕廉靖，而慕奔竞，不尊名节，而尊爵位，不乐公正,而乐软美,不敬君子,而敬庸人,既安习以成风,谓苟得为至计。"[137]这个结论其实绝不限于当时,大体是赵宋三百年间的通病,大多数台谏官都是随风使舵、偷合取容、曲学阿世,甚至助纣为虐。但在另一方面,我们也必须承认,儒家的名节观又无疑成为维系宋代社会,特别是政界风气的一种重要因素,所以尽管备遭摧残,而具有高风亮节的台谏官还是人才辈出,他们不计升沉祸福,而以忠于职守的直言和弹劾,辉耀于汗青。诚如鲁迅所说,"我们自古以来,就有……","为民请命的人,有舍身求法的人","这就是中国的脊梁"。[138]

中国自古还没有一个朝代像宋朝那样看重台谏的作用。文天祥在宋理宗后期中状元的《御试策》中说:

> 公道不在中书,直道不在台谏,是以陛下行道用力处虽劳而未遽食道之报耳。果使中书得以公道总政要,台谏得以直道纠官邪,则陛下虽端冕凝旒于穆清之上,所谓功化证效,可以立见,何至积三十余年之工力,而志勤道远,渺焉未有际邪?[139]

在这位倡导并力行正气者看来,宰执行公道,台谏行直道,是治世的两个重要因素。按古人的政治设计,台谏的作用主要无非是两条,一是纠正失策,二是按劾腐败。然而依前述两宋三百年间台谏制度的实际运作状况来看,符合政治设计初衷的理想运作太少,而有悖于政治设计初衷的,可悲可叹、可痛可愤的运作又太多。设计并非不巧妙，制度并非不严密，而运作居然如此之糟，这只能归结为宋代专制制度下人治的失败。

荫补制的泛滥成灾

中国自秦汉以来，为专制主义中央集权的政体，作为最高权力的帝权大致是世袭制，而其他公共权力又是实行各种各样的等级授职制。如何选贤任能，这其实是掌握公共权力和管理公共事务的永恒主题。然而各种各样的陈规和陋矩，又严重地阻碍着选贤任能原则的贯彻。中国到了隋唐时期，出现了科举制，在某种意义上，可说是古代选拔人才的一次革命。科举制的核心就是通过公平的考试竞争举士，这无疑比当时其他选拔人才的制度先进、高明，以至在中国境域之外，也产生了影响。宋朝当然是古代科举的鼎盛期。然而与发达的科举制相伴的，却是陈腐的荫补制的泛滥成灾。荫补制即是官僚世袭制，这当然是与选贤任能的原则相悖的。除北宋初期外，宋朝大约十分之九以上的时间都是冗官为患，中高级官员的荫补特权，是造成冗官的一个重要原因，冗官的中心问题就是荫补制，因为大部分官员不是出身于科举，而是出身于荫补。这也是终宋一代的严重弊政。

宋朝荫补制是前代任子制的延续。毕仲游说："盖太祖、太宗之时，天下初定，万事草创，有司停阙待注而无人，故多为取士之门、荫补之法以应用。"[140]宋太祖沿用五代"旧制,台省六品,诸司五品已上官","登朝尝历两任","皆得荫补,岁令兵部、礼部试念书精通者中选"。[141]但宋太祖也说:"资荫子弟但能在家弹琵琶,弄丝竹,岂能治民?"故不准荫补入仕者任亲民官。[142]

宋太宗和宋真宗时不断扩大荫补的范围和名目,荫补之滥,便成为非常突出、十分严重的弊病。宋真宗时,上封者言:"伏睹文武官以郊禋、诞节补任子弟官者,多年在幼稚,坐食廪禄。有穷经潦倒之士,下位沈滞之人,常增浩叹。望行条约。"宋真宗"令辅臣议其事",而"议寻不行",[143]即是一个明证。

宋仁宗庆历时,范仲淹说:"假有任学士以上官,经二十年者,则一家兄弟子孙出京官二十人,仍接次升朝,此滥进之极也。"[144]此后宋廷不得不屡次裁损荫补特权。然而到宋徽宗时,"私谒行,横恩广",又出现荫补入仕的第二次泛滥成灾。"有年未三十而官至大夫者","而恩例未尝少损,有一人而任子至十余者"。有人统计,宋神宗"熙宁郊礼,文武奏补总六百一十一员",而"政和六年(公元1116年),郊恩奏补约一千四百六十有畸"。当时一次郊礼的荫补人数,居然是熙宁三次郊礼荫补人数总和的一倍以上。宋高宗时,赵思诚上奏说,"每遇亲祠之岁,补官者约四千人,是十年之后增万二千员","此而不革,实政事之大蠹也",后来"会思诚补外,议遂格"。[145]至宋孝宗和宋宁宗时,宋廷又不得不渐次裁损荫补特权。[146]

宋朝荫补制有圣节荫补,是在每年皇帝寿诞之时施行,虽每年一次,但官品限制较严;大礼荫补是在皇帝举行郊礼之时举行，大致每三年一次，但官品限制较宽。此外，还有所谓致仕荫补、遗表荫补以及一些特别的荫补。享受荫补权的有后妃、皇族和中高级官员。苏辙说："自台省六品，诸司五品，一郊而任一人；自两制以上，一岁而任一人，此祖宗百年之法，相承而不变者也。"[147]宋仁宗时，"罢圣节恩，而犹行之妃、主"[148]。被荫补者的范围，不但有官僚的子孙和亲属，甚至还包括"门客、医人"[149]。

北宋文同说："国朝任子之令，比前世最为优典。"[150]何郯也指出，"汉法保任，唐制资荫，本只及子孙，他亲无预，又不著为常例。今本朝沛泽至广，人臣多继世不绝"，"恩例频数，臣僚荫尽近亲外，多及疏属，遂至入仕之门，不知纪极"。[151]宋朝荫补之滥，超迈汉唐，不能不说是一种严重的倒退，突出地表现了当时官僚政治的保守性和腐朽性，甚至引起官户之中不少有识之士的非议和抨击。

北宋孙沔说，"今臣僚之家及皇亲、母后外族皆奏荐，略无定数，多至一、二十人，少不下五、七人。不限才愚，尽居禄位，未立襁褓，已列簪绅"，"是则将国家有数之品名，给人臣无厌之私惠"。[152]毕仲游说："公卿大夫所任之子弟，虽有贤者，而骄骜愚懵、未知字书之如何，而从政者亦甚众。虽其父兄不自言，以情占之，岂能不以为愧而且幸哉？"[153]

宋朝虽对被荫补者也设考试制度，但往往形同虚设。宋宁宗时，臣僚上言："国家每岁春铨，任子率二人而取一，选至优也。使所取皆得其人，则位无虚授，何患官冗？比年以来，世禄子弟不务力学，但以货取，假手传义，冒名入试，至有全不识字而侥冒中选者。异时使之临政，不能书判，则委之吏手，必为民害。"154

据宋宁宗嘉定六年（公元1213年）吏部四选官员的出身统计，进士出身为5300人，武举、童子科和特奏名出身为5625人，而荫补出身（宗室除外）竟达17121人，155进士连同其他科举出身者，还不足荫补出身者的2/3。

宋理宗时，姚勉说："方今冗官之弊，全在任子之多。三载取士，仅数百人，而任子每岁一铨以百余计，积至三岁，亦数百人矣。泛观州县之仕，为进士者不十之三，为任子者常十之七。岂进士能冗陛下之官哉，亦曰任子之众耳。阀阅鼎盛，亲故复多，挟厚赀而得美除，结奥援而图见次。考第未满，举剡已盈，寒畯之流，亦安能及。使任子其人，皆能才识如吕端，问学如张栻，岂不足以为天下之用，独斯人之不多得尔？身燠锦绮，岂知陛下之民之寒；口饫膏粱，岂知陛下之民之馁？庸者受成胥吏，虐者擅作威福。"156

荫补是用人问题上不正之风的制度化，但唯其成为制度，也还是比南北朝、辽朝那样的无制度要稍好一些。如荫补出身者最初只能当低官，在官场不但不能如乘火箭蹿升，还不如科举出身者荣耀，其升迁也反而迟缓。故一部分仕宦子弟，"以进士为胜，以资荫为〔慊〕者"，"耻受其父祖之泽，而甘心工无益之习，以与孤寒之士角胜于场屋，侥幸一第以为荣"。157至于对荫补出身者实行考试制度，也可视为科举制对荫补制的渗透。

终宋一代,虽然曾在制度上做过不少修补和调整工作,但荫补制始终是一项严重的社会痼疾。

多元化士风的主流

春秋战国时代出现了所谓"士",后世往往称文士、士人或士大夫。士人、士大夫等词沿用到宋代,其词义并无大的变化,看来与近代的知识分子一词有相近之处。一般说来,可以指有学问的读书人。宋人或可用"乡士大夫"和"卿士大夫"两词,用以区别有无官位。

中国古代儒家是十分强调道德和气节问题的。但既然是阶级社会,各种各样的私利必然影响和驱动士人们的立身行事。朱熹说:"圣人之教,必欲其尽去人欲,而复全天理也。"[158]历朝历代的士人尽管号称受"圣人之教",然而在事实上,只有少量士人可以完全履践"圣人之教",多数士人绝不可能履践或完全履践"圣人之教"。故研讨一个时代的所谓士风,就绝不可能是单一的,而是多元化的。

人们强调宋儒风采,列举如范仲淹、李纲、宗泽、文天祥等一大批有志节之士人,是不难的。他们代表了忧国爱民、清正廉明、直言敢谏、举贤任能、忍辱负重、临危授命等优秀的政治传统,代表了中华民族的浩然正气。

但从另一角度看来,他们在成千上万的士人中,毕竟居于少数派的地位。翻开史料,宋人哀叹士风的言论不少。宋太宗时，孙何就提出了"士风偷薄"的问题。[159]宋哲宗初，程颐说："近年以来，士风益衰，志趣污下，议论鄙浅，高识远见之士益少，习以成风矣。"[160]宋徽宗刚即位时，游酢上奏说，"臣闻天下之患，莫大于士大夫无耻。士大夫至于无耻，则见利而已，不复知有义"，"士风之坏，一至于此"。[161]蒋猷"论士风浮薄，廷臣伺人主意，承宰执风旨向背，以特立不回者为愚，共嗤笑之"[162]。南宋初，胡寅上奏说："今士风陵夷，四维未张，惟利是从，不顾义理。利在（金朝完颜）粘罕，则欲以释怨悦其心；利在（伪齐）刘豫，则欲以友邦通其好；利在迷国之宰辅，则欲为之羽翼，以助其飞。"[163]宋孝宗时，张大经"陈士风掊克、偷惰、诞慢、浮虚四弊"[164]。宋光宗时，刘光祖说："比年以来，士大夫不慕廉靖，而慕奔竞，不尊名节，而尊爵位，不乐公正，而乐软美，不敬君子，而敬庸人，既安习以成风，谓苟得为至计。"[165]南宋后期的魏了翁说："士风偷薄，世道颓靡，面誉背毁，心私迹公。"[166]应当说，上述议论反映的是更多士人的情况。

南宋初，气节问题无疑集中在反对降金乞和。当时一切有志节之士莫不反对屈辱媾和。李纲尽管被迫退闲，仍然上奏说，"原其所自，皆吾谋虑弗臧，不能自治自强，偷安朝夕，无久远之计"，"与其事不共戴天之雠，仰愧宗庙，俯失士民之心，而终归于亡，贻羞无穷；曷若幡然改图，正仇雠之名，辞顺理直，以作士民之气，犹可以履危而求安，转亡而为存"。[167]理学家程颐的弟子尹焞引《礼记·曲礼》之说，"父母之雠不与共戴天，兄弟之雠不反兵"[168]。按照儒家伦理，且不论割地、纳贡等问题，宋高宗向父母兄弟之仇人下跪称臣，就是典型的丧失气节的行为。

宋高宗为了掩饰自己的无气节，施行"人知劝惩"[169]的清洗抗战派的政策。反对还是赞助降金乞和，成为官员们是升迁还是降黜的首要标准。士大夫们要守节，就必然不能赞成降金乞和，就必然要被降黜甚至遭受严重迫害；反之，要博取高官，就必须赞助屈辱苟安。杨愿是秦桧的一条凶狠的鹰犬，又是一个最工于柔媚的执政。他攻击抗战派说：

> 多饰虚名，不恤国计。沮讲和之议者，意在避出疆之行；腾用兵之说者，止欲收流俗之誉。[170]

然而在早年，杨愿并非没有激愤的政论：

> 谋以活国者，国常存而身随之安；谋以活身者，国常亡而身随之危。今一举而迁金陵，求活身也，非活国也。虏既灭吾国矣，陛下将活其国以自存乎？将活其身而国终于亡乎？[171]

这与前引的降金言论，简直判若两人，是什么使杨愿完成一百八十度的大转变呢？其实也无非是"利欲熏心"四字。

在宋高宗和秦桧的威逼和利诱下，正如朱熹所说，"向者冒犯清议，希意迎合之人，无不夤缘，骤至通显，或乃踵桧用事","士大夫狃于积衰之俗,徒见当时国家无事,而桧与其徒皆享成功,无后患,顾以亡雠忍辱为事理之当然,主议者慕为桧,游谈者慕其徒,一雄唱之,百雌和之"。[172]大批的士大夫不能不失节。

当时通过科举当进士,可能还胜似今日当院士,是文士们的头等大事。秦桧党羽汪勃上奏说:"陛下兼爱南北之民,力定和议,与天下更始,崇儒重道,同符祖宗。臣愚以为今年科场,当国学初建,万方多士将拭目以观取舍,为之趋向。欲望戒敕攸司,苟专师孔孟,而议论粹然,一出于正者,在所必取;其或采摭专门曲说,流入迂怪者,在所必去。"宋高宗看后说,"勃论甚善","此所以正人心也",他下"诏有司,凡私意臆说尽黜之"。[173]士人们要得到金榜题名,就非附会降金政策不可。

绍兴十二年(公元1142年)殿试,陈诚之的策文引证汉高祖、汉光武帝等事例说,"臣之深思,窃以休兵息民为上策","今陛下任贤(当然是指秦桧)不贰","行之以诚一,则振中兴之业,又何难乎"?得头名状元。第二名秦桧养子秦熺自不待论,第三名杨邦弼的策文说:"陛下躬信顺以待天下,又得贤相,相与图治,中兴之功,日月可冀。"[174]此后的科举就一直沿袭此例。

绍兴十八年(公元1148年)科举,本拟定头名的董德元因为已有右迪功郎的官位,改为第二。他是个无耻之徒,后来当上秦桧独相时的末班执政。其策文说,"晋之失不在于虚无,失于用兵故耳;唐之失不在于词章,亦失于用兵故耳",用以推崇宋高宗的对金政策。被定为状元的王佐的策文说,"王羲之言隆中兴之业，政以道胜，宽和为本，盖讥当时不务息民保国，而欲以兵取胜也"，"况陛下今日任用真儒，修明治具，足以铺张对天之宏休，扬厉无前之伟绩，则光武之治，不足深羡"，尽管王佐后来因不愿阿附秦熺而被摈斥，[175]但他中举之时，仍不得不赞扬"真儒"秦桧。特别应当指出者，著名的理学家朱熹也是同榜中举者，然而今人再也找不到他当时的策文。

朱熹当然有很深的爱国主义精神，即使到晚年，对学生"每论及靖康、建炎间事，必蹙頞惨然，叹息久之"[176]。依朱熹的文化修养，只是登同榜中的第五甲第九十人[177]，也可推知其违心之论说得不重，对宋高宗的降金政策吹捧不力，但又毕竟不得不说，不得不捧。

绍兴二十四年（公元1154年）的状元是张孝祥，他在策文中沿用当时的陈词滥调说，"往者数厄阳九，国步艰棘，陛下宵衣旰食，思欲厎定。上天祐之，畀以一德元老，志同气合，不动声色，致兹升平。四方协和，百度具举，虽尧、舜、三代无以过之矣"，"今朝廷之上，盖有大风动地，不移存赵之心，白刃在前，独奋安刘之略，忠义凛凛，易危为安者，固已论道经邦，燮和天下矣。臣辈委质事君，愿视此为标准"。[178]宋高宗对秦桧私宅题词"一德格天之阁"，故"一德元老"遂成秦桧的尊称，而"大风动地"一联是秦桧喜欢的骈文。张孝祥是南宋的爱国词人之一，他的《六州歌头》向来被人们誉为爱国词的代表作之一。他当状元后，还深受秦桧的迫害。但在策文中，却不得不说那么多违心话，无非是为了功名，只能临时迁就一下。其后世流传的《于湖居士文集》，就没有收入那篇中状元的策文。

此处还可举一个失节之士，也就是被一些史学史研究者抬举的郑樵，他给宋高宗上书说：

> 恭惟皇帝陛下诚格上下，孝通神明，以天纵之圣，著日新之德，君臣道合，一言而致中兴，自书以来，未之闻也。[179]

又给秦桧上书说：

> 兵火之后，文物荡然。恭惟相公拨灰烬而收简编，障横流而主吾道，使周孔之业不坠于地。士生此时，宁无奋发。[180]

将荒淫无道的皇帝赞为亘古未有的圣君，把人莫予毒的权相尊为继周孔之业的真儒，确实达到了极其肉麻的程度，哪怕稍有一点自尊心，就难以落笔。

从绍兴和议到秦桧去世前的五榜正奏名进士为例，绍兴十二年为398人，绍兴十五年为374人，绍兴十八年为353人，绍兴二十一年为422人，绍兴二十四年为419人，合计1966人。这仅是撰写歌颂宋高宗君臣降金政策而科举过关者，而更有特奏名进士，还有大量虽亦撰写了歌颂文字，却仍未过登科关者，用成千上万的成语估算，是不过分的。

此外，围绕着所谓"皇太后回銮"的闹剧，宋高宗采纳赃官黄达如的建议，"乞令词臣作为歌诗，勒之金石，奏之郊庙，扬厉伟绩，垂之无穷"。一时"献皇太后回銮赋颂千余人，内文理可采者几四百人"。皇帝特"诏有官人进一官，进士免文解一次"。其中第一名是大理正吴槩，其颂词说："辅臣稽首，对扬圣志，惟断乃成，愿破群异。"参加这次献诗文者，就有后来的著名诗人范成大[181]。范成大在宋孝宗时出使金朝，还是表现了气节。他有不少爱国诗篇传世，唯独那次献诗，却不见于其文集。这与朱熹、张孝祥等人的策文相类似。

仅就以上两次统计，以及朱熹、张孝祥、范成大等名士的违心卷入，郑樵的献媚邀宠，亦足以反映绍兴和议前后文士失节的普遍性和严重性。朱熹注重义利之辨，然而遇到科场的实际利益，也只能暂时站在利的一边。

在宋代社会，儒家学说当然是一种维护道义和公正的舆论力量。南宋时，道学又逐渐取得主导地位。然而与道学发展平行的，则是许多士人的伪道学。南宋初，陈公辅就指出，"取程颐之说，谓之伊川学"，"是以趋时竞进，饰诈沽名之徒，翕然胥效，倡为大言"。[182]这说明当时以"伊川学"的信徒自命者，已是鱼龙混杂。南宋末，周密也评论说，"浅陋之士自视无堪以为进取之地，辄亦自附于道学之名，褒衣博带，危坐阔步，或抄节语录，以资高谈，或闭眉合眼，号为默识。而扣击其所学，则于古今无所闻知，考验其所行，则于义利无所分别。此圣门之大罪人，吾道之大不幸，而遂使小人得以借口为伪学之目"。待到韩侂胄打击道学,"目之为伪学","一时嗜利无耻之徒,虽尝自附于道学之名者,往往旋易衣冠,强习歌鼓,欲以自别"。[183]

与前朝后代相比,宋朝确实最为优礼士大夫。然而及至亡国之际,一方面,有文天祥等一批志士,在无可挽回的颓势下苦斗,文天祥的绝命词说:"孔曰成仁,孟云取义,惟其义尽,所以仁至。读圣贤书,所学何事,而今而后,庶几无愧。"[184]这也证明他是无愧于孔孟学说的身体力行者。另一方面,则是"满朝朱紫尽降臣"[185]。养士三百二十年的宋朝,大部分士人却并未为它殉葬。

"正直士流少,倾邪朋类多"[186],"士大夫奉公者少,营私者多,徇国者稀,谋身者众"[187],评价宋朝的士风,不仅有多元化的问题,更有士风的主流颇为糟糕的史实。

北宋从腐败走向灭亡

北宋皇朝经历了一百六十余年的稳定发展,至宋徽宗时,进入了"太平极盛之日",[188]"辇毂之下,太平日久,人物繁阜","不识干戈"。[189]宋徽宗对国家的富盛,也颇为自鸣得意,他在御制《艮岳记》中说,"昔我艺祖,拨乱造邦","且使后世子孙,世世修德,为万世不拔之基","祖功宗德","社稷流长","足以跨周轶汉"。词臣奉命进谀诗说,"四海熙熙万物和,太平廊庙只赓歌","宵旰万机营四海,更将心醉六经中","吾皇圣学自天衷","子孙千亿寿无疆"。[190]得意的神情,跃然纸上。

从表面上看，宋徽宗确有其自我矜夸的资本，在人口和疆土方面，当时确实达到了极盛期。但是，从另一方面看，北宋皇朝的深刻危机，作为一股不可遏制的潜流，在日益剧烈地涌动着。

宋徽宗是历代帝王中首屈一指的天才艺术家，他在音乐、绘画、书法、棋艺、诗词等方面的才华，与处置军国大事的昏愦，有机地融合于一身。天水一朝十五帝（南宋亡国时三个幼儿不计在内）中，真正算得上大纵侈心者，第一个是宋真宗，第二个是宋徽宗，并且后来居上，其奢侈和享乐超过了宋朝任何一个皇帝。

宋徽宗最初尚有所克制，"时承平既久，帑庾盈溢"，蔡京"倡为丰、亨、豫、大之说"。宋徽宗"尝大宴，出玉盏、玉卮示辅臣"，说："先帝作一小台，财数尺，上封者甚众，朕甚畏其言。此器已就久矣，倘人言复兴，久当莫辨。"蔡京说："事苟当于理，多言不足畏也。陛下当享天下之奉，区区玉器，何足计哉？"[191]启迪皇帝侈心者，自然决非蔡京一人。宋徽宗进行规模空前的宫殿、后苑、艮岳等建设，穷侈极丽，挥霍民脂民膏，用之如泥沙不惜。[192]宋徽宗酷嗜女色，"五、七日必御一处女，得御一次，即畀位号，续幸一次，进一阶。退位后，出宫女六千人"，其总数"盖以万计"。[193]浩大的宫廷开支，非原先划定的御前钱物所能维持，故另外创设如应奉司、御前生活所、营缮所、苏杭造作局、御前人船所、行幸局、采石所、延福宫西城所等诸局所，加强搜刮，竭泽而渔，乃势在必行。按照古制，至少自秦以下，皇宫财政与朝廷财政是分开的。宋朝各代一般往往以皇宫财政补贴朝廷财政之不足。唯独宋徽宗时，因穷奢极欲，原来的皇宫财政根本入不敷出，故通过所创设的诸局所进行弥补，相当程度上就以朝廷财政剜肉补疮。

尽管宋徽宗纵情声色狗马，竭天下以自奉，在口头上，却自诩"永惟继志之重，深念守文之艰"，"勤于政，庶以图天下之佚；俭于家，庶以资天下之丰"，"经营欲致黎元福"。他自称"不可以燕乐废政"，"言者"指责皇帝"金柱玉户"，皇帝反指他"厚诬宫禁"。[194]

宋徽宗周围的一帮宠臣，被太学生陈东指为"六贼"者，有蔡京、王黼、朱勔和宦官童贯、梁师成、李彦。[195]其实，当时的奸佞绝不止上述六人，如宦官杨戬、兰从熙、谭稹等人，掌军的高俅，掌河防的孟昌龄和孟扬、孟揆父子，蔡京之子蔡攸之类，都是祸国的蟊贼，害民的大憝。人称蔡京为公相，童贯为媪相，梁师成为隐相。这帮奸佞既互相勾结，又互相倾轧。蔡京最初侍奉童贯，"不舍昼夜"，得以蹿升，但童贯后来又"浸咈京意"。蔡京与蔡攸居然"父子遂为仇敌"。[196]

这帮奸佞窃据要津后，必然援引亲故，广结党羽，"蔡京拜相不数年，子六人、孙四人同时为执政、从官"。"诸孙生长膏粱，不知稼穑"，蔡京曾问他们："米从何处出？"一人说："从臼子里出。"另一人说："不是，我见在席子里出。"[197]朱勔"子侄官承宣、观察使，下逮厮役，〔亦〕为横行，媵妾亦有封号"。童贯也是"厮养、仆围官诸使者至数百辈"[198]。一时"乳臭童稚，目未知书，绮襦竹马，方务嬉戏，而官已列禁从"者比比皆是。[199]

招权纳贿，货赂公行，是北宋晚期政治的一大特色，其奥秘正在于上行而下效。宠臣们懂得,其恃宠固位的主要手段,就是为皇帝搜刮钱财。蔡京巴结内宫,"宫妾、宦官合为一词誉京",遂得以进用。他"拔故吏魏伯刍领榷货,造料次钱券百万缗进入",宋徽宗大喜,说:"此太师与我奉料也。"童贯"颇疏财,后庭妃嫔而下及内侍,无大小,致饷无虚月,交口称誉一词",故能"权倾四方"。[200]上有皇帝以身作则,宠臣辈贪污受贿自然成了家常便饭。王黼"公然受贿赂,卖官鬻爵",时谚称"三千索,直秘阁;五百贯,擢通判";童贯"庭户杂遝成市,岳牧、辅弼多出其门";朱勔"与其子汝贤、汝功各立门户,招权鬻爵,上至侍从,下至省寺,外则监司,以至州县长吏官属,由其父子以进者甚众,货赂公行,其门如市"。[201]蔡京"暮年即家为府,营进之徒举集其门,输货僅隶得美官"。他本人"目昏眊不能事事",仍贪恋权势,一应政务由幼子蔡絛处置,"代京入奏","由是恣为奸利","骤引其妇兄韩梠为户部侍郎"。宋徽宗"亦厌薄之",命蔡攸和童贯往取蔡京辞职表,蔡京惊慌失措,说:"京衰老宜去,而不忍遽乞身者,以上恩未报,此二公所知也。"居然"呼其子为公",左右"莫不窃笑"。[202]

尽管官场中一片乌烟瘴气,宋徽宗仍标榜要惩治腐败,针对官员们"受赇作弊","非法受财,嘱托公事","货赂公行,莫之能禁,外则监司守令,内则公卿大夫,托公徇私,诛求百姓,公然窃取,略无畏惮","士庶之间"的"侈靡之风"等情况,屡下禁令。[203]宋徽宗也处分一批官员,如河北路转运副使李昌孺"廉声不闻",滁州知州唐恪"于邻郡营私第,搔动一方",贺希仲"任河北监司，凡所荐举，使其私仆干求百出"，提点江东路铸钱王阐"贪墨"，"巡历贾贩，盗取官钱"，汪希旦"贪污不法，狼藉有声"，都被贬黜。[204]但是，一批真正的大贪污犯，却备受皇帝的青睐，恩赏有加。因贪污而得利者甚众，而败露率极低，故装潢门面的禁约和惩罚，适足以助长贪贿之风，而成变本加厉之势。

面对着隐伏危机的表面盛世，也有一些正直的官员和太学生，起而痛陈时弊。宋徽宗即位之初，李朴上奏说，"天下有事不足忧，无事深可畏"，"骄盈怠惰之气，亦能以治安而至于危乱"。赵鼎臣在对策中说，应"以长治为难"，"以居安为惧"。[205]宣和时，李纲上疏，认为"当以盗贼、外患为忧"，但"朝廷恶其言，谪监南剑州沙县税务"。[206]太学生朱梦说屡次上书，指责"入仕之源太浊，不急之务太繁，宦寺之权太盛"，他也因此被"编管池州"。[207]太学生雍孝闻"力诋"蔡京兄弟"及时政未便者"，被流放而死于海南岛。另一太学生邓肃"上十诗，备述花石之扰"，其中有"但愿君王安万姓，圃中何日不东风"之句，"诏屏逐之"。陈禾力陈宦官之弊，说"陛下他日受危亡之祸"，贬降监酒官。[208]宦官邵成章"性特谅直，诸内侍皆不喜之，常出之于外"，他上奏历数"童贯五十罪，中外大骇"。[209]宋徽宗对此类忠言完全置若罔闻。

北宋帝国积累了很深重的矛盾，各地爆发了方腊等暴动，宋廷动用优势兵力，方能予以镇压。面对金朝的勃兴，宋徽宗君臣采取联金灭辽政策。因长期对西夏作战，陕西军成为宋军精锐。宋朝动用陕西军攻残辽，却被打得一败涂地。童贯和高俅长期主兵的结果，"军政大坏"[210]，整个庞大的军事机构被蛀蚀得千疮百孔，至此便暴露无遗。金军灭辽后，立即攻宋，宋军或一触即溃，或不战而溃。唯有王禀指挥的太原保卫战，有力地牵制了西路金军。太原最后陷落，宋军主力在救援时耗折殆尽，于是开封的失守便成定局。

直到金军进犯时，宋徽宗方下诏罪己，承认"言路壅蔽，导谀日闻，恩倖持权，贪饕得志"，"赋敛竭生民之财"，"多作无益，靡侈成风"，"众庶怨怼"等弊政，"凡兹引咎，兴自朕躬"。[211]他急忙传位于宋钦宗。平庸的宋钦宗面对险恶的局势，毫无措置能力，只是来回摇摆于投降和冒险之间。金东路军初攻开封时，宋军尚有抗击能力，但宋徽宗仓皇南逃，宋钦宗欲逃而被李纲制止。太原失陷后，宋钦宗却不听老将种师道临终的忠告，退避关中。靖康元年(公元1126年)闰十一月，金军攻破开封，俘宋徽宗和宋钦宗，北宋灭亡。宋徽宗和宋钦宗分别在被俘后九年和三十年死去，时年分别为五十四岁和五十七岁。[212]

一小撮统治者的祸国，使千百万无辜平民以至宫女惨遭劫难。刘子翚写诗说："空嗟覆鼎误前朝，骨朽人间骂未销。夜月池台王傅宅，春风杨柳太师桥。"作为大宋臣子，他不能指责皇帝，只能斥骂蔡京、王黼等人。宋徽宗被俘后，仍有一些诗词流传南宋，其中的一首说："九叶鸿基一旦休，猖狂不听直臣谋。甘心万里为降虏，故国悲凉玉殿秋。"对照前述的御制《艮岳记》，成了绝妙的自我讽刺。遗民毛麾凭吊北宋故宫诗说："万里銮舆去不还，故宫风物尚依然。四围锦绣山河地，一片云霞洞府天。空有遗愁生落日，可无佳气起非烟。古来国破皆如此，谁念经营二百年。"[213]

拥有当时世界上首屈一指的人力、物力和财力的北宋帝国，在新兴金朝的攻击下，仅一年时间便走向覆亡。同任何一个历史大事件一样，北宋灭亡也有其复杂原因。但若用简单化的比喻，北宋帝国恰似一座金碧辉煌的大厦，其梁柱已被白蚁蛀蚀一空，故根本无法经受暴风骤雨的袭击。其白蚁即是腐败，而滋生白蚁的温床就是专制政体自身。

开封的劫难和衰落

开封作为中国七大古都之一，其最辉煌的时期是北宋东京的一百六十余年间。由于黄河的泛滥，宋代的开封故城已经深埋地下。人们从著名的《清明上河图》，尚可窥见其繁荣的一角。然而从北宋末期到金朝末期，开封遭受了惨重的劫难。

靖康元年（公元1126年），金军两次进攻开封城。十一月，两路金军再次兵临城下，"大约不过八万人"[214]。金军对开封城不可能全面围攻，只能从东和南两个方向实行重点进攻。此外，金军的作战具有很强的季节性，一般是秋冬弓劲马肥之时用兵，夏季时女真人不耐酷暑，加之连续的夏雨，弓弦脱胶，战马易于得病，所以就必须撤往北方，避暑休整。只要开封城守御得法，挨过春天，金军就只能退兵，而无法实施长围久困。

中国古代的城墙由土城演变为砖城。开封城就是一座土城,"取虎牢(关)土"建造的城墙,屡经加固,"坚密如铁"。[215]有宫城、里城和外城,形成了古时的纵深防御。外城周长五十宋里一百六十五步,[216]按现代的考古测量,东墙长七千六百六十米,南墙长六千九百九十米,西墙长七千五百九十米,北墙长六千九百四十米,略呈菱形。[217]城墙底部厚五宋丈九宋尺,高四宋丈,城外的护龙河阔十多宋丈。唯有东、西、南、北四座正门设两重直门,供御路通行,其余偏门都按边城的瓮城门规范修建,里外三门,门道弯曲,若干水门也都设有铁闸门。城上每百步设马面战棚,密置女墙,除城上的通道外,城墙里还有一条内环路,便于运兵。从古代的军事学的观点看,只要兵力和粮草充足,无疑是个易守难攻的庞大军事堡垒。

导致开封城失守的关键事件,一是部分护龙河被金军填平,二是郭京六甲神兵出战。

面对进攻,宋廷还是按以文制武的惯例,任命了四面城墙的提举官,由中书舍人李擢负责南城。[218]金军设法填平护龙河。李擢根本"不介意","于城楼上修饬坐卧处,如晏阁宾馆,日与僚佐饮酒烹茶,或弹琴燕笑,或日酲醉"。南城偏东的宣化门(俗名陈州门)一带,已填了约一宋里。宋钦宗登南城发现此事,大怒,下旨将"李擢推勘远窜"[219]。当时在开封围城中,自然不可能流放远地。

宰相何㮚和执政孙傅在百般无奈之余,找到了妖人郭京,郭京自言能施行六甲神法,招募七千七百七十七人,编组六甲神兵，就可将金军扫荡无余。"令于殿前验之。其法用一猫一鼠，画地作围，开两角为生死道。先以猫入生道，鼠入死道，其鼠即为猫所杀。又将鼠入生道，猫入死道，猫即不见鼠。云如此用兵，入生道，则番贼不能见，可以胜也。"何㮚、孙傅等人居然深信不疑。郭京率六甲神兵出战，命令守军全部下城，不得窥视。结果被金朝铁骑扫荡，大批神兵堕落护龙河，填尸皆满。郭京说："须自下作法。"[220]下城率余众南遁。

金军乘胜将并无斗志的宋军逐下开封外城。在平原旷野，女真骑兵纵横驰骋，比宋军步兵确有很大优势，然而若下城与开封大约百万军民巷战，则将是胜负难卜的消耗战。故史称宰相何㮚"率百姓欲巷战，其来如云，由是金兵不敢下，乃唱为和议"[221]。他们只是占领外城墙，对开封军民实施紧密围困。六神无主的宋钦宗果然中计，他认为只有订立屈辱的城下之盟，才是唯一的生路。金军不断扬言"欲纵兵洗城"[222]，进行勒索，而宋钦宗则是有求必应。首先是"索马一万匹"，开封府"得七千余匹，尽送军前"。接着又"索军器"，于是"凡甲仗库军器，以车辇去，或用夫般担，数日方尽"[223]。开封府的军民被剥夺武装，无法自卫。接着，金军又向开封城里勒索财宝、工匠、女子等，宋方仍然不断满足敌人的要求。

积久的腐败，加之宋钦宗君臣面对险恶局势，唯有惊慌失措，毫无应变能力，更兼胆怯而毫无抗敌的决心，才导致了开封的陷落和完全丧失抵抗能力。

宋钦宗两次到金营求和，第一次金人有意放他回城，麻痹宋人，第二次就予以扣押。金人通过一些宦官，还有开封府尹徐秉哲等人，将赵氏皇族，包括时为太上皇的宋徽宗，一网打尽，并于靖康二年（公元1127年）二月宣布废赵宋，三月立伪楚，于月末到四月初撤兵，回北方避暑。

在此次历史巨变中，一些宋朝官员和宦官起了十分无耻而恶劣的作用。如王时雍时称"卖国牙郎"[224]，又称"虏人外公"，因为他"尽搜取妇女于虏人"[225]。实际上，为金人搜刮妇女者，还有徐秉哲。他一次搜捕女子一千多人，"自选端丽者"，"自置钗、衫、冠、揥、鲜衣，令膏沐粉黛，盛饰毕，满车送军中。父母夫妻抱持而哭，观者莫不歔欷陨涕"。[226]还有文官吴开、莫俦和武将范琼也与王时雍等同恶相济，被人们指为"国贼"[227]。

开封当年冬天奇寒，"雪雨不止，物价日翔，斗米一千二百，麦斗一千，驴肉一斤一千五百，羊肉一斤四千，猪肉一斤三千"，"城中猫犬几尽，游手冻饿死者十五、六，遗骸所在枕藉"。[228]开封府衙"解内夫人及戚里、女使"，"以车载数百"，"女使辈车上斥骂，大呼曰：'尔等任朝廷大臣，作坏国家至此，今日却令我辈塞金人意，尔等来何面目？'"。[229]"哭泣之声遍于里巷，如此者日日不绝。"[230]即使以成千上万宋宫女俘而言，金左副元帅完颜粘罕"宴诸将，令宫嫔等易露台歌女表里衣装，杂坐侑酒，郑、徐、吕三妇抗命，斩以徇"。"烈女张氏、陆氏、曹氏抗二太子（右副元帅完颜斡离不）意，刺以铁竿，肆帐前，流血三日"，于是宫妇"人人乞命"，只能听任金人蹂躏。[231]

等到金军撤退时，"京城被围半年，至是斗米二千，斛麦二千四百,羊肉一斤七千,猪肉一斤四千,驴肉一斤二千五百,鱼亦如之,酱一斤五百,油一斤一千八百,他物称是。细民赖官卖柴米,稍能给。然饿殍不可胜数,人多苦脚气,被疾者不浃旬即死,目疾者即瞽"。这当然是缺乏"菜蔬"和维生素所致。[232]金人"放兵四掠,东及沂,西至濮、兖,南至陈、蔡、颍,皆被其害。陈、蔡二州虽不被害,属县焚烧略尽。淮、泗之间荡然矣。京城之外,坟垅悉遭掘,出尸,取其棺为马槽。杀人如割麻,臭闻数百里。以故数大疫,死者过半"。由于食物极端缺乏,开封城内"街巷有病气未绝者,俄顷已被剔剥,杂诸牛马肉卖之。菜蔬已尽,唯取软者啖之"[233]。

当年世界上最繁华的开封竟成了什么世界!更可悲的当然是女子们,自古代到近代,妇女和财宝总是一切掠夺战争的目标。可怖的劫难其实是残暴的金军和腐败无能的宋廷共同造成,虽然已时隔近九百年,但翻阅陈编,仍然使人有一种毛骨悚然的沉痛感,腐败之祸国殃民,一至于是!

南宋建炎元年(公元1127年),由宗泽出任东京留守等职,方使这座城市稍微恢复生气,并击败了金军的嚣张攻势。不幸宗泽忧愤成疾而死,继任的杜充放弃开封南逃。天会八年(公元1130年),即宋建炎四年二月十四日,开封终于被金朝占领。当时"粮食乏绝,四外皆不通,民多饿死","在京强壮不满万人"。[234]但到二十五日,开封市民仍进行反抗,并持续了一个月,而被金将"大迪里复取之"[235]。这成为宋朝开封史上最后的英勇悲壮、可歌可泣的一页。

此后，开封先后成为伪齐的国都和金朝的南京。即使到金朝中期，开封里"城外，人物极稀疏"，而"城里亦凋残"，但外城"北门内外人烟比南门稍盛"。[236]宋使范成大说，他途经"东御园，即宜春苑也，颓垣荒草而已"，"狐冢獾蹊满路隅"。从弘仁门入城，"弥望悉荒墟"，"过大相国寺，倾檐缺吻，无复旧观"，"旧京自城破后，创痍不复"。金海陵王"独崇饰宫阙，比旧加壮丽。民间荒残自若，新城内大抵皆墟，至有犁为田处。旧城内粗有市肆，皆苟活而已。四望时见楼阁峥嵘，皆旧宫观寺宇，无不颓毁"。他感慨地赋诗说："梳行讹杂马行残，药市萧骚土市寒。惆怅软红佳丽地，黄沙如雨扑征鞍。"[237]后来周辉使金，也说"入大城，人烟极凋残"[238]。金朝的开封城虽为南京，却相当荒凉衰败，里城之内，大约还像个城市，而在里城与外城之间，其实已同荒郊一般。

金朝晚期，面对蒙古的强劲攻势，金宣宗逃往黄河以南的开封城，苟延残喘。由于大量人口的南迁，开封城内顿时"繁盛益增"[239]，但这种繁盛却是战乱期间的特殊情形。

天兴元年（公元1232年）三月，蒙古军开始猛攻开封城。蒙古军攻城，主要用石炮和火炮。"破大砲或碌碡为二、三，皆用之"，"城上楼橹皆""大木为之，合抱之木，随击而碎"。但开封外城"坚密如铁，受炮所击，唯凹而已"，他们"驱汉俘及妇女、老幼负薪草，填壕堑，城上箭镞四下如雨，顷刻壕为之平"。[240]在这场残酷的攻防战中，主要还是无辜平民的牺牲。但金军依赖开封旧城，并使用震天雷和飞火枪等火器，居然暂时挫败蒙古军的进攻。然而蒙古军已占领了河南的大部分州县，开封处于粮尽援绝的困境。当年夏，开封大疫五十天，大量人口死亡，"诸门出死者九十余万人，贫不能葬者不在是数"[241]。金哀宗只能于十二月逃出开封。天兴二年（公元1233年）正月，开封城西面元帅崔立发动兵变，投降蒙古。

城南的青城，当年是宋钦宗投降和被俘之地，如今金朝的皇族、后妃等也被押往此地，大多被杀。当时开封城内景况比北宋亡国时还惨，"米升直银二两。贫民往往食人脬，死者相望，官日载数车出城，一夕皆剧食其肉净尽。缙绅士女多行丐于街，民间有食其子。锦衣、宝器不能易米数升。人朝出，不敢夕归，惧为饥者杀而食。平日亲族交旧，以一饭相避于家。又日杀马牛乘骑自啖，至于箱箧、鞍鞴诸皮物，凡可食者，皆煮而食之。其贵家第宅与夫市中楼馆木材，皆撤以爨，城中触目皆瓦砾废区"。开封投降后，市民们"得出近郊采蓬子窠、甜苣菜，杂米粒以食。又闻京西陈冈上有野麦甚丰，（崔）立请百姓往收之"。但蒙古军入城后，仍然"大掠"。[242]由于最后不战而降，开封城内虽然"触目皆瓦砾废区"，却完整地保存了金宫，而北宋的主要遗迹只剩下了龙德宫的熙春阁。

开封入元后二十年（公元1252年），汴梁路下辖郑、许、陈、钧、睢五州之地，仅有户30018、人口184367，[243]户数比宋金时代少得可怜。

由此可见，开封的极盛期是在北宋，而在金元之际，总的说来，是在走下坡路，而非复旧时之盛。

康王出使和救援开封的真相

由于金军在靖康元年(公元1126年)冬第二次南侵，十一月，二十岁的康王赵构奉命出使求和。宋代史籍对康王出使的始末，显然有所隐讳和掩饰。康王正式出使前，宋钦宗"赐以玉带，抚慰甚厚"，还特别将其生母韦氏由龙德宫婉容超升贤妃，进八阶，由嫔升为妃，[244]实际上应是强制畏缩不前的康王出使。康王一行出城时，王雲对他说："京城楼橹，天下所无，然真定城高几一倍，金人使雲等坐观，不移时破之。此虽楼橹如画，亦不足恃也。"[245]

康王一行十六日出京，十九日到相州(治今河南安阳)。知州汪伯彦"禀曰：'斡离不已于十四日由大名府魏县李固渡〔渡〕河矣，恐不得追，愿大王暂留，审议国计。'王曰：'受命前去，不敢止于中道。'王雲、耿延禧、高世则等谓曰：'兼程前去，渡河犹仅可及。'诘朝遂行"[246]。按宋钦宗的命令，康王一行出使的目标，正是找金东路军主将、右副元帅完颜斡离不(宗望)和谈。然而康王与王雲等人明知完颜斡离不已兵渡黄河，却并不改变行进方向，折回黄河以南，而仍然北上。显然，他们的目标其实已绝非是找金人和谈，而别有居心。耐人寻味的是《建炎以来系年要录》等史书都没有引用这段记载，甚至删略了途经相州的事实，说明宋代史官明知其故，却只能为"中兴之主"的可耻行径避讳。

十一月末到闰十一月，两路金军会师开封城下。宋钦宗派人向各地告急，武学进士秦仔"赍蜡弹"到相州，任命康王为河北兵马大元帅、中山知府陈遘为元帅、宗泽和汪伯彦为副元帅，火速发兵救援开封。

尽管宋钦宗求援，心急如焚，但康王出任大元帅后的第一急务，却是考虑如何躲避金军，前往安全地区。有人认为，"相州严备"，"虏人至，必不可犯"，康王当即"叱之"。宋钦宗特使秦仔等人建议由滑州（治今河南滑县）"转战而南"，也被众人否定。康王在汪伯彦等人的怂恿下，决计逃跑。康王命刘浩率偏师南下，扬言要解开封之围，自己却与汪伯彦等率主力前往北京大名府（治今河北大名）。临行之际，仍对军士隐瞒真情，诡称南下汤阴，而实际的行军路线却是出相州北门。他们躲开李固渡的金营，偷偷摸摸进入大名府。[247]

当时中山府（今河北定州）被围，陈遘无法赴任，而宗泽却于十二月二十二日率兵到大名府。论地位，大元帅之下的自然是汪伯彦与宗泽两个副元帅。然而在元帅府中，以康王和汪伯彦为一方，宗泽为另一方，展开了激烈争论。当时开封城已破，宋钦宗在蜡诏中命令"康王将天下勤王兵总领分屯近甸"，以威逼金人退出开封。宗泽说："君父之望入援，何啻饥渴？宜急引军直趋澶渊，次第进垒，以解京城之围。"[248]

汪伯彦说："事须量力，只今未说解围，且先安泊得大王去处稳当。"他认为大名府"亦去河咫尺，不可久住。欲差发数头项军民之兵，前去兴仁、开德府、濮州诸处，屯泊大王安泊去处。大王往东平府，措身于安地，身安则国难可图"[249]。他与康王私下商定，分兵两路，让宗泽军南进，并对外扬言康王在自己军中，以吸引金人兵锋，从而掩护康王、汪伯彦等东逃。从此宗泽"不得预(元帅)府中谋议"[250]，只是率少量兵力与金军苦战。这不论用古代或今时的伦理道德衡量，无疑是十分卑劣的行径。

康王、汪伯彦一行于靖康二年(公元1127年)正月逃到京东路的东平府。二月，大元帅府又发布檄书，命令宗泽等"不得先以人兵挑弄，自启败盟之衅"[251]。接着，康王一行又南逃济州(治今山东巨野)。他们甚至准备逃往淮南宿州(治今安徽宿县)，以便随时可渡江。"三军籍籍，谓不返京师而迂路，何也？"康王因此而不得不"罢行"。[252]

当金军在靖康元年第二次南侵时，康王作为宗室，本不能擅自逃离开封。他利用出使之机，得以遂其保全自己的私谋。金人后来在一份对伪齐子皇帝的册文中讥刺赵构说：

衔命出和，已作潜身之计；提兵入卫，反为护己之资。忍视父兄，甘为俘虏。[253]

这是宋人史书中不敢承认的最简单的事实真相。当开封的赵氏皇族被金人一网打尽，无有孑遗之际，赵构却成了厄运下仅存的幸运儿。

在康王的元帅府中，专门给康王出坏主意的黄潜善、汪伯彦和宦官们，事实上组成了核心集团。当徽、钦二帝被俘北上后，康王就十分顺利地到达南京应天府（今河南商丘），举行登基典礼。赵构即位，后庙号高宗。他首先就把黄潜善和汪伯彦提拔为执政，两人成了他的开国功臣；而一直率孤军苦战的另一副元帅宗泽，却反而被排挤在朝廷之外，宋高宗决不让他参与朝政。

国难当头时的腐败和行乐

正如宋人自己评论北宋之亡，说："大臣黩货，宦寺分权，礼义消亡，法度崩弛，风俗败坏，衰乱之形，见已久矣！"[254]实际上，即使面对着国难当头，很多统治者腐败照样腐败，行乐照样行乐，这确实非常发人深思者。

宗泽抗金，当他在靖康元年冬奉命勤王时，"时天大雪，公披坚乘马。道逢郡守，往往卧毡车，赍庖具自随。公与士卒同甘苦，故人乐为用"[255]。大祸临头，一个年近七旬的老文官，不得不临时学习军事，与部曲同甘苦。冲冒风雪，效命战场；而另一方面，其他的知州、知府们带兵，却念念不忘排场和享受。开封城在危困的情势下，守城军中竟塞进了众多使臣和效用，作为冗员，"每使臣一员，日给食钱八百或一贯，效用三百或五百，率多权贵亲戚、门生、故吏，又有朝廷缘权贵、内侍请求而至者。身未尝到，而请给论功，倍于将士。或遇出战第功，亲随使臣并在优等，受上赏，用命当先者未必收录。至于伤重军兵，有轻伤而得重赏、伤重而得轻赏者，有战死而作逃亡自死者。其弊不胜言,此所以败国家之事也"[256]。此类官员、权贵、宦官们,难道不是一群醉生梦死之徒!

宋高宗作为南宋的开国皇帝,虽被宋孝宗冠以"光尧寿圣、宪天体道、性仁诚德、经武纬文、绍业兴统、明谟盛烈"的尊号,[257]其实是一个只知苟安享乐的色中饿鬼。他很快罢黜正直的李纲,把行在迁到远离前沿的扬州,自以为保险,又将黄潜善和汪伯彦两个奸佞升迁左相和右相,他说:"潜善作左相,伯彦作右相,朕何患国事不济?"[258]把军国大事完全托付两人,自己专心在行宫行欢作乐。

宋高宗大约是吸取了父亲宋徽宗的教训,喜欢以清心寡欲自我标榜。内侍从开封带来珍珠等物一两袋,他便下令"投之汴水"[259]。他又令镇江府将螺钿桌椅在市中焚毁,说:"还淳返朴,须人主以身先之,天下自然响化。"[260]宋高宗为树立"恭己勤政"的形象,对宰执大臣说:"朕每退朝,押班（内侍）以下奏事,亦正衣冠再坐而听,未尝与之款昵。又性不喜与妇人久处",又自称"朕于两膳,物至则食,未尝问也"。[261]所谓"性不喜与妇人久处",全然是骗人的鬼话。

但因金军步步进逼,扬州的安全竟逐渐成了问题。一些官员建议及早措置,"以备不虞",而黄潜善和汪伯彦"笑且不信"。他们下令"禁止街市不得扇摇边事,亦不许士庶般挈出城"[262],既不准备战守,也不准备逃跑。两人天天听和尚克勤说法,以示从容闲雅的宰相风度。[263]

建炎三年（公元1129年）初,金左副元帅完颜粘罕（宗翰）派遣完颜拔离速、乌林答泰欲和耶律马五率师急袭扬州。[264]二月，内侍邝询急报，说金军已占领近在咫尺的天长军(治今安徽天长)。宋高宗当时正在行宫白昼宣淫，听后吓得心胆俱裂，"遂病痿腐"，从此丧失生育能力。[265]寡人好色，终于受到了惩罚，而乐极生悲。他慌忙带领御营都统制王渊、宦官康履等五六人，策马出城狂逃。

宋高宗在当康王时的一妻二妾与五个女儿被俘虏，死于北方，当皇帝后所生的一个儿子夭亡。宋高宗从当大元帅到扬州逃难，为时两年多，照理是可以生育的，但他纵欲无度，致使后宫无人怀孕，从此断子绝孙。

扬州一些市民看到赵官家招摇"过市"，加之从行宫内奔逃四散的宫女和内侍，更证实了皇帝出逃的消息属实。于是全城顿时成了一锅沸粥，从官员、军士到市民纷纷夺门而逃，门窄人众，自相践踏，死者无数。由于运河浅涸，官私舟船都陷在泥淖中，动弹不得。混乱的人流拥向江边。大家对黄潜善和汪伯彦恨之入骨，司农卿黄锷逃到江边，被军士误认为是祸国殃民的"黄相公"，方待分辨，已人头落地。

逃在最前列的宋高宗，听到一名卫士口出怨言，恼羞成怒，拔剑将他刺死。王渊早先夸口说，在江边已有大批船只侍候。实际上，这些舟船被用于为他自己和内侍们运送家财了[266]。宋高宗一行找到小船渡江，而十多万百姓却无船只，只是在江北呼天喊地。

宋高宗逃走的次日，金军进入扬州城，烧杀抢掠，又追至江边，在江北的百姓或沉江自尽，或听凭宰杀，幸存者被俘为奴。

五十里运河中的舳舻，满载着财宝、器物、金帛、文书等，都原封未动，金军连抢劫也抢劫不完。

突击扬州的金兵只有五六千骑，而宋高宗的御营至少有好几万兵力，但在失败主义和逃跑主义气氛的笼罩下，根本没有组织任何抵抗。腐败造成了扬州城市史上空前的惨祸，只有明末清初的"扬州十日"可与之相提并论。

建炎三年（公元1129年）冬到四年春，宋高宗在金朝完颜兀术渡江军的追逼下，只能冒着随时葬身鱼腹之险，流亡海上，狼狈万状，这在中华古史上还是没有前例的。他的御船队在建炎四年正月初三抵达台州章安镇，并在当地过元宵节。《三朝北盟会编》卷一三六有一段宋高宗在章安镇度元宵的记载：

> 上在章安镇，忽有二舟为风所飘，直犯禁卫船。问之，乃贩柑子客也。上闻，尽令买之，分散禁卫军兵，令食穰，取其皮为碗。是日元夕，放灯之辰也，乃命贮油于柑皮中，点灯，随潮退，放入海中。时风息浪静，水波不动，有数万点火珠，荧荧出没沧溟间。章安镇居人皆登金鳌峰看之。

我读史至此，不由扪心自问，如果自己置身此境，还有心思元宵行乐否？其实，这件事情正说明了宋高宗天生的风流太平天子的胚料，不论在何种情况下，他念念不忘的，只是恣意享乐。

我作为一个历史学家,面对如上所述的一类现象,确实困惑不解,也许只能由心理学家出面解释。但是,在艰苦的抗战年代,照样出了发国难财的孔宋家族。在现实生活中,有人明知腐败要亡党亡国,还要搞腐败,有人明知吸毒毁己,照样吸毒,明知纵性欲可能得艾滋病,照样卖淫嫖娼,岂非是同样的心态?

南宋初年的抗金斗争

近一千年间,中国北方主要是女真和蒙古两个民族互为雄长。女真族及其遗裔满族先后侵入中原,灭亡辽、北宋和明,建立了金朝和清朝。特别是清朝,在开疆拓土方面有其成就。但就坏的方面说来,金朝和清朝确有一些共同之处,例如:

第一,入主中原之初的强烈破坏。金军所到之处,特别是对他们无法占领的地区,一律在事实上予以杀光、烧光和抢光。如金军在岳家军进攻下,不得不撤离建康城(今南京)后,宋人收拾遗弃的残缺尸骨,竟达七八万件。这座城市常住居民约十七万人,在金军驱掳大批居民过江到北方之余,驱掳不及者,就施行如此残酷的屠戮。亦非仅是建康一地,当时长江三角洲是全世界最富饶的谷仓,其他地区,如明州(今宁波)、临安府(今杭州)、平江府(今苏州)等地都相类似。清军入关后的扬州十日、嘉定三屠等,亦为史家所熟知。

第二,金朝和清朝都不同程度地强制推行落后的奴隶制,破坏了中原地区的较先进的租佃制，使社会发生严重倒退。金朝女真贵族将大量汉人驱掠为奴隶。奴婢成为女真贵族的财产项目，可以做博戏时的赌注，贵人们死后，要生焚所宠的奴婢。军队缺粮时，甚至杀戮奴婢作食。

第三，古代汉人长期保留蓄发习俗，《孝经·开宗明义章》说："身体发肤，受之父母，不敢毁伤。"汉人将蓄发看得极重。金朝对汉人强行剃头辫发，清朝有所谓"留头不留发，留发不留头"，这在当时自然是对汉人的极大侮辱，严重地激化了民族矛盾。

第四，大规模地掠夺田地，清朝谓之圈地。这自然严重影响了广大汉族农民的生计。

第五，金朝迁居中原的以女真人为主体的猛安谋克户，也与清朝的八旗子弟经历了类似的腐化和衰败过程。

在金朝女真贵族的侵掠、屠杀和奴役政策之下，以汉族为主体的各族民众，进行了英勇顽强的抗争，其动员之广、规模之大、持续之久，在中国古史上是没有先例的。

金朝初年称雄于东亚，主要是仰仗一支精悍的女真骑兵。经过千百年马具的不断改良，包括马镫的发明和改进，女真骑兵无疑是古代世界相当完善的骑兵。他们长于弓矢，惯披重甲，厚重的兜鍪只露双目。女真骑兵特别具有坚忍性，能够败不至乱，重整队形，连续作战数十回合至百余回合。古代战斗中的回合不是演义小说中的斗将单位，而是指两军的一次接战。金军不但善于野战，又能举行猛烈的攻城战，故不同于辽军和西夏军，能深入中原腹地。他们在灭辽战争中也学会制作和使用火炮等火药兵器。在当时，女真骑兵对付以步兵为主的宋军，犹如第二次世界大战中的坦克集团军对付步兵和骑兵。

当金军初入中原时，由于宋徽宗时的专制腐败统治，宋军一触即溃，或不战而溃，根本没有能力进行野战，只能进行守城战。王禀指挥的太原保卫战，则是当时最悲壮的一幕。宋军两次救援太原的失败，其实已决定了开封失陷、北宋灭亡的命运。金军初入中原，可称是"有掳掠，无战斗"[267]。

南宋初立，宗泽以东京留守的身份，事实上主持前沿军事，情况就发生重大改变。从建炎元年冬到翌年春，金军在灭辽破宋之后，正值兵威最盛，又在最善战的完颜宗翰（粘罕）等指挥下，对开封发动了最凌厉的攻势，却遭受严重挫败。这与北宋末的开封失守形成鲜明对照。宗泽的逝世，又不能不使南宋抗金战局发生逆转。在宋高宗和黄潜善、汪伯彦的昏暗政治下，南宋终于走向蹙地数千里，自黄河退到大江的悲惨局面。

建炎三年至四年间，金军渡江作战，既是其军事胜利的巅峰，却也是其败落的开始。韩世忠指挥的黄天荡之战，使金军受到挫折，岳飞又麾兵克复建康，将金军全部逐出江南。绍兴元年（公元1131年），张荣率抗金义军在缩头湖一战，赢得全胜，遂迫使金军退到淮水以北。金军倾注全力攻打四川，吴玠军在绍兴元年和尚原之战和绍兴四年（公元1134年）的仙人关之战，使金军蒙受自灭辽破宋以来的两次惨败。岳飞麾兵收复襄汉六郡，两年后又再次北伐，以及金军在绍兴四年冬进犯淮南的失败，则标志着金朝军威的进一步没落。

当时，女真骑兵最利于在秋冬季节作战，弓劲马肥，纵横驰骋于平原地区，而不耐暑热多雨天气，需要后退到北方避暑。和尚原和仙人关两战是山地战，金军尚可说有"以失地利而败"[268]的因素。然而到绍兴十年（公元1140年），刘锜军进行的顺昌之战，则开创了在平原地区大败金军的新纪录。如果说，顺昌之战尚有利用女真人不耐酷暑的天时而以逸待劳的因素，则岳家军大举北伐，又是在闰六月之后的七月，即在最利于女真骑兵发挥威力的天时和地利条件下，以少击众，先后在郾城和颖昌两次大战中，大破金军主力，并乘胜进军朱仙镇，再次破敌，迫使金军撤出开封城。据《嘉靖尉氏县志》卷二《游寓》注说："尉氏去朱仙镇四十五里，岳飞自夏入秋，虽分布诸将，经略河南、北，而岳寨则在尉氏也。南有南营，北有北营，东有小寨，西有大营，此实其制胜之地。迨今岳寨保、南营保、北营保名入册籍，与尉氏县名同为不朽矣。"这条史料证明岳家军是以尉氏县为基地北进的。朱仙镇之战和金军撤出开封城，是岳家军北伐胜利形势最重要的标志，唯有岳家军在朱仙镇获胜，并进逼开封城，方得有金军之撤。

南宋将帅对抗最初简直是谈虎色变的金军，逐渐摸索出一套有效的战术，而岳飞自然是南宋最出类拔萃的抗金统帅、伟大的爱国英雄。岳飞的军事思想可概括为以下四个方面。第一是重视人民的抗金力量，制订了"连结河朔"[269]的战略方针，主张黄河以北的游击军与正规军互相配合，夹攻金军，以收复失地。第二是在正己的前提下治军，全面贯彻《孙子兵法》倡导的"仁、信、智、勇、严"的为将之道，[270]创建了一支军纪严明、英勇善战的岳家军。岳家军号称"冻杀不拆屋，饿杀不打虏"[271]，成了古代兵匪一家社会中难能可贵的特例。第三是岳飞批评宋廷的"仅令自守以待敌，不敢远攻以求胜"[272]，反对消极防御，主张积极进攻。他是当时唯一组织大规模进攻战役的将帅。第四是"仁心爱物"[273]，珍惜人命，不轻杀戮，发扬光大了古代"以仁为本"的军事观。岳飞的军事思想无疑是一份值得后人珍爱的华夏文化遗产。其他将帅只能做到以步制骑，而岳飞却重视骑兵建设，除了以步制骑之外，还建设了一支强大的骑兵，足以与金朝引以为骄傲的骑兵周旋。岳飞身后二十年，金完颜亮攻宋时，"胡人自为'岳飞不死，大金灭矣'之语"[274]。

然而南宋开国皇帝宋高宗登基之始，就已确定了屈辱苟安的对金政策。他先后信用为其政策效力的黄潜善、汪伯彦和秦桧，排斥和杀害力主抗金的李纲、宗泽和岳飞。他当然不是昏庸之主，他处置军国大事，虽无大气魄和大器识，却不乏小聪明和小伎俩。宋朝有开国皇帝以兵变黄袍加身的历史，故特别疑忌武将。自从绍兴七年（公元1137年）以后，他对诸将，特别是对岳飞愈来愈猜忌，但迫于金朝的军事压力，又不敢不用岳飞，借以护卫自己的皇位和半壁江山。等到他对偏安淮水之南已经有了足够的把握，根本不用担心"兵老气衰"[275]的金朝会卷土重来；他已不需要抗金将领来护卫自己的皇位和半壁江山，而迫令岳飞班师,解除抗金将领的兵权,杀害岳飞,只能更有利于自己的偏安政策。故元朝史臣在《宋史》卷三六五《岳飞传》论说:"高宗忍自弃其中原,故忍杀飞。"可谓是一针见血。汉代韩信说:"狡兔死,良狗烹;高鸟尽,良弓藏;敌国破,谋臣亡。"[276]诚如漆侠先生指出:"在宋代,往往是狡兔未死而走狗先烹。"[277]上引韩信之说,本来已是古代君臣关系的残酷规则,名将的悲惨归宿,何况尤甚于此。就宋高宗而论,他忍于向杀父仇人屈膝称臣,忍于偷安半壁残山剩水,又忍于对一代贤将下毒手,在这个天水朝更是绝无仅有的。正是宋高宗和秦桧的苟安和卖国政策,造成了长期南北分裂的时代悲剧。

有人说,秦桧与金讲和,毕竟取得往后百余年的和平。金朝亡国,距离岳飞遇害为九十三年,其间宋金又发生三次战争,总计二十四年。此外,金朝对北方蒙古的战争连绵不断,难以有准确的统计。人们珍视和平,但决不能将和平看得高于一切,重于一切。当时中华民族饱受南北分裂之苦,经济和文化受摧残,自黄河南至长江的广阔地域长期处于荒凉状态。北方人民既受女真贵族奴役,又有对蒙战争的各种负担。南宋自休兵后,官府对人民的横征暴敛仍在加重。享受和平快乐的,其实只是女真贵族和南宋投降派,他们的骄奢淫逸、贪污腐化与大多数人的苦痛形成了强烈的反差。此种和平确实没有珍视的必要。至于以此种和平为宋高宗和秦桧评功摆好,我想,稍有爱国良知者是不可能同意的。

狼狈为奸据庙堂，贪饕成风是官场
——宋高宗和秦桧的"中兴""盛世"之一

宋高宗和秦桧办完杀害岳飞和对金称臣的和议这两件大事之后，苟安于半壁江山，却更需要自诩为"中兴"和"盛世"。[278]

在金人的支持下，秦桧当上宋高宗无法罢免的终身宰相，这在中华古史上是绝无仅有的。他"挟虏势以邀君"[279]，"内忍事雠之耻，外张震主之威"[280]，成为宋朝第一个权臣。宋高宗重用秦桧，其初衷只为办成对金媾和与罢大将兵权两件大事。但当韩世忠和张俊相继赋闲之后，朝廷上却更无一个能与秦桧对峙的重臣。宋高宗"始欲和约之坚，举国以听，然大柄一失，不可复收"[281]，不得不对秦桧忧心兼之寒心，甚至在每次接见时，"膝裤中带匕首"[282]，却对秦桧在外廷独相独霸的局面束手无策。当然，在对金继续以小事大、镇压抗战派等方面，两人又是完全一致的。

从制度上说，秦桧既任左相，宋高宗可以另外任命一个右相，以行牵制。但是，秦桧的办法是用"柔佞易制者"当执政，并且让他们"甫入即出，或一阅月，或半年即罢去"[283]，执政官们既不能久居其位，又"不使预事，备员、书姓名而已。百官不敢谒执政，州县亦不敢通书问"[284]。此类执政官"仍止除一厅，谓之伴拜。稍出一语，斥而去之，不异奴隶"[285]。他们当然根本不可能给秦桧的权势构成威胁，而进拜右相。

秦桧曾有被弹劾罢相的经历，因此他深知掌握台谏部门的重要性。在他独相之初，勾龙如渊向他自我举荐："邪说横起，盍不择人为台谏，使尽击去，则相公之事遂矣。"²⁸⁶秦桧通过宋高宗，任命勾龙如渊为御史中丞。后来其党羽王次翁出任御史中丞，更使秦桧完全控制了台谏部门。台谏官从皇帝的耳目变成秦桧牵线的走狗，他们不仅通过秦桧庶生的唯一亲子林一飞等人，被动地接受秦桧的旨意，还主动"使人在左右探其意"²⁸⁷，随时弹劾抗战派或秦桧讨厌的官员。

执政官和台谏官犹如由秦桧运转的一盏走马灯。旧的执政官到了秦桧不愿让他们继续当"备员"的时限，就由台谏官上劾奏，将他们轰下台。台谏官也因此升任新的执政官，但为时不久，又被新的台谏官轰下台。

经过不间断的清洗，已是满朝秦党。凡是与秦桧及其妻王氏沾亲带故者，一律窃据要津。一个宰相，敢于公开地、不避忌讳地、大规模地任用亲故，从中央到地方政府，编织成庞大的亲故关系网，这在宋朝是没有先例的。当然，任命亲故充任高官要员，仍须由宋高宗批准。但宋高宗已迫于形势，而难于不批准，只有在个别情况下有所制裁。"举朝无非秦之人，高宗更动不得。"²⁸⁸其养子秦熺最后官至少傅、观文殿大学士，"应干恩数、请给等，并依见任宰臣例"²⁸⁹，位居执政官之上。宋朝父子同时当宰相和依执政、宰相待遇，在宋朝仅此一例。

秦桧即使对待自己的党羽，也是翻手为云覆手雨，不论以往如何相好，一旦有半点不合意，就立即予以无情排斥和打击。御史中丞万俟卨曾在岳飞冤狱中特别效力，后任参知政事，出使金朝归来,秦桧要他编造数十句金人称赞秦桧的谎言,面奏宋高宗,万俟卨不敢。又有一次,秦桧"批上旨,辄除所厚者官",万俟卨说:"偶不闻圣语。"没有画押,于是秦桧"大怒,自是不交一语"。[290]万俟卨很快被台谏官弹劾而被贬窜。

宦官张去为等人和医官王继先是宋高宗皇权卵翼下的特殊人物,皇帝明知他们"恣为奸恶"[291],却加以纵容包庇。他们怙势作恶,构成了绍兴黑暗政治的一大特色。王继先能为宋高宗合壮阳药,而深受恩宠,他与宦官们虽然官位不高,而权势甚盛。秦桧对他们也不敢有丝毫怠慢,而互相勾结。秦桧让其妻王氏与王继先"叙拜为兄弟,往来甚密"[292]。王继先"通关节,肆诛求,强夺妇女,侵渔财利",无恶不作。他"富与贵冠绝人臣"[293],致使"诸大帅率相与父事"[294]。武将王胜拜王继先为父,王继先对宋高宗缓颊,王胜就出任镇江府都统制。另一武将王进,"不恤士卒,唯厚结王继先及诸内侍",而蹿升池州、太平州都统制,并得"以久其权"。[295]他们都成了大军区司令。

王继先和宦官的权势其实是皇权的延伸,与秦桧的相权成鼎足之势,是当时腐败和黑暗政治的发源地。宋朝皇帝"起居动息之地",无非是外朝、内朝和经筵。秦桧将"执政、侍从、台谏皆用私人",就掌控了外朝,"又阴结内侍及医师王继先",掌控内朝,又设法使秦熺兼侍读,让台谏官"必预经筵,以察人主之动息",史称宋高宗"以国事委之桧,以家事委之去为,以一身委之继先"。[296]

绍兴和议后,宋高宗和秦桧等人大量挥霍民脂民膏,修筑宫殿宅第，铺张奢侈生活。宋高宗在对金称臣后，大兴土木，"郊庙、宫、省始备焉"。宫中修筑了"大龙池、万岁山，拟西湖冷泉、飞来峰。若亭榭之盛，御舟之华，则非外间可拟"。在金朝守节不屈而归的洪皓，曾一针见血地指出："钱塘暂居，而景灵宫、太庙皆极土木之华，岂非示无中原意乎？"然而皇帝和秦桧却一唱一和，说自己还是"追述祖宗之俭德"。[297]

在经历维扬逃难和航海漂泊两次宫女的散失后，宋高宗重新搜罗了大批民女。两个刘氏女子最受宠爱，分别封贵妃和婉仪。刘贵妃原为赵氏宗室之妻，宋高宗"见图悦之，命召入，遂有宠"。据说她"姿质艳美"、"绝色倾国"，甚至使好色的金海陵王也为之垂涎三尺。他后来准备攻宋，"命县君高师姑儿贮衾褥之新洁者，俟得刘贵妃用之"。张氏（后升婉容和贵妃）、冯美人、韩才人、吴才人等，也都受"宠幸"。刘贵妃"恃宠骄侈，尝因盛夏以水晶饰脚踏"，刘婉仪也"颇恃恩招权，尝遣人讽广州蕃商献明珠、香药，许以官爵"，但宋高宗虽是风流帝主，却并不多情，冯美人、韩才人、吴才人"后皆废"。[298]

宋高宗吸取其父滥授宫女位号，致使好色之名远播四方的教训，他对宫女位号的授予十分悭吝。尽管当时的财力远不如宋徽宗时，但其宫女仍有一千人左右。后来对金战争迫在眉睫，宋高宗忍痛"出宫人三百十九人"，又"放仙韶院女乐二百余人出宫"，其数目超过除宋徽宗以外的宋朝各代。带御器械刘炎说了句实话："主上不消放出宫女，岂不漏泄禁中事。"[299]他担心宫闱丑闻外传，有损于官家的"圣德"。

宋高宗亲令为秦桧"别筑大第,穷土木之丽"。秦桧迁居时,又命宦官"押教坊乐导之",特赐"银、绢、缗钱各一万,绫千匹,金银器皿、锦绮帐缛六百八事,花千四百枝"。临安知府张澄等人居然因"修盖"而升官。皇帝还为秦桧御书"一德格天之阁",而"赐珍玩、酒食无虚日","眷宠无比",秦桧则"日进珍宝、珠玉、书画、奇玩、羡余钱,专徇帝嗜好"。[300]户部侍郎徐宗说"附秦桧以至从官,常为桧营田产",一个堂堂大员,居然号称秦府"庄客"。[301]宋高宗慷慨地赐予秦桧著名的永丰圩田,"亘八十四里,为田千顷",被江水冲坏后,秦桧居然以朝廷的名义,调发"民三万修筑"。[302]一个恩赐,另一个进献,无非是挥霍民脂民膏。享受穷奢极侈的生活,自然远不止宋高宗和秦桧两人。例如被伶人讥刺为"在钱眼内坐"的张俊[303],以贪饕名噪一时。其家"多银,每以千两铸一球,目为没奈何"[304],意即无法偷盗。他死后,"诸子进黄金九万两"给宋高宗。[305]

秦桧"喜赃吏,恶廉士","贪墨无厌",是当时的特大贪污犯。凡是各路安抚使等官员的买官价格,"必数万贯,乃得差遣"。如果贪官辈败露,秦桧"复力保之,故赃吏恣横,百姓愈困"。[306]每逢秦桧生日,"四方竞献奇宝,金玉劝盏,为不足道"[307]。由于不间断地收受贿赂,秦桧家的财富竟为南宋左藏库的几倍。

宋高宗偶尔也说些体恤百姓、惩治腐败的言语,说"朕今日所以休兵讲好者,正以为民耳"[308],"惟于赃罪则不贷,盖以赃罪害及众,不可不治"[309],"容情请托,贿赂公行,玩习既久,理宜惩革"[310]。实际上,他只是惩处一些小贪官,明知秦桧、王继先与宦官们的贪赃,却曲意包庇。秦桧死后,人们揭发他父子的贪赃,宋高宗特别下诏"并免追究"[311]。御史杜莘老弹劾王继先十大罪状,"罪不容诛"。"初进读",宋高宗"犹怫然"。杜莘老只能说:"外议谓继先以左道幸,恐谤议丛起,臣且不忍听。"说得宋高宗脸上变色,才下令让王继先到福州"居住"。但因为事先通知,让王继先"多藏远徙",故虽然部分财产被没收,"不害其富"。[312]宋高宗本人正是当时贪污腐败政治的最大保护伞。

宋高宗自诩"休兵讲好"是为"爱养生灵","正以为民耳"。[313]然而真正享受"爱养"者,无非是一小撮统治者。尽管二十年间没有大的兵燹,而百姓的经济负担根本没有减轻。秦桧"密谕诸路,暗增民税七、八,故民力重困,饿死者众"[314]。秦桧亲信曹泳任户部侍郎,"巧计百出,必为额外多方聚敛,较利之锱铢,割民之脂膏"[315]。故百姓们评论说:"自秦太师讲和,民间一日不如一日。"[316]

文丐奔竞颂降金,祥瑞纷至掩灾疫
——宋高宗和秦桧的"中兴""盛世"之二

宋高宗和秦桧在半壁江山中实施苟安政治,却尤其需要"饰太平于一隅以为欺"[317],在人类历史上,对统治者歌功颂德的文字是屡见不鲜的。但按照各个民族和时代的政治伦理标准,无疑是有"圣功伟绩",而值得称颂。宋高宗和秦桧的所作所为,全是荒悖的、乖谬的、羞辱的倒行逆施。他们自己实际上也感到难以逃避天下公论的谴责，就更渴求阿Q式的自我慰藉和麻醉，便招徕文丐，大力倡导为自己吹牛拍马的诗文，他们需要欺人，而更需要的其实还是自欺。一时之间，文丐们纷纷搜索枯肠，争先恐后地以名篇佳作取悦于君相。此类咄咄怪事，却也成为中国历史上罕见的奇观。

绍兴十一年（公元1141年），通判程敦厚上书说，"夫大功非达权而不能济，大难非欲速而可以平。昔之执事者"，或"不恤其祸"，或"不量其力"，"今陛下除骄抗之害，而疆场肃，致安靖之福，而朝廷尊，制兵之命在我，而悉收其用，欲和之利在敌，而决保其成"，"则大功立矣"。程敦厚还写信给秦桧，赞扬他"见几似颜子，任重似伊尹"，结果立即升官。[318]科举取士，欲得金榜题名，就非附会降金政策、歌颂君相圣贤不可。

当年宋高宗发布屈辱的大赦令、秦桧官拜太师的制词，都由词臣程克俊起草。后一制词说，"心潜于圣，有孟轲命世之才；道致其君，负伊尹觉民之任"，"庙算无遗，固众人之所不识；征车远狩，惟君子以为必归"。[319]秦桧十分欣赏后一联骈文的工整精巧，便援引程克俊为执政。

金人放宋徽宗的"梓宫"和宋高宗母韦氏南归，却在棺材里做了手脚。殡葬是古代的大事，但宋高宗君臣也害怕开棺验尸，徒取羞辱，只能"梓宫入境，即承之以椁"，"不复改敛"，在绍兴府（今属浙江）匆忙埋殡。[320]围绕着"皇太后回銮"，天子"圣孝，感通神明，敌国归仁"[321]的闹剧，更掀起了以文争宠的高潮。因

"赃罪"被按劾的黄达如上奏建议,"词臣作为歌诗,荐之郊庙","褒功罚罪,大明黜陟,将前日异论沮谋者,明正典刑,其力主和议者,重加旌赏"。皇帝当即采纳,一时"献赋颂者千余人,而文理可采者仅四百人",盛况空前,宋高宗特"诏有官人进一官,进士免文解一次"。[322]秦熺以史臣的身份写道,"金人为中国患,今十八年矣,惟修好通和,实今日至计","渊衷监观利害既审,任兹大事,实难其人,爰出独断,复命桧而相之。其大节孤忠,奇谋远识,盖察之有素矣。桧亦感不世之遇,自任天下之重,精白以承休德,不退缩以避事,不猜忌以妒功,不疑贰以败谋,不矫激以沽誉,其图事揆策,料敌制胜,咸仰契圣心","然是举也,危疑险阻,盖备尝之,非独桧翊赞之难,任桧之为难也"。[323]将皇帝和自己父亲吹得天花乱坠。

人们不难发现,以诗文阿谀奉承,实乃一本万利,获取功名富贵的良图。于是文丐们更蜂拥而上,竞出新奇,纷纷参加以人格博取富贵的竞争。熊彦诗本以"赵鼎客,闲废累年",他上启贺秦桧升太师,有"大风动地,不移存赵之心;白刃在前,独奋安刘之略"一联,颇得秦桧欣赏,当即改任知州。后秦桧妻党王曦起草秦桧一份加恩制,也照抄此联,以博取秦桧的欢心。[324]曾惇向秦桧进献绝句十首,其中有"和戎诏下破群疑","吾君见事若通神,兵柄收还号令新。裴度只今真圣相,勒碑十丈可无人","淮上州州尽灭烽,今年方喜得和戎。问谁整顿乾坤了,学语儿童道相公","沔鄂蕲黄一千里,更无人说岳家军"。秦桧向皇帝"缴进"后,曾惇也得以升官。[325]

其他如进士施谔献《中兴颂》和《行都赋》各一首,《绍兴雅》十篇,宋高宗"诏永免文解"。大理少卿李如冈为秦桧写生日百韵诗,而超升吏部侍郎。前述的程敦厚又进献《绍兴圣德》诗,"极言和议之效",又向秦桧献诗称"诞生圣相扶王室",宋高宗将他升直徽猷阁。常州知州钱周材也因献《绍兴圣德》诗,宋高宗下令充集英殿修撰。[326]

大量谄谀的诗文铺天盖地而来,连宋高宗和秦桧也有应接不暇之感。出售人格的商品在激烈竞争中不断降价,而献媚的水平又不断升级。曾惇诗中破例使用"圣相"一词,此后"凡献投书启者,以皋、夔、稷、契为不足",将他与古代辅弼的典范相比,已无法餍足,"比拟必曰元圣,或曰圣云","称之者以为圣人,尊之者以为恩父,凡投匦之章,造庭之策,不谋而同,归美一德元老"。[327]"一德元老"来源于宋高宗为秦桧题写的"一德格天"阁名。

尽管当年文丐奔竞之作大多已委之泥沙,但从少量传世作品中也不难看出其肉麻程度。张嵲等称颂皇帝,则有"大功巍巍,超冠古昔","皇帝躬行,过于尧、禹"之句,而受到宋高宗"嘉奖"。歌颂秦桧,又有"炎精光复论元功,事业伊周信比踪","道冠伊、皋,功逾周、召。泽被两朝之赤子,咸归奠枕之安"等句。刘才邵赋诗说,"君王圣母与天通,预建慈宁广内中","明诏重颁浮论息,共知至计出天衷"。后又为秦桧写追赠祖父制说:"道义接丘轲之传,勋名真伊吕之佐。"张纲的贺启说:"酿沧海之水,不足以饮公之勋;汗南山之竹,不足以纪公之德。"

方雲翼的贺启说，"排群议于风波万顷之中，破异党于盘错千寻之外"，"身同四海之安"，"势增九鼎之重"。陈元裕和葛胜仲的贺启称"天欲平治，使我公归；时方艰虞，为苍生起"，"片言定约于樽俎之间，两国罢兵于衽席之上"，"社稷致磐石之安"。周紫芝写诗文献媚秦桧父子，有"圣贤一出五百岁，开辟以来能几人"，"真儒一出定千年"，"御府分香寿老人"，"圣恩无极年无尽"等句。[328]此外，还有一些无名氏的贺秦桧生辰诗说，"交欢邻国独推诚"，"南北通和自古无"，"尧舜垂衣明日月，皋夔论道际风云"，"亿万生灵俱再造"，"群生无路答升平"。[329]

一些出类拔萃的谄诗和谀文，表现了高明的意匠和文采，与卑劣的情操和欲望的有机融合。然而作为以人格交换利禄的商品，也难以逃脱供求规律。在商品过剩的情况下，要博得宋高宗和秦桧的欢心，势必愈来愈难。秦桧决非勤政者，但"士夫投献，必躬自披阅"。他所喜爱诗文，如"名向阿衡篇里得，书从复古殿中来"，"朝回不入歌姬院，夜半犹看寒士文"，"友邦争问年今几，天子恨无官可酬"，"格天阁上三更雨，犹诵《车攻》复古诗"，"我闻在昔，惟伊尹格于皇天；民到于今，微管仲吾其左衽"，"一经教子，益钦丞相之贤；累月笞儿，更起邻翁之羡"等。有些诗文谀之太甚，反而受到嫌弃，如汪藻甚至因贺启取祸。[330]

中国古代有一整套的天人感应迷信学说，《中庸》所谓"国家将兴，必有祯祥；国家将亡，必有妖孽"，把自然界的天灾、星变等都和政事联系起来。宋高宗和秦桧特别喜欢以祥瑞装饰门面，史称"时秦桧擅朝，喜饰太平，郡国多上草木之妖以为瑞"[331]。

虔州（治今江西赣州市）官员上报，有人剖开一根坏木柱，"内有'天下太平年'五字"，"文理粲然，适符甲子上元之岁，此殆天发其祥"。宋高宗"诏令侍从观看讫，送史馆"。一次郊祀时，秦桧上奏："冬候多阴，陛下至诚感通，天地响答，雪呈瑞于斋宫之先，日穿云于朝献之旦，暨升紫坛，星宿明烂，旋御端阙，云霄廓清。"宋高宗说："朕自即位以来，无如今次，非卿等协赞，何缘至此？"他又以此祥瑞"诏付史馆"，作为"中兴"的记录。

宋高宗好色，却在金人进逼扬州时，丧失生育能力。一个儿子病死后，面对着断子绝孙的严重问题，依古时迷信，求子须礼敬高禖神。临安知府沈该上奏说，"高禖礼""筑坛去处尝有红、黄瑞气，光彻上下，每至日出方收，前后非一。又修坛兴工日，有六鹤自东而来，盘旋坛上，移时而去。实应今日亲祠之祥，以兆万世无穷之庆"。又有洋州奏："真符县百姓宋仲昌妻一产三男，缘本人姓同国号，其妻产子之日，适值天申节（宋高宗生日），实足昭皇帝绍隆景命，子孙众多之祥。"宋高宗又下"诏付史馆"。[332]尽管祥瑞不一而足，但宋高宗的后宫到底还是生不出一个子女。

宋高宗固然喜欢祥瑞，但对属于秦桧的祥瑞又颇为反感，他后来说："比年四方奏瑞，文饰取悦，若信州林机奏秦桧父祠堂生芝，佞谀尤甚。"[333]无非是因为此类祥瑞对自己的皇权不利。

当时行宫中称秦桧为"太平翁翁"[334]。他尤其忌讳不太平的消息，因为按照天人感应之说，如灾情、疫情、兵变之类，都是失政的反映和表现。"严、衢、信、处、婺、建等州皆大水,士民溺者数万",秦桧"隐而不奏。有闻言者,必罪之"。[335]发生水灾,依据自汉代以来的解释,是五行中的水失其性,如天子不用有德者等,就要发生水灾。按宋朝法令:"诸水旱,监司、帅守奏闻不实或隐蔽者,并以违制论。"[336]显然,秦桧忌讳水灾,不仅是明知故犯,知法犯法,反而施展淫威,要加罪于报灾情、说实话的官员。绍兴十六年(公元1146年)夏,临安发生疫情,但秦桧掌控的尚书省只是上奏说:"方此盛暑,虑有疾病之人,昨在京日,差医官诊视,给散夏药。"[337]根本不愿承认行都发生了瘟疫,只是建议按旧例散发暑药。按照古代五行说的分类,瘟疫也是属于水失其性,故为秦桧所忌讳。

虔州发生兵变,另一说是衢州(今属浙江)发生饥民暴动,秦桧瞒昧不奏,普安郡王赵瑗向宋高宗报告此事。秦桧因此怀恨在心,就找了另外一个理由,给赵瑗追扣俸禄,以为报复。[338]

通过报喜不报忧的方式,虚饰一个所谓"绍兴中兴"和"盛世",这固然是宋高宗和秦桧苟安政治的特殊需要,却也是专制政体的通病,而植根于其虚弱性。

捕风捉影文字狱,株连蔓引瘴海行
——宋高宗和秦桧的"中兴""盛世"之三

绍兴和议前后,宋高宗和秦桧大规模地、持续地厉行贬黜抗战派的政策、贬窜士大夫的运动。此次运动以倡导和维护对金屈辱苟安为宗旨，从政治和文化两方面双管齐下，文忌多、文禁严、文网密、文祸迭兴，成为中国古代史上罕见的黑暗时代。中国古代以文取祸的事例，可以追溯久远，但兴办一系列的文字狱，则始于宋高宗和秦桧，为后世的明清文字狱之嚆矢。由于宋太祖传下不杀士人和大臣的誓约，当时最严厉的罪罚一般是流放号称炎荒瘴海之地的岭南和海南岛。

宋廷采取高压手段钳制抗金舆论，严禁私史，实行出版检查，规定私人刊印书籍，必须"先缴纳副本"，送国子监"看详"。[339]特务机关皇城司的逻卒，"布满京城，小涉讥议，即捕治，中以深文"[340]。文士们"上书献策"，如果不合秦桧之意，"有置之死地，轻者亦送外州军学听读"。听读者其实与犯罪的"编管人无异，为士者甚苦之"。[341]长溪县（今福建霞浦）士人黄友龙，被押到余杭县（今浙江杭州市西）听读，"醉酒作闹，语言指斥"宋高宗，于是判决"杖脊，刺配广南远恶州牢城（厢军）收管"。[342]

宋廷不断制造冤狱，其中文字狱占了相当大的比例。士人张伯麟在太学题壁："夫差！尔忘越王之杀而父乎！"讥讽宋高宗向杀父仇敌称臣，于是被判"杖脊，刺配"海南岛吉阳军（治今海南崖城）。[343]

胡铨以坚决反对屈辱媾和而扬名天下，被接连贬谪。他流放到岭南后，赋《好事近》词，其中"有豺狼当辙"之句，另有诗"万古嗟无尽，千生笑有穷"[344]，而被告讦，后一诗句完全是捕风捉影，遂流放海南岛吉阳军。当胡铨贬谪时，有陈刚中、王庭珪和张元幹分别以启、诗、词相赠，其中有"张胆论事，喜枢庭经远之有人。身为南海之行，名若泰山之重"，"谁能屈大丈夫之志，宁忍为小朝廷之谋"，"名高北斗星辰上，身堕南州瘴海间"等句，三人都遭迫害，陈刚中死于流放地。[345]文士吴师古因为刊印胡铨的上书，被流放"编管，永不得应举"，死于"罪籍"。[346]李柔中"上书阙下"，历数秦桧"十罪"，企图营救胡铨，最后被"送大理寺锻炼，死狱中"。[347]

前参知政事李光是秦桧最痛恨的政敌之一。他被流放岭南，"常出怨言，妄著私史，讥谤朝廷"，遭到告发，宋高宗亲令设诏狱，其子李孟坚被"掠治百余日"，此次文字狱株连官员包括胡寅、吴元美、宗泽子宗颖等多人。七十多岁的李光在结案前已被流放到海南岛昌化军（治今海南新州），贬谪到无以复加的地步，宋高宗特令李光"永不检举"。[348]

胡寅曾在建炎年间上书，直率抨击宋高宗的失政，指责他不当"亟居尊位"，建议他亲自下诏，承认"继绍大统，出于臣庶之诏，而不悟其非"。[349]当时已经触犯宋高宗的深忌。此次因与李光"通书，朋附交结，讥讪朝政"，而被贬责后，又遭弹劾，说他"作为记文"，讥刺投降派，于是宋高宗下令，将胡寅流放"新州（治今广东新兴）安置"。[350]

另一士人吴元美后来又被告讦，说他撰写《夏二子传》，用蚊蝇为喻，"讥毁大臣"，"家有潜光亭、商隐堂"，"亭号潜光，盖有心于党李（光）；堂名商隐，实无意于事秦（桧）"。宋高宗说他"悖逆不道甚矣"，下令举办诏狱。吴元美被"除名，容州（治今广西容县）编管"，吴元美死于"贬所"。[351]

在长达十五年间,"在朝则以讥言为禁捕,在学则以谤讪为屏罚,科举则以时忌为弃黜"[352],"一言语之过差,一文词之可议,必起大狱"[353]。深文周纳的结果,是造就了一批无耻之徒,"持告讦为进取之计",甚至"虽朋旧骨肉,亦相倾陷,收尺牍于往来之间,录戏语于醉饱之后",而一些告讦之徒,"发亲戚箱箧私书,讼于朝廷,遂兴大狱,因得美官"[354]。"长告讦之俗,而亲戚为仇,起罗织之狱,而道路以目。"[355]在深文周纳之余,写《夏日久阴》诗"何当日月明,痛洗苍生病"[356],赋牡丹"宁令汉社稷,变作莽乾坤"[357],咏雪"寒乡只愿春来早,暖日暄风尽荡摩"[358],为《论语》作注之人,都成了被迫害的对象。这与后来清朝文字狱将"清风不识字,何得乱翻书","一把心肠论浊清"诗和《咏黑牡丹》诗"夺朱非正色,异种也称王"判为污蔑清朝,如出一辙。

秦桧病危前,将前宰相赵鼎之子赵汾"诏送大理寺究治","拷掠无全肤",迫令他自诬与张浚、李光、胡寅等五十三人"谋大逆"[359],企图将所有的抗战派一网打尽。这是最后一次大冤狱,却因秦桧病死而未果。宋高宗后来亲自结案,虽停止追究"谋大逆",却仍将赵汾贬二官,其责词说,"朕议汝于法,究其始末,亦既有状","尚体宽恩,毋重后戾"[360]。

当时的一系列冤狱和文字狱,相当比例是宋高宗亲令造成的诏狱。冤狱无非是"强立左验","锻炼烦酷,使之诬伏"[361]。秦桧固然可以在进呈冤案和狱中严刑逼供时,上下其手,但诏狱仍须由宋高宗"诏送大理寺",并最后裁决。因宋太祖传下不杀大臣和士大夫的誓约，尽管大狱相继，杀人却很少。然而死罪虽免，活罪难熬，当时"编管者甚众，所在望风，以流人为奇货，多掯辱之"[362]。不少人流放后受尽折磨而死，或者自杀。

两次使用火药兵器的重要海战

中国古代的战争大多是陆战，其次是江河湖泊的水战，海战甚少。究其原因，一方面是海上长时期内未出现强敌，另一方面，是因为古代低下的经济水平，还不足以开发和利用海洋。但中国毕竟是文明古国，即使在世界海战史上，也并非毫无建树可言。

宋代是古代火药兵器发展的重要时期，辽朝无疑是从宋朝偷到了火药制造技术，后起的金朝最早是在灭辽战争中学到了火药制造技术。由于军事需求，火药兵器又从陆战移植于海战。

宋绍兴三十一年，即金正隆六年（公元1161年），金帝海陵王决定大举攻宋。他分兵四路，而将约四分之三的兵力，集中到进攻南宋行都临安。一路是由他本人亲统的淮南远征军，约有兵力十七万，二路则是组建的浙东道水军，约有水手、军士七万人。按金海陵王的部署，自己率大军渡淮，进逼大江，吸引南宋的重兵，而浙东道水军自通州沿潞水，取直沽寨（今天津）入海，南下驶入钱塘江，直取临安。这是军事学上所谓钳形攻势，而另外两路军仅为牵制之师。

宋将李宝原是山东人，对海道的情况相当熟悉。他对宋高宗说,"海道无险要可守,〔虏〕舰散入海洋,则难以荡灭,臣止有一策出〔万〕全",即乘金军"未离巢穴","掩出不意,因惊扰而疾击之,可以得志"。[363]他认为,如果在海上与金朝舰队交锋,即使战胜,也很容易成为击溃战,沿海各地都可能受敌方败军之袭击,唯有乘金朝舰队"未离巢穴","掩出不意",方可一举全歼,这确实个大胆而又深思熟虑的军事方案。李宝仅率领一支三千人、一百二十艘海舰的海军,于当年八月、九月北上,执行他的计划。

当时,金朝的大舰队已经入海南下,因遇风浪停泊在胶西县附近的唐岛。李宝经过侦察,率海军驶至与金军相距仅三十余宋里的石臼岛。十月二十七日,李宝抓紧战机,主动发起攻击。宋军"火箭乱发","以火炮掷之"。[364]强劲的南风将金朝舰队挤蹙在一起,烟焰蔽天,金朝的大舰队很快被烟火所吞没,逃脱者无几。金朝浙东道水军都统制苏保衡死里逃生,而副都统制完颜郑家等被斩。

当时的火箭是"施火药于箭首,弓弩通用"的兵器,火炮是以人力抛石机抛射火药包。[365]这无疑是世界上首次使用火药兵器的大海战。

一百一十多年后,宋元的厓山海战又是一次使用火药兵器的大海战。元朝攻破南宋都城临安后,南宋又组建流亡小朝廷,辗转两浙、福建、广南东路,最后来到广州新会县的海岛厓山。厓山港经历了沧海桑田的变迁,因泥沙淤积,如今已成陆地。宋军舰船只能屯驻和停泊在厓山西北的港内,不可能将舰队停泊厓山东南，面向大海。西北的港内虽有南、北两个出入口，但"其北水浅，舟胶，非潮来不可进"[366]，在退潮时只剩一个出入口，实际上也影响军事上的进退和机动。

元朝命张弘范任蒙古、汉军都元帅，李恒为副都元帅，率领两支舰队，直逼厓山。论双方的实力对比，一方是业已占领全国的元朝，另一方则是盘踞一岛之地的南宋，自然是完全不对等的军事抗争。但是，就厓山战场的局部而言，宋方其实并非是必败无疑。宋军"大舶千余"，"内大船极多"，[367]其中当然不全是战舰；而张弘范军有"大小船五百，而二百舟失道，久而不至"[368]，李恒"率麾下战舰百二十艘入海"[369]。

至元十六年（公元1279年），即宋祥兴二年正月十三日，张弘范军抵达厓山。尽管有军队不习海战、普遍晕船等困难，但张弘范仍乘席卷南方、屡战屡胜的兵威，不等李恒军前来会师，就抢先发动攻势，看来，他是担心宋方流亡小朝廷和军队逃跑。

海战是元军前所未遇的新难题。就宋朝方面而论，只有在海战中消灭元朝的舰队，保持与海南岛的海上交通，才是救亡图存的唯一可行的军事谋划。宋朝掌握军权的是枢密副使张世傑，他只是顾虑军队屡败之余，军心不稳，士气不振，而不知主动出击，先与张弘范军决战，设法战胜船舰数量不占优势的元军。他的部署是"依山作一字阵，帮缚不可复动，于是不可以攻人，而专受攻矣"[370]，"结巨舰千余艘，下碇海中，中舻而外舳，大索贯之，为栅以自固，四围楼橹如城"[371]。《三国演义》虚构了赤壁之战中庞统施用连环计的故事，张世傑的部署近似于此，完全是消极防御的态势。

于是元军抢先夺据了厓山港的西南出口，一是切断了宋军的退路，二是切断了海上的补给。接着李恒军前来会师，又占取了东北出口。元军又设法断绝宋方的汲水，使宋军"食乾饮咸者十余日"，"渴甚，下掬海水饮之，海咸，饮即呕泄，兵大困"，"皆疲乏不能战"。[372]

二月六日，张弘範与李恒两军发起总攻。元军四路进攻，但因受海潮涨落的影响，不可能同时联合作战。北面的李恒军乘早潮先攻，却因晚潮至，仅夺宋军数舟而退。接着是南面的张弘範军三路进攻。宋军的一字阵显然不是时时处处受敌，而以大索相连，作茧自缚式的战术，使其不受攻击的部位，只能按兵不动，坐视不救，而其受攻击的部位，元军却拥有优势兵力。尽管在一字阵内尚有若干机动兵力，也无补大局。可以设想，如果张世傑果断下令，砍断大索，使宋军得以展开兵力，改被动挨打为主动还击，这次海战史尚有改写的可能。尽管宋军抵抗仍相当顽强，但终归失败。宋朝左丞相陆秀夫抱幼帝投海而死。张世傑直到最后关头，方才砍断大索，率十余舰突围，也在海中溺死。厓山海战历时二十三日，宋朝正式亡国。元军"焚溺之余，尚得海舰八百余艘"[373]。

此次海战的兵器主要是"弧弩、火、石"，但并不成功。元军夺取宋舰时，双方还进行了白刃战。除弓弩外，所谓"火、石"即是石炮与火炮。当时还没有管状火炮，而是人力抛石机，元军攻襄阳的回回炮是与宋军不同的平衡锤式抛石机，亦非管状火炮。以人力抛石机抛掷石块即是石炮，抛掷火药包之类即是火炮。文天祥诗描述此战，就有"炮火雷飞箭星落"之句。由于双方或将战舰涂泥，或预铺湿毡，"不能灼寸尺"[374]。故火药兵器在此战中没有发挥多大的威力。

宋朝三百余年间，火药兵器有相当进步。在南宋中后期，火药兵器已在兵器中占了相当比例。但其进步有局限，一是出现了类似后世炮弹的铁火炮，却仍用抛石机抛射；二是发明了发射子窠的突火枪，却尚未使用金属管；三是使用药线引燃，甚至制造了可以在水中爆炸"水底火炮"[375]，即后世的水雷。火药兵器在厓山海战中虽然有所失效，但至少催发了后世金属管状火器的诞生。

西夏立国与西北沙化

中国古代的生态环境主要有两大问题，一是西北沙化，二是黄河水患，这两个问题其实是一个问题：砍伐了黄土高原的森林，破坏了植被，才引发黄河的水患。

西晋十六国时，匈奴人赫连勃勃在夏凤翔元年（公元413年）"筑都城于朔方水北，黑水之南"，蒸土筑城，定名统万城，作为夏之国都。"统万城，唐为夏州定难军节度使治所"[376]，即今陕西靖边县北白城子。据《太平御览》卷一六四引《水经注》说："朔方县有契吴山，（赫连）勃勃北游，登之，叹曰：'美哉斯阜，临广泽而带清流，吾行地多矣，自马岭以北，大河以南，未有若此之善者也.'"同书卷五〇《契吴山》引《凉州记》,卷五五五崔鸿《三十国春秋·夏录》也有相似记载。《魏书》卷一一〇《食货志》说:"世祖（太武帝）之平统万,定秦陇,以河西水草善,乃以为牧地。畜产滋息,马至二百余万匹,橐驼将半之,牛羊则无数。"总之,上述记载表明,在公元5世纪时,统万城一带的生态环境是相当好的。但据《水经注》卷三,大约在此后百年,统万城的"西北出沙溪","东南历沙陵","奢延县西南赤沙阜"。看来已分布了小片沙地。

唐高宗时,"马政颇废,永隆中（公元680年）,夏州牧马之死失者十八万四千九百九十"[377]。永淳（公元682年）后,王方翼"以功迁夏州都督,属牛疫,无以营农,方翼造人耕之法,施关键,使人推之,百姓赖焉"[378]。这说明当地还是个农耕兼牧业区。夏州在唐玄宗天宝时,户口统计为"户九千二百一十三,口五万三千一百四"[379]。作为唐朝的北方边防重镇,人口较多。唐德宗贞元七年（公元791年）,"夏州奏开延化渠,引乌水入库狄泽,溉田二百顷"[380]。但贞元十四年（公元798年）时,夏州已成"沙碛之地,无耕蚕生业"[381]。到了9世纪,沈亚之说,"夏之属土,广长几千里,皆流沙。属民皆杂虏,虏之多者曰党项,相聚为落于野曰部落。其所业无农桑,事畜马、牛、羊、橐驼"[382]。反映了党项族渗入夏州一带,而多从事畜牧业。唐穆宗长庆二年（公元822年）十月,"夏州大风,飞沙为堆,高及城堞"[383]。唐敬宗时,下诏"武、灵、盐、夏州分市耕牛万头,交付京兆尹,均给畿内贫下百姓"[384]。这证明当地的畜牧业仍有相当发展。大致在唐武宗到宣宗时，薛逢《灵台家兄古镜歌》诗说："一尺圆潭深黑色，篆文如丝人不识。耕夫云住赫连城，赫连城下亲耕得。"[385]唐宣宗敕承认："夏州等四道，土无丝蚕，地绝征赋。"[386]晚唐许棠《夏州道中》诗说："茫茫沙漠广，渐远赫连城。堡迥烽相见，河移浪旋生。"[387]与夏州相近的"盐州深居沙塞，土乏农桑"[388]。可知当地生态环境恶化，与一百五十年前大不相同，但仍有耕地。

唐朝末年，封党项首领拓跋思恭为夏州定难军节度使，兼统绥州（治今陕西绥德县）、银州（治今陕西米脂县西北）、宥州（治今陕西靖边东），其辖区相当于今陕西长城、清涧河以北，秃尾河流域以南及内蒙古伊克昭盟南部。唐文宗太和七年（公元833年），因"银州水甘草丰"，唐朝设置银川监养马。开成二年（公元837年），刘源奏："银川马已七千，若水草乏，则徙牧绥州境。"[389]这证明直到9世纪，银州和绥州都有草原，宜于养马。

五代时，夏州政权不同于所谓十国，它不立国名，臣属中原皇朝，却割据一方，后唐曾进行讨伐，没有成功。宋太祖时，仍沿袭旧例。定难军节度使所辖另增静州（治今陕西米脂县西北）。宋太宗起了削藩之念，李继捧献出了"四州八县"之地。[390]唐朝同样是四州十四县[391]，这是因为当地皆为党项族群居，已无法维持旧有县制。但李继迁却闹独立，今鄂尔多斯沙漠继续向南扩展，恰好提供方便，使李继迁"叛涣砂碛中十年"[392]，终于迫使宋朝承认他割据旧地。

从地势上看，宋时"银州虽据明堂川、无定河之会，而故城东南已为河水所吞，其西北又阻天堑"[393]。宥州"地平"，"兼在沙碛，土无所出"，[394]但"地卑湿，掘丈余则有水"[395]。夏州地区并非全部沙化，宋军有一次攻西夏，"自绥德城出横山，至夏州，水草丰足"[396]。然而城市人口颇少，宋军曾攻破夏州和宥州城，城中居民仅为数十户和五百户。[397]夏、银、宥等州与宋的交界是横山，仍是半农半牧区。"银、夏州可置盐监、铁冶、钱监、马牧。"[398]宋将种谔说："横山延袤千里，多马宜稼，人物劲悍善战，且有盐铁之利，夏人恃以为生。其城垒皆控险，足以守御。"[399]吕大忠说："夏国赖以为生者，河南膏腴之地，东则横山，西则天都、马衔山一带，其余多不堪耕牧。"[400]陈师道说："胡地惟灵、夏如内郡，地才可种荞、豆，且多碛沙，五月见青，七月而霜，岁才一收尔。银州草惟柴胡。"[401]此说虽在农作物品种上有片面性，但也反映夏州仍是西夏的重要农业区。当时的记载说，"横山一带两不耕地，无不膏腴，过此即沙碛不毛"[402]。"横山之北，沙漠隔限"，"过山界，皆沙碛，乏善水草，又无险隘可以控扼"。[403]流经夏州和银州的无定河，"地多湿沙，人畜往往陷，不得出"。沈括称之为"活沙"，"至有数百人平陷无孑遗者"。[404]这正好成了西夏的天然屏障。但绥州和静州位于横山之南，最终还是在治平四年（公元1067年）十月被宋收复，后改名绥德军。静州之地设米脂等寨，由绥德军管辖。后金朝又改名绥德州。

李继迁将目光转向了夏州以西的灵州（治今宁夏灵武），这是宋朝边防的软肋。

灵州是唐朝的边防重镇，有时称灵武郡，是著名的朔方节度使所在地，其地位比夏州更为重要，号称"朔方天下劲兵，灵州用武之处"[405]。安史之乱时，唐肃宗就是在灵武即位，依赖朔方军力，重整旗鼓。中唐以降，由于西部丧失大片土地，"藩垣北地，控带长河"，"扼东牧之咽喉，控北门之管键"，[406]更加重了灵州在军事上的重要性。唐朝尤其重视灵州的防卫和生产，在当地发展水利灌溉，设置屯田和营田。[407]诗僧无可诗说："灵州天一涯，幕客似还家。地得江南壤，程分碛里砂。禁盐调上味，麦穗结秋花。"[408]晚唐韦蟾诗形容灵州说："贺兰山下果园成，塞北江南旧有名。水木万家朱户暗，弓刀千队铁衣鸣。"[409]灵州甚至号称"塞北江南"。五代时，冯晖镇守灵州，"广屯田，以省转饷，治仓库、亭馆千余区，多出俸钱，民不加赋，管内大治"[410]。

自唐迄宋，灵州受沙化的困扰尤甚，唐时为六县，宋初仅为一县。唐天宝时，"户一万一千四百五十六"，而宋初"户二千六百六十一，蕃汉相杂"[411]，到宋真宗时，有军民六七万人[412]。灵州位于今银川平原南端，宋人称它"民淳土沃，为西陲巨屏"，"土田沃饶，有汉陂之利"，"以水溉田，四向泥淹"，光是在城下即"有黄河分水大渠三重，及沟浍纵横贯注，水所溉田约二十里"。人称"地方千里，表里山河，水深土厚，草木茂盛，真牧放耕战之地"。但又是"入绝塞，有飞挽之劳"[413]。宋朝自环州(治今甘肃环县)到灵州，竟有"瀚海七百里，斥卤枯泽，无溪涧川谷"，"数百里之间，无有水草，烽火不相应，亭障不相望"。[414]五代时即称"旱海"[415]。从战争态势上看，李继迁易于进攻，对宋朝而论，因"瀚海七百里"的阻隔，却成了难于救援、粮食难以接济的"孤垒"。[416]"虽曰西陲之要地，实为中夏之蠹区，竭物力以供须，困甲兵而援送，萧然空垒"，"灵州送粮草回来，死者十有余万"。[417]侔北宋的人力、财力和物力，根本无法支持。从至道二年(公元996年)到咸平五年(公元1002年)，首尾七年，李继迁终于攻陷灵州。尽管当地"多旧汉人"，"常有思汉之心"，[418]宋朝却再无法收回。

李继迁原先踟蹰于土地沙化的狭小的夏、银、宥等州，充其量只能小打小闹，成不了大气候，唯有将基地搬迁到灵州，后来正式建为国都，才开拓了一个全新的天地。灵州以北，李继迁掌控了著名的河套灌溉区；灵州以南，有山区和沙漠，正好是对宋的天然军事屏障，易守难攻，"西取秦界之群蕃，北掠回鹘之健马"[419]，又进一步占夺河西走廊。

由此可见，西夏立国，是充分利用了西北沙化的地势。及至建国之后，西夏也同样充分利用了西北沙化的地势，得以维持其生存。

王安石说："今陕西一路，即户口可敌一夏国，以四夏国之众，当一夏国，又以天下财力助之，其势欲扫除，亦宜甚易，然终不能使夏国畏服。"[420]北宋毕竟是个大国，侔西夏的国力，如果在内地，早就被消灭了，然而它充分利用了西北沙化的地势，加之其他因素，使宋朝对它无可奈何。沈括和种谔说：

> 利害全在沙漠，若彼率众度漠入寇，则彼先困；我度漠往攻，则我先困。然而西戎常能为边患者，以漠南有山界之粟可食，山界之民可使，有山界之水

草、险固可守。我师度漠以北，则〔须〕赢粮载〔水〕，野次〔穷〕漠，力疲粮窘，利于速战，不幸坚城未拔，大河未渡，食尽而退，必为所乘，此势之必然也。所以兴、灵之民晏然高枕，而我缘边城寨未尝解严者，地利使然也。[421]

西夏以灵州(西平府)和兴庆府为后方，将原来的老巢宥、夏、银等州作为前沿基地，成功地与宋对抗。但从军力上看，夏州一带的党项兵是西夏军的精锐。范仲淹说，西夏"河外之兵懦而罕战，惟横山一带蕃部，东至麟、府，西至原、渭二千余里，人马精劲，惯习战斗，与汉界相附，每大举入寇，必为前锋。故〔西〕戎以山界蕃部为强兵，汉家以山界属户及弓箭为善战。以此观之，各以边人为强，理固明矣"[422]。宋军攻西夏，就在于沙漠阻隔，使后勤的粮草供应成了最大的难题。宋神宗大举进攻灵州，结果是"大军粮尽，人皆四散"，"亡失兵夫殆十万"。[423]宋哲宗和徽宗时，才吸取教训，采用修筑城寨，逐步蚕食的军事策略，取得成效，但"诸路所筑城砦皆不毛"[424]。曾布总结说：

朝廷出师，常为西人所困者，以出界，便入沙漠之地，七、八程乃至灵州，既无水草，又无人烟，未及见敌，我师已困矣。西人之来，虽已涉沙碛，乃在其境内，每于横山聚兵就粮，因以犯塞，稍入吾境，必有所获，此西人所以常获利。今天都、横山尽为我有，则遂以沙漠为界，彼无聚兵就粮之地，其欲犯塞难矣。[425]

北宋末，西夏方得以乘机夺回若干地区。金朝因北有蒙古、南有宋，故对西夏取和睦政策，甚至愿意割让出小片土地。西夏的领土有所扩大，依然充分利用西北沙化的地势，在金朝面前维持其独立和生存。直到晚期，西夏与金才发生战争，并皆灭于蒙古。

女真族的汉化与腐化

女真是长期生活在东北白山黑水间的民族，古称肃慎和挹娄。在东汉和三国时，挹娄大致处在原始社会后期，"无君长，其邑落各有大人。处于山林之间，土气极寒，常为穴居，以深为贵，大家至接九梯。好养豕，食其肉，衣其皮。冬以豕膏涂身，厚数分，以御风寒。夏则裸袒，以尺布蔽其前后。其人臭秽不洁"，"而多勇力"。[426]已经有了"大家"，但人们的生活条件十分艰苦，冬天只能以猪油涂身以御寒。晋代的挹娄人出现"父子世为君长"，但"无文墨，以言语为约。有马不乘，但以为财产"。"多畜猪，食其肉，衣其皮"，其衣服较前大有进步。"俗皆编发"，开始了剃头辫发的风俗。[427]到北朝时，挹娄改称勿吉，其"邑落各自有长，不相总一。其人劲悍，于东夷最强，言语独异"。"善射猎，弓长三尺，箭长尺二寸，以石为镞"，看来还处于石器时代。"妇人服布裙，男子衣猪皮裘"，"其部类凡有七种，其一号栗末部"。[428]到隋唐时,就称为靺鞨,仍是"矢皆石镞","其矢石镞,长二寸,盖楛砮遗法,畜多豕","人劲健,善步战",而"死者埋之,无棺椁,杀所乘马以祭"。[429]可知靺鞨人已能骑马,但"善步战",而非骑战。

五代时,开始出现了"女真"一词。[430]辽代的女真成为属国或属部。经历了八九百年,女真人终于学会使用铁器,进入阶级社会。女真人不是游牧民族,而是半农牧半渔猎的民族。成年男子都是娴熟弓马的好猎手,一旦兴起,就很容易组成称雄东亚的精骑,这是比靺鞨时代"善步战"的一大进步。女真社会已明显地出现了奴婢、庶人和有官者三类人,属奴隶社会初期。其奴隶来源于战俘、债务和犯罪。高丽就苦于女真人俘掠奴隶。

女真人建立金朝后,十多年间,即灭辽破宋,跃居东亚第一强国。然而女真族还是个粗野的暴发户,与汉、契丹等族相比,其文明程度颇差。虽然在金太祖时,就创制了女真文,但女真词汇毕竟太简单了。例如其头目,从最高的中央执政者到五夫长,统称"孛堇",汉语就可译成"官人"。女真人名,也远不如汉名典雅。"粘罕"的词义是"心","兀术"的词义是"头","牙吾塔"的词义是"疡疮","谋良虎"的词义是"无赖","谩都诃"的词义是"痴騃",[431]由于词汇少,人多同名。而汉人是不可能用贬义词取名的。从女真人的衣服看来,"平居惟着上领褐衫,无上下之辨,富者着褐色毛衫,以羊裘、狼皮等为帽"。即使是统兵的左副元帅完颜粘罕和右副元帅完颜斡离不也"止着褐布衫",攻破开封后,金军将士方得以"无不衣锦绣"。[432]女真社会的"市易则惟以物博易，无钱"。金人破开封城，勒索金、银、丝织品等，而"所弃者钱尔"[433]，他们还不懂得铜钱为何物。金朝"置库，收积财货"，金太宗"私用过度"，完颜宗翰等"请国主违誓约之罪"，与群臣将金太宗"扶下殿庭，杖二十毕，群臣复扶上殿"，再"谢罪"，"过盏"。[434]可见金朝初建君主制，犹有原始社会的遗风，君主绝无中原皇帝的威风。

从民族压迫到民族融合，是我国历史上所有入主中原的北方民族政权的必由之路。汉族先进文化的魅力是任何一个后进民族都无法抗拒的，落后的文化（精神文化和物质文化）终究要被先进文化所代替。

女真人入中原之初，根本不懂得什么是儒学，他们指孔子像"而诟曰：尔是言夷狄之有君者"[435]。金熙宗十分仰慕汉文明，"视旧大功臣，则曰：'无知夷狄也。'旧大功臣视渠，则曰：'宛然一汉家少年子也。'"[436]他即位后，"兴制度礼乐，立孔子庙于上京"，"亲祭孔子庙"，说"其道可尊，使万世景仰"，又"诏求孔子后"。[437]但他的汉文化造诣显然不深。在被杀害前，宫殿发生雷电火灾，金熙宗"欲下诏罪己"。翰林学士张钧为他起草诏文中有"惟德弗类，上干天威"，"顾兹寡昧，眇予小子"之类汉人皇帝的自谦之语。金熙宗的佞幸奚人萧肄进谗言译奏："弗类是大无道，寡者孤独无亲，昧则于人事弗晓，眇则目无所见，小子婴孩之称，此汉人托文字以詈主上也。"金熙宗"大怒"，命令卫兵将张钧拽下殿，"榜之数百，不死"，就亲自"以手剑翦其口而醢之"。[438]

金海陵王的汉文化修养无疑高于金熙宗，能写十分豪放的诗词。他在某种意义上，可说是北魏孝文帝再世。两人推进鲜卑人和女真人汉化有决定意义的步骤，是迁都。金海陵王于贞元元年（公元1153年）迁都燕京，今北京遂开始成为国都。他甚至搬迁祖宗皇陵，"命会宁府毁旧宫殿、诸大族第宅及储庆寺，仍夷其址而耕种之"，"削上京之号"，[439]对这个经营了三十八年的上京，简直是予以犁庭扫穴般的毁弃。后任的金世宗虽然有强烈的女真族偏见，也只能在大部分问题上继承金海陵王的汉化成果。

史称女真人入中原后，"强慕华风，往往不遗余力"[440]。到金朝中期，少数女真人其实已淹没在众多汉人之中，"舍戎狄鞍马之长，而从事中州浮靡之习"[441]，"狃于宴安，习成骄惰，非复曩时之旧"[442]。金世宗诏也承认女真人"专务游惰"，"不习骑射，不任军旅"，他深以为忧，采取各种措施，"制其奢靡，禁其饮酒"，[443]但终归无效。尽管金朝颁行本族女真文字，但当时许多女真人既说不了女真语，更写不了女真文，事实上已丧失了民族的语言特征。金世宗之子、金章宗之父完颜允恭（胡土瓦）就"颇未熟本朝语"[444]。金章宗封原王，判大兴府事，"入以国语谢"，居然使金世宗十分高兴，说："朕尝命诸王习本朝语，惟原王语甚习，朕其嘉之。"[445]金世宗告诫儿子们："汝辈自幼惟习汉人风俗，不知女直纯实之风，至于文字语言，或不通晓，是忘本也。"[446]金朝屡次下令，"禁女直人不得改称汉姓，学南人衣装，犯者抵罪"，"杖八十"，"诸女直人不得以姓氏译为汉字"，[447]正说明女真人改汉姓已成为一股潮流。

进入中原的女真人，其汉化程度高于契丹人和蒙古人，汉化当然是一种重大的进步，而进步的另一面却又是相当快地腐化。女真人入主中原仅十年，岳飞就已看穿他们的虚弱，说"今所爱惟金帛、子女，志已骄惰"[448]。猛安谋克户们依靠剥削汉人佃户为生，往往沦为一不能耕、二不能战的寄生虫，并且加深了民族矛盾。到元蒙时代，女真人完全融合在汉人之中，再无单独的民族特征。唯有留在东北最落后的少量女真人，在元代"各仍旧俗，无市井城郭，逐水草为居，以射猎为业"[449]。他们的后裔就是明朝的建州女真，后来又建立清朝。但清朝八旗子弟的命运也与金朝的猛安谋克户相仿，后来也沦为不士、不农、不工、不商的寄生虫。

金朝官制对后世的影响

中国古代的官制演变大致有三阶段，一是从秦汉到南朝，二是从北朝到宋，三是从金朝到清。两个转折期，固然有因有革，但无论是北魏还是金朝，其官制都是由汉人士大夫帮助制订的。从辽宋到金，古代官制实现了由繁趋简的转变。

金太宗到熙宗的官制是由宇文虚中、蔡靖等参与制订的，金朝官制改革主要是在金熙宗和金海陵王时进行的。金熙宗即位，正式废除了存有原始社会传统的中央辅政勃极烈制，仍沿用辽宋的三省制，设太保、太师、太傅领三省事，掌管大政。金海陵王时，又进一步废除三省制，单设尚书省，设尚书令及左、右丞相等。掌管军事的枢密院多由尚书省"节制"[450]，金朝枢密院没有北宋时的"二府"之尊。实际上是尚书省集中央军政事务于一身。后元朝设中书省，明清时又进一步取消宰相制，其实都是金朝尚书省制的继承和发展。

另一对后世影响最大者，则是行尚书省的设置。行台尚书省源于魏晋，北朝和隋唐初都曾设置，多是因军事需要而设的临时机构。金太宗至金海陵王时的行台尚书省，甚至管辖燕山以南的广大区域。金章宗时，为治理黄河，对蒙古、对宋作战等，也临时设置行尚书省等机构。金朝后期，退缩于黄河以南，主要为军事行动的需要，临时设置各种军区性机构，其中地位最高者，是行尚书省。如完颜阿里不孙"权右副元帅、参知政事、辽东路行尚书省事"，又"真拜参知政事、权右副元帅，行尚书省、元帅府于婆速路"。[451]但随着金朝国土日蹙，行省的辖区也为之萎缩。金哀宗天兴元年（公元1232年），命徒单兀典"行省閿乡，以备潼关"，抵御蒙古军。[452]开封被围后，金哀宗命完颜思烈"权参知政事，行省事于邓州"[453]。翌年，"朝廷以参知政事抹撚兀典行省事于息州"[454]。金哀宗逃往归德府，"改陈州为金兴军"，令粘葛奴申为节度使，"俄拜参知政事，行尚书省于陈"。[455]看来当时行省所辖的区域仅为一州，甚至还不到一州之地。金朝后期的行尚书省总揽一个地区的军政大权，其重要性不在于当时，而在于后世。元朝的行中书省即是承袭金制，一直发展到明清以至现代的省。中国的"省"自中央机构演变为最高的地方行政区划，金朝后期的行省实为嚆矢。

蒙古族兴起的曲折

经近代史家研究，蒙古在辽时称阻卜。辽太祖神册三年（公元918年），就有"阻卜""遣使来贡"。天赞三年（公元924年），"大举征""阻卜等部"，"遣骑攻阻卜"。[456]此后阻卜多次向辽进贡。辽太宗会同九年（公元946年），"以阻卜酋长曷剌为本部夷离堇"[457]。

乾亨四年（公元982年），辽圣宗刚即位，就命"耶律速撒讨阻卜"[458]。大致正是从辽圣宗时开始，阻卜成为辽的重要边患。统和十二年（公元994年），由齐妃和名将萧挞凛"抚定西边"，萧挞凛任阻卜都详稳，统和十五年（公元997年）萧挞凛"奏讨阻卜捷"，他"以诸部叛服不常，上表乞建三城，以绝边患"。[459]统和二十一年（公元1003年），阻卜铁刺里"率诸部"降辽，辽朝修筑可敦城，后又向辽帝求婚，辽圣宗"不允"。可敦城是辽朝镇守西北、防备阻卜的据点，位于今蒙古乌兰巴托以西，取名镇州，设西北路招讨司。但到统和二十五年（公元1007年），阻卜又叛，辽朝"西北路招讨司萧图玉讨阻卜，破之"[460]。统和二十九年（公元1011年），"诏西北路招讨使、驸马都尉萧图玉安抚西鄙。置阻卜诸部节度使"[461]。北枢密使耶律化哥在开泰元年（公元1012年）"伐阻卜，阻卜弃辎重遁走，俘获甚多"[462]。西北路招讨使萧孝穆"进军可敦城"，击败阻卜。但"阻卜复叛，围（萧）图玉于可敦城，势甚张"。开泰四年（公元1015年），辽朝甚至任命北枢密使耶律世良出兵救援，"耶律世良等上破阻卜俘获数"，说明对阻卜的战争仍在继续。[463]太平六年（公元1026年），"阻卜来侵"，辽军屡败，西北路招讨使萧惠

"为招讨累年,屡遭侵掠,士马疲困"。[464]辽圣宗时算是辽朝最盛期,实际上却困于对阻卜用兵。

另一方面,阻卜也时而对辽朝保持朝贡关系。开泰八年(公元1019年)辽圣宗"诏阻卜依旧岁贡马千七百,驼四百四十,貂鼠皮万,青鼠皮二万五千"[465]。这当然是数额颇大的贡品。辽兴宗重熙十七年(公元1048年),"阻卜献马、驼二万"。翌年,"北道行军都统耶律敌鲁古率阻卜诸军至贺兰山",攻击西夏。[466]这表明阻卜的臣属归附,给辽朝带来许多经济和军事利益。

然而到辽道宗咸雍五年(公元1069年),"阻卜叛,以晋王仁先为西北路招讨使,领禁军讨之",阻卜的若干部投降,"北边遂安",又恢复朝贡关系。[467]大康初(公元1075年),"阻卜叛",都统耶律赵三和西北招讨都监萧迂鲁出兵镇压。[468]大安二年(公元1086年),"阻卜酋长余古赧及爱的来朝",辽道宗还命孙子"燕国王延禧相结为友"。[469]但到大安八年(公元1092年),"阻卜磨古斯杀金吾吐古斯以叛",辽廷"遣奚六部秃里耶律郭三发诸蕃部兵讨之"。阻卜各部或战或降。磨古斯诈降,杀西北路招讨使耶律挞不也。迁延到寿昌六年(公元1100年),磨古斯方才被俘磔死。[470]然而在此次战争期间,"阻卜长香里底及图木葛来贡","阻卜长猛达斯等来贡",[471]说明阻卜诸部不统一。辽天祚帝时,新兴的金朝已对辽朝进行蚕食,天庆九年(公元1119年),"阻卜补疏只等叛,执招讨使耶律斡里朵,都监萧斜里得死之"。[472]

辽时"阻卜诸部,自来有之。曩时北至胪朐河,南至边境,人多散居,无所统壹,惟往来抄掠"[473]。阻卜各部并不统一,史称有北阻卜、西阻卜和西北阻卜，[474]但决不能判断阻卜仅分三部。辽朝对付阻卜边患，其实并无一劳永逸的良策，"讨之，则路远难至；纵之，则边民被掠；增戍兵，则馈饷不给；欲苟一时之安，不能终保无变"[475]。

辽时也已有称鞑靼者。史愿《亡辽录》记载辽朝后期的情况："沙漠之北，则置西北路都招讨府、隩隗、乌隗部族衙、芦沟河统军司、倒挞岭部衙，以镇摄鞑靼、蒙古、迪烈诸国。"[476]耶律宗福（韩涤鲁）墓志铭提及"达打小邦，敢行称乱"[477]。又清宁九年（公元1063年），有"北鄙达打、术不姑等部族寇边"的记载。[478]"达打"即是鞑靼之汉语歧译。辽道宗时，"以萌骨子不克"，萧兴言任"西北路招讨使"等实职，"矛钺所指，罔不畏从"。[479]"萌骨子"也是蒙古的汉译法。《萧孝资墓志铭》则又称"讨叛命萌骨德贼"[480]。上述皆是同一名词之歧译。辽朝官史记载，大康十年（公元1084年）二月"萌古国遣使来聘"，三月"远萌古国遣使来聘"。[481]

由此可知，辽代对蒙古的称呼大致有三：一是阻卜，包括术不姑，"亦曰述不姑，又有直不姑"[482]；二是鞑靼，包括达打；三是萌古，包括蒙古、萌骨子和萌骨德。这也反映了蒙古诸部的分裂状态。

金朝灭辽，也接收了蒙古的边患。金朝兴兵攻宋时，其军中"有达靼家"，即"常假兵"于蒙古。[483]但完颜谷神和完颜蒲鲁虎也带兵攻讨蒙古。[484]后金朝"遣万户湖沙虎伐蒙兀（蒙古）部，粮尽而还。蒙兀追袭之，至上京之西北，大败其众于海岭"[485]。宋使洪皓回报宋廷说："彼方困于蒙古。"[486]宋金和议后，都元帅完颜兀术也率兵征蒙古,"连年不能克","但遣精兵分据要害而还"。[487]金海陵王时,西京路统军使完颜翼英等"北巡",与蒙古等作战,"无功"。[488]

金世宗时,蒙古的边患加深。燕京及契丹地有民谣说:"鞑靼来,鞑靼去,赶得官家没去处。"金世宗"下令极于穷荒,出兵剿之,每三岁遣兵向北剿杀,谓之'减丁'"。当时"山东、河北谁家不买鞑人为小奴婢,皆诸军掠来者"。后来的蒙古大臣"多有虏掠住于金国者","每岁朝贡,则于塞外受其礼币而遣之,亦不令入境。鞑人逃遁沙漠,怨入骨髓"。[489]

大定七年(公元1167年),金世宗命"移刺子敬经略北边",十年,又命参知政事完颜宗叙北巡。完颜宗叙"将战,有疾,诏以右丞相纥古烈志宁代",并且"请置沿边壕堑"。[490]说明当时军事情势之严重,竟必须动用声名最著的大将纥石烈志宁。当时正值宋楼钥使金,他记载了对蒙古用兵的情况:"宿胙城县,途中遇老父云:'女婿戍边,十年不归,苦于久役,今又送衣装与之'","为年时被蒙子国炒,旧时南畔用兵,尽般军器在南京,今却般向北边去。三月中般,用牛三千头,般未尽间,被黄河水涨后,且休"。[491]金朝为对付蒙古,将对宋作战的兵器北运,竟用三千头牛还搬运不完。汉族壮丁被强行签发戍边,抵御蒙古,十年不归,其苦难言。

然而蒙古力量强,以至金世宗君臣只能商议采取消极防御。大定二十一年(公元1181年),"增筑泰州、临潢府等路边堡及屋宇"。"以东北路招讨司十九堡在泰州之境,及临潢路旧设二十四堡障参差不齐","于是东北自达里带石堡子至鹤五河地分，临潢路自鹤五河堡河子至撒里乃，皆取直列置堡戍"。这是金朝设置所谓界壕的开始。[492]

金章宗时，蒙古边患加剧。金章宗命左丞相夹谷清臣、右丞相完颜襄等屡次讨伐阻䪁等部。[493]金军费尽气力，虽然有力地打击了蒙古的若干强悍部落，却为正在兴起的成吉思汗统一草原诸部铺平道路。"时惩北边不宁，议筑壕垒，以备守戍，廷臣多异同"，完颜宗浩"独谓便"，就由他"督其役"。[494]金朝进行防御的界壕边堡却"退地千里"[495]，把富饶的呼伦贝尔草原轻易地让给了成吉思汗。北部边境地区草原与沙漠相间的特殊自然环境，使界壕"旋为沙雪堙塞，不足为御"[496]。

金章宗末年，南宋轻率举行开禧北伐。此次战争表面上是金胜宋败，其实是两败俱伤。金朝前期曾充金军主力的女真骑兵已经退化，由北方游牧民族组成之乣军成为金军精锐。对宋作战，"举天下全力，驱乣军以为前锋"[497]，损折颇多。"诸乣""号曰骁骑，有众三万"，宋金和议后，"诸乣还归，因赏不均，皆叛北归"，[498]又使金朝的军力进一步削弱，为成吉思汗的勃兴创造了十分有利的条件。

总之，在成吉思汗建国前约二百二三十年间，蒙古就一直是漠北虎视中原的重要力量。但因诸部不统一，不能形成颠覆性的威胁。蒙古的兴起，就走着曲折的道路。对北方不少民族，其中包括契丹人的吸收和融合，也是蒙古族壮大和兴盛的重要因素。

1 《文昌杂录》卷六。
2 《文献通考》卷三四六,《长编》卷九七天禧五年九月甲申。
3 《说郛》卷三八《重编燕北录》,号五六《燕北录》。
4 《永乐大典》卷一〇八七七《熙宁使房图抄》。
5 《鄱阳先生文集》卷八,以《辽史拾遗》卷一三参校。
6 《辽史》卷三二《营卫志》。
7 《满洲金石志》卷一《内客省使韩瑜墓志》。
8 《旧五代史》卷八一《晋少帝纪》:"中书政事堂为政事厅,堂后官房头为录事,余为主事。"
9 《职官分纪》卷五。
10 《宋会要》职官六二之三九。
11 《邵氏闻见录》卷十一。
12 《宋会要》职官五之四〇。
13 《宋大诏令集》卷一六三《改武选官名诏》。
14 《辽史》卷四五《百官志》。
15 《辽史》卷五《世宗纪》。
16 《辽史》卷八一《萧孝忠传》。
17 《辽史》卷一《太祖纪》。
18 《辽史》卷一《太祖纪》。
19 《辽史》卷二《太祖纪》。
20 《辽史》卷七九《室昉传》。
21 《武溪集》卷一八《契丹官仪》。
22 《辽史》卷八六《杜防传》。
23 《辽史》卷八〇《张俭传》,《考古》1980年第5期《张俭墓志铭》。
24 《辽史》卷五二《礼志》,卷五四《乐志》。
25 《全辽文》卷八《耶律宗允墓志铭》。
26 《辽史》卷三五《兵卫志》。按此志说法与《辽史》卷三三《营卫志》有出入,据陈述先生在标点本注中考证,北府"凡三十二部",南府"凡十五部"。另据《辽史》2016年版同卷《兵卫志》注〔五〕和〔一〇〕重新统计,北府统三十四部,南府统十六部。
27 《辽史》卷七二《义宗倍传》。
28 《辽史》卷四五《职官志》。
29 《辽史》卷八五《高勋传》。
30 《辽史》卷一五《圣宗纪》。
31 《辽史》卷八〇《萧朴传》。
32 《辽史》卷八〇《张俭传》,《考古》1980年第5期《张俭墓志铭》。
33 《松隐文集》卷二六《进前十事札子》,《会编》卷九八《北狩闻见录》,《要录》卷四建炎元年四月,《宋史》卷三七九《曹勋传》。
34 《溪堂集》卷十。
35 《宋朝诸臣奏议》卷一五〇陈公辅《上钦宗条画十二事》。
36 《古今说海》本和《说郛》号三九陆游《避暑漫抄》,《挥麈后录》卷一。
37 《宋史》卷二〇〇《刑法志》。

38　《宋史》卷四七四《韩侂胄传》。

39　《宋史》卷三八《宁宗纪》；卷三九四《陈自强传》，《庆元党禁》。

40　《宋史》卷四七四《贾似道传》。

41　《宋史》卷四七《瀛国公纪》，卷四七四《贾似道传》。

42　《金史》卷四六《食货志》。

43　《史记》卷六《秦始皇本纪》，卷八七《李斯列传》。

44　《王文公文集》卷一《上时政书》。

45　《司马文正公传家集》卷二〇《言御臣上殿札子》。

46　《司马文正公传家集》卷三六《上皇帝疏》。

47　《司马文正公传家集》卷七五《学士院试李清臣等策问一首》。

48　《续资治通鉴长编纪事本末》卷五九。

49　《王文公文集》卷一《上皇帝万言书》，以《临川先生文集》卷四一《拟上殿札子》参校。

50　《王文公文集》卷八《答司马谏议书》。

51　《王荆文公诗笺注》卷二二《题雱祠堂》，《邵氏闻见后录》卷二〇。

52　《长编》卷二二三熙宁四年五月丙午。

53　《长编》卷二四〇熙宁五年十一月丁巳。

54　《长编》卷二三〇熙宁五年二月甲寅。

55　《宋朝诸臣奏议》卷一一二韩琦《上神宗论条例司画一申明青苗事》。

56　《宋史》卷四七二《蔡京传》。《皇朝编年纲目备要》卷二七大观二年正月。

57　《嵩山文集》卷一《元符三年应诏封事》。

58　《长编》卷二一三熙宁三年七月壬辰。

59　《王文公文集》卷一《上时政书》。

60　《金史》卷四六《食货志》。《朱子语类》卷一二七谈论"今官府文移之烦，说："国初时事甚简径，无许多虚文。"并举了实例。

61　《历代制度详说》卷一〇《屯田》。

62　《金史》卷四六《食货志》。

63　《长编》卷一三八庆历二年十月戊辰。

64　《长编》卷一三开宝五年。

65　《长编》卷二建隆二年十一月壬申。

66　《长编》卷二二一熙宁四年三月戊子。

67　《陈亮集》（增订本）卷一《上孝宗皇帝第三书》。

68　《浮溪集》卷一《行在越州条具时政》。《三朝北盟会编》（以下简称《会编》）卷一四五载汪藻的同一奏作"执桙趋庭，又《文献通考》卷五八引《梦溪笔谈》作"杖"，"梃"或"杖"应即是"桙"，宋代行军礼用桙。

69　《历代名臣奏议》卷八六，《斐然集》卷一六《上皇帝万言书》。

70　《密斋笔记》卷三。

71　《要录》卷一四五绍兴十二年四月庚午，卷一六六绍兴二十四年三月辛酉。

72　《王文公文集》卷一《上时政书》。

73　《临川先生文集》卷四一《本朝百年无事札子》。

74　《长编》卷一七开宝九年十月乙卯。《宋大诏令集》卷一《太宗即位敕天下制》文字不同。

75 《长编》卷三八至道元年十二月丙申。
76 《辽史》卷一四《圣宗纪》统和二十二年十二月。
77 《宋史》卷二七二《杨延昭传》。
78 《长编》卷五七景德元年闰九月癸酉。
79 《宋史》卷八《真宗纪赞》。
80 《宋朝诸臣奏议》卷一三五《上仁宗河北守御十三策》。
81 《宋史》卷三五八《李纲传》,《会编》卷四八、卷六六《靖康小录》。
82 《历代名臣奏议》卷八六胡寅奏,《要录》卷二七建炎三年闰八月庚寅,《裴然集》卷一六《上皇帝万言书》。
83 《忠正德文集》卷八《丁巳笔录》。
84 《宋史》卷三八四《陈康伯传》。
85 《建炎以来朝野杂记》甲集卷二〇《癸未甲申和战本末》,《宋史全文续资治通鉴》卷二四隆兴元年十一月壬子。
86 《癸辛杂识》别集上《史浩传赞》。
87 《宋史》卷三八三《虞允文传》。
88 《建炎以来朝野杂记》甲集卷二〇《癸未甲申和战本末》,《鄮峰真隐漫录》卷三一《答宣抚张丞相议攻取札子》。
89 《宋史全文续资治通鉴》卷二三绍兴三十二年七月。
90 《历代名臣奏议》卷九三。
91 《朱子语类》卷一三一。
92 《要录》卷一四二绍兴十二年十一月戊戌。
93 《要录》卷一二三绍兴八年十一月甲辰。
94 《要录》卷一四六绍兴十二年八月丁卯。
95 《要录》卷一四七绍兴十二年十一月辛丑。
96 《要录》卷一四八绍兴十三年三月丙辰。
97 《要录》卷一五六绍兴十七年三月己巳。
98 《宋史》卷四一五《危稹传》。
99 《宋史》卷四七七《李全传》。
100 《宋史》卷四一七《赵范传》。
101 《朱子语类》卷一三一。
102 《剑南诗稿》卷三四《感事》,卷四五《追感往事》。
103 《长编》卷三二淳化二年八月丁亥。
104 《长编》卷三四淳化四年十一月甲寅朔。
105 《长编》卷四二至道三年十二月甲寅。
106 《长编》卷三〇端拱二年正月。
107 《咸平集》卷一《上太宗答诏论边事》。
108 《长编》卷二四八熙宁六年十一月戊午。
109 《长编》卷七三大中祥符三年五月癸卯。
110 《乐全集》卷二〇《请因郊禋肆赦招怀西贼札子》,《宋朝诸臣奏议》卷一三三《上仁宗乞因郊禋肆赦招怀西贼》。

111　《会编》卷二二七。
112　《要录》卷一五六绍兴十七年四月丙辰。
113　《贵耳集》卷下。
114　《山堂群书考索》续集卷三六《台谏·谏官御史其职各略》。
115　《贞观政要集校》卷二《求谏第四》。
116　转引自王春瑜:《"土地庙"随笔·读〈玉抱肚·官悟〉》。
117　《红楼梦》第三十六回贾宝玉语。
118　《东坡七集·东坡奏议》卷一《上皇帝书》。
119　《职官分纪》卷六、卷一四,《宋史》卷一六八《职官志》。
120　《老学庵笔记》卷八。
121　《宋朝诸臣奏议》卷五一刘随《上仁宗论当今所切在于纳谏》。
122　《宋会要》职官三之五六。
123　《长编》卷二一〇熙宁三年四月壬午。
124　《宋史》卷三三七《范祖禹传》。
125　《宋史全文续资治通鉴》卷二〇绍兴八年十二月癸酉。
126　《长编》卷一一三明道二年十二月乙卯,《宋史》卷二四二《仁宗郭皇后传》、卷三一一《吕夷简传》。
127　《类编皇朝大事记讲义》卷九《台谏》,卷一三《台谏》。
128　《长编》卷一四〇庆历三年三月癸巳。
129　《宋朝诸臣奏议》卷四八雷观《上钦宗乞择相》。
130　《宋朝诸臣奏议》卷五五程瑀《上钦宗乞内中置籍录台谏章疏》。
131　《朱文公文集》卷七五《戊午谠议序》。
132　《宋史》卷四二四《洪天锡传》,《齐东野语》卷七《洪君畴》。
133　《止堂集》卷一《论优迁台谏沮抑忠直之弊疏》,《历代名臣奏议》卷二〇六。
134　《要录》卷一三四绍兴十年二月庚申,《高峰文集》卷二《论图治札子》。
135　《嵩山文集》卷一《元符三年应诏封事》。
136　《止堂集》卷一《论优迁台谏沮抑忠直之弊疏》,《历代名臣奏议》卷二〇六。
137　《宋史》卷三九七《刘光祖传》。
138　《鲁迅全集·且介亭杂文·中国人失掉自信力了吗》。
139　《文山先生全集》卷三。
140　《西台集》卷四《试荫补人议》。
141　《宋会要》职官六四之一、二,《宋史》卷一五九《选举志》。
142　《说郛》卷三《三朝圣政录》,《涑水记闻》卷一也有类似记载。
143　《长编》卷七八大中祥符五年八月甲子。
144　范文正公政府奏议》上《答手诏条陈十事》。
145　《要录》卷一一五绍兴七年十月辛丑,《宋史》卷一五八《选举志》。
146　《建炎以来朝野杂记》乙集卷一四《乾道淳熙裁损任子法》,《宋史》卷一五九《选举志》。
147　《栾城集》卷二一《上皇帝书》。
148　《宋史》卷一五九《选举志》。

149	《宋史》卷一七〇《职官志》。
150	《丹渊集》卷三九《龙图毋公墓志铭》。
151	《长编》卷一六九皇祐二年八月己未。
152	《长编》卷一三二庆历元年五月甲子。
153	《西台集》卷四《官冗议》。
154	《宋会要》选举二六之二一。
155	《建炎以来朝野杂记》乙集卷一四《嘉定四选总数》。
156	《雪坡舍人集》卷七《廷对策》。
157	《龟山先生全集》卷一三《语录》,《三朝名臣言行录》卷一一《丞相范忠宣公》,《范文正公言行拾遗事录》卷四。
158	《朱文公文集》卷三六《答陈同甫》。
159	《长编》卷四二至道三年九月壬午。
160	《宋朝诸臣奏议》卷五〇《上宣仁皇后辩顾临所言非是》。
161	《宋朝诸臣奏议》卷二四《上徽宗论士风之坏》。
162	《宋史》卷三六三《蒋猷传》。
163	《历代名臣奏议》卷四八。
164	《宋史》卷三九〇《张人经传》。
165	《宋史》卷三九七《刘光祖传》。
166	《鹤山先生大全集》卷一六《直前奏事札子二》。
167	《历代名臣奏议》卷八五,《梁溪全集》卷一〇二《论使事札子》。
168	《历代名臣奏议》卷三四八,《和靖尹先生文集》二《谏议和札子》。
169	《要录》卷一五六绍兴十七年四月丙辰。
170	《要录》卷一五二绍兴十四年十一月壬申。
171	《水心文集》卷二三《杨愿墓志铭》。
172	《朱文公文集》卷七五《戊午谠议序》。
173	《要录》卷一五二绍兴十四年八月癸卯、甲辰,《水心文集》卷二四《故枢密参政汪公墓志铭》。
174	《要录》卷一四五绍兴十二年四月庚午。
175	《要录》卷一五七绍兴十八年四月庚寅,《渭南文集》卷三四《尚书王公墓志铭》。
176	《朱子语类》卷一〇七。
177	《绍兴十八年同年小录》。
178	《要录》卷一六六绍兴二十四年三月辛酉。
179	《夹漈遗稿》卷二《献皇帝书》。
180	《夹漈遗稿》卷三《上宰相书》。
181	《会编》卷二二三,《要录》卷一四七绍兴十二年十一月壬辰、己亥。
182	《要录》卷一〇七绍兴六年十二月己未,《道命录》卷三《陈公辅论伊川之学惑乱天下乞屏绝》。
183	《齐东野语》卷一一《道学》。
184	《文山先生全集》卷一九刘岳申《文丞相传》。
185	《增订湖山类稿》卷一《醉歌》(其十)。
186	《吴郡志》卷一二,《中吴纪闻》卷五《贾表之》。

187　《梁溪全集》卷三四《戒励士风诏》，卷一八〇《建炎时政记》下。
188　《真文忠公文集》卷五《江东奏论边事状》，《东京梦华录·跋》。
189　《东京梦华录·序》。
190　《挥麈后录》卷二。
191　《宋史》卷四七二《蔡京传》。
192　参见周宝珠先生《宋代东京研究》，河南大学出版社1992年版，第38—44页、507—517页。
193　《靖康稗史笺证·青宫译语》，《鸡肋编》卷下。
194　《宋大诏令集》卷二《改大观元年赦》，《挥麈录余话》卷一。
195　《会编》卷三二。
196　《宋史》卷四六八《童贯传》《梁师成传》；卷四七二《蔡京传》《蔡攸传》；《宾退录》卷五。
197　《文献通考》卷三四，《宋史》卷四七二《蔡京传》，《独醒杂志》卷十。
198　《宋史》卷四六八《童贯传》，卷四七〇《朱勔传》，《玉照新志》卷三。
199　《靖康要录》卷四靖康元年三月二十五日，《要录》卷九六绍兴五年十二月辛亥。
200　《宋史》卷四七二《蔡京传》，《宋宰辅编年录校补》卷一二。
201　《曲洧旧闻》卷十，《宋史》卷四六八《童贯传》，《玉照新志》卷三。
202　《宋史》卷四七二《蔡京传》，《清波别志》卷中。
203　《宋会要》刑法二之五一、五三、五九、九二。
204　《宋会要》职官六九之九、一一、一五、一七、一九。
205　《宋朝诸臣奏议》卷四《上徽宗论人君之要道三》，《历代名臣奏议》卷四四。
206　《宋史》卷三五八《李纲传》，《宋会要》职官六九之三，《梁溪全集》卷四〇《论水〔灾〕便宜六事奏状》，《历代名臣奏议》卷三〇五纲奏。
207　《会编》卷一五九、卷一六〇，《宋史》卷二二《徽宗纪》。
208　《挥麈前录》卷二，《挥麈后录》卷二，《挥麈录余话》卷一。邓肃《栟榈先生文集》卷一《花石诗十一章并序》文字略异。
209　《会编》卷一二八。
210　《梁溪全集》卷六二《乞修军政札子》，《真文忠公文集》卷五《江东奏论边事状》，《靖康要录》卷七靖康元年五月二十一日。
211　《会编》卷二五。
212　宋钦宗死期据《金史》卷五《海陵纪》正隆元年六月庚辰。
213　《屏山集》卷十八《汴京纪事二十首》（其七），《鸡肋编》卷中，《宾退录》卷二。
214　《宋史》卷三七五《邓肃传》，《历代名臣奏议》卷一八八邓肃奏。
215　《金史》卷一一三《赤盏合喜传》。
216　《宋史》卷八五《地理志》。
217　周宝珠：《宋代东京研究》，河南大学出版社1992年版，第51页。
218　《会编》卷六四、卷六五，《靖康要录》卷一二靖康元年十一月八日。
219　《会编》卷六六、卷六七、卷六八。
220　《会编》卷六九，《宋史》卷三五三《孙傅传》。
221　《会编》卷七〇。
222　《会编》卷一〇〇《靖康野史》。
223　《会编》卷七二。

224 《会编》卷九七《朝野佥言》。
225 《朱子语类》卷一三二。
226 《会编》卷七七。
227 《要录》卷五建炎元年五月壬寅。
228 《会编》卷七六。
229 《会编》卷七八《封氏编年》。
230 《会编》卷七七。
231 《靖康稗史笺证·南征录汇》。
232 《会编》卷八七。
233 《会编》卷九六《靖康遗录》。
234 《会编》卷一三七,《要录》卷三一建炎四年二月丁亥。
235 《金史》卷三《太宗纪》。
236 《北行日录》上。
237 《揽辔录》,《石湖居士诗集》卷一二《宜春宛》《相国寺》《市街》。
238 《北辕录》。
239 《归潜志》卷七。
240 《金史》卷一一三《赤盏合喜传》。
241 《金史》卷一七《哀宗纪》。
242 《归潜志》卷七、卷一一《录大梁事》。
243 《元史》卷五九《地理志》。
244 《宋史》卷二三《钦宗纪》,《皇宋十朝纲要》卷一五,《续资治通鉴长编纪事本末》卷一四五。
245 《续资治通鉴长编纪事本末》卷一四五。
246 《会编》卷六四。
247 《会编》卷七〇、卷七二。
248 《宗忠简公集》卷七《遗事》,《宋史》卷三六〇《宗泽传》。
249 《会编》卷七三。
250 《要录》卷一,《宋史》卷三六〇《宗泽传》。
251 《会编》卷八一。
252 《要录》卷三建炎元年三月癸卯。
253 《伪齐录》卷上。
254 《会编》卷一〇〇《靖康野史》。
255 《宗忠简公集》卷七《遗事》。
256 《会编》卷六九。
257 《宋史》卷三五《孝宗纪》淳熙十二年。
258 《会编》卷一一九,《要录》卷一八建炎二年十二月己巳。
259 《要录》卷十建炎元年十月丁卯,《挥麈前录》卷一。
260 《要录》卷一二建炎二年正月壬辰,《清波杂志》卷一。
261 《要录》卷一五建炎二年四月乙丑、卷一八建炎二年十月甲子,《清波杂志》卷一。
262 《会编》卷一二〇,《要录》卷一八建炎二年十二月戊寅、卷一九建炎三年正月庚子。

263 《宋史》卷四七三《黄潜善传》。
264 《金史》卷七二《拔离速传》，卷七四《宗翰传》。
265 《说郛》卷二九《朝野遗记》。
266 《要录》卷二一建炎三年三月壬午注引《秀水闲居录》。
267 《要录》卷四三绍兴元年春。
268 《会编》卷二〇二汪若海札子。
269 《鄂国金佗续编》卷十《令措置河北河东京东三路忠义军马省札》。
270 《会编》卷二〇七《岳侯传》。
271 《鄂国金佗稡编》卷九《遗事》。
272 《鄂国金佗稡编》卷一二《乞本军进讨刘豫札子》。
273 《鄂国金佗续编》卷二七黄元振编岳飞事迹。
274 《浪语集》卷二二《与汪参政明远论岳侯恩数》。
275 《宋史》卷三九九《宋汝为传》。
276 《史记》卷九二《淮阴侯列传》。
277 《杨倩描〈吴家将〉序》，载《漆侠全集》第九卷《探知集》第308页，河北大学出版社，2008年。
278 《紫微集》卷一《绍兴中兴复古诗》，《要录》卷一六九绍兴二十五年十月癸未。
279 《朱子语类》卷一三一。
280 《朱文公文集》卷九九《除秦桧祠移文》。
281 《后村先生大全集》卷八六《进故事·丙午十二月初六》。
282 《朱子语类》卷一三一。
283 《宋史》卷四七三《秦桧传》。
284 《会编》卷二二〇《中兴姓氏录》。
285 《宋宰辅编年录校补》卷一六。
286 《宋史》卷三八〇《勾龙如渊传》。
287 《朱子语类》卷一三一。
288 《朱子语类》卷一三一。
289 《要录》卷一五七绍兴十八年四月庚子。
290 《要录》卷一五一绍兴十四年二月丙午，《宋史》卷四七四《万俟卨传》。
291 《会编》卷二三〇，《桯史》卷九《黑虎王医师》。
292 《要录》卷一五七绍兴十八年三月甲申。
293 《会编》卷二三〇《中兴遗史》。
294 《桯史》卷九《黑虎王医师》。
295 《会编》卷二一二。
296 《要录》卷一五六绍兴十七年四月辛丑，《会编》卷二三〇《中兴遗史》。
297 《宋会要》方域二之一四至二二，《舆地纪胜》卷一《行在所》，《建炎以来朝野杂记》甲集卷二《今大内》、乙集卷三《南北内》，《武林旧事》卷四，《会编》卷二二一，《要录》卷一四八绍兴十三年闰四月戊子朔，《宋史》卷三七三《洪皓传》，《盘洲文集》卷七四《先君述》。
298 《要录》卷一二七绍兴九年三月乙巳，卷一三七绍兴十年九月戊辰，卷一四九绍兴十三年六月甲午，卷一五二绍兴十四年九月乙卯，卷一五五绍兴十六年五月丁丑，卷一五六绍兴十七年二月己酉、壬子，卷一六〇绍兴十九年十二月丁卯，卷一六三绍兴二十二年五月庚戌、十二月癸亥，卷一六六绍兴二十四年正月丙子，卷一八〇绍兴二十八年七月庚午、十二月丁未；《建炎以来朝野杂记》甲集卷一《德寿妃嫔》；《宋史》卷二四三《刘贵妃传》《刘婉仪传》《张贵妃传》；《齐东野语》卷一一《朱汉章本末》；《金史》卷一二九《张仲轲传》，卷一三一《梁珫传》。

299 《会编》卷二二九，《要录》卷一九〇绍兴三十一年六月丁未、卷一九一绍兴三十一年七月己卯，《宋会要》崇儒七之七七至八〇，《宋史》卷三二《高宗纪》。

300 《会编》卷二二〇《中兴姓氏录》。《要录》卷一五三绍兴十五年四月丙子朔、戊寅，六月丙戌；卷一五四绍兴十五年十月乙亥；卷一六九绍兴二十五年十月丙申。

301 《要录》卷一六三绍兴二十二年十一月丁巳，卷一七〇绍兴二十五年十二月乙亥。

302 《夷坚丁志》卷五《石臼湖螭龙》。

303 《说郛》卷九罗点《闻见录》。

304 《夷坚支戊》卷四《张拱之银》。

305 《宋宰辅编年录校补》卷一六。

306 《要录》卷一六九绍兴二十五年十月丙申。

307 《会编》卷二二〇《中兴遗史》。

308 《要录》卷一六一绍兴二十年九月甲戌朔。

309 《要录》卷一七四绍兴二十六年八月戊寅。

310 《要录》卷一七八绍兴二十七年十月丙申。

311 《要录》卷一七六绍兴二十七年二月丁未。

312 《会编》卷二三〇，《桯史》卷九《黑虎王医师》。

313 《要录》卷一四〇绍兴十一年九月戊申，卷一六一绍兴二十年九月甲戌朔。

314 《宋史》卷一七四《食货志》。

315 《要录》卷一六九绍兴二十五年十月丁酉。

316 《胡澹庵先生文集》卷一四《与虞并甫》。

317 《陈亮集》（增订本）卷一《上孝宗皇帝第一书》

318 《要录》卷一四二绍兴十一年十一月戊戌。

319 《要录》卷一四七绍兴十二年十月乙亥，《宋宰辅编年录校补》卷一六。

320 《宋史》卷一二二《礼志》。

321 《要录》卷一四六绍兴十二年八月癸未。

322 《会编》卷二二三，《要录》卷一四七绍兴十二年十一月壬辰、己亥。

323 《要录》卷一四六绍兴十二年八月己丑附录。

324 《要录》卷一四七绍兴十二年十二月丙子，卷一六一绍兴二十年五月辛卯，《挥麈后录》卷一一。

325 《要录》卷一五一绍兴十四年六月辛巳朔，《能改斋漫录》卷一一《曾郎中献秦益公十绝句》。

326 《要录》卷一五六绍兴十七年十二月癸卯，卷一六二绍兴二十一年二月乙卯、十一月戊戌，卷一六三绍兴二十二年十一月辛丑。

327 《会编》卷二二〇《中兴遗史》，《要录》卷一五一绍兴十四年六月辛朔，《宋史》卷四七三《秦桧传》，《宋宰辅编年录校补》卷一六，《文定集》卷一《应诏言弭灾防盗事》。

328 《要录》卷一四七绍兴十二年十一月辛丑，卷一五八绍兴十八年七月癸未；《紫微集》卷一《绍兴中兴上复古诗》《绍兴圣孝感通诗》，卷七《贺师垣赐御书一德格天之阁牌并镀金器皿青罗凉繖从人紫罗衫镀金腰带仪物等四首》，卷二六《贺秦太师车驾幸赐第启》；《樵溪居士集》卷三《立春内中帖子词》《端午内中帖子词》，卷四《太师秦桧赠祖制》；《太仓稊米集》卷二七、卷二九、卷三一、卷三五、卷三八、卷三九、卷五五、卷五六诸诗文；《五百家播芳大全文粹》卷二七张

329　《五百家播芳大全文粹》卷八七《上太师公相生辰诗十首》《上太师公相生辰诗》《上太师生辰诗十首》。

330　《朱子语类》卷一三一，《游宦纪闻》卷六，《耆旧续闻》卷十，《寓简》卷八，《能改斋漫录》卷一一《秦益公赏孙仲鳌诗》、卷一四《作文忌切题》，《鹤林玉露》甲编卷五《格天阁》，《宋史》卷四四五《汪藻传》，《浮溪集》卷二三《贺宰相子状元及第启》。

331　《宋史》卷六五《五行志》。

332　《宋会要》瑞异一之二五至二六。

333　《宋史》卷六三《五行志》。

334　《剑南诗稿》卷四五《追感往事》。

335　《会编》卷二二〇《中兴姓氏录》。

336　《庆元条法事类》卷四《上书奏事》。

337　《宋史》卷六二《五行志》，《宋会要》食货五九之三一。

338　《宋史》卷三三《孝宗纪》、卷四七三《秦桧传》，《建炎以来朝野杂记》乙集卷一《壬午内禅志》，《鄂国金佗稡编》卷二〇《吁天辨诬通叙》，《鄂国金佗续编》卷二一《鄂王传》，《朱子语类》卷一三一，《贵耳集》卷上。各书具体说法不一，但秦桧扣俸处罚赵瑗，当是事实。

339　《要录》卷一六八绍兴二十五年三月戊辰，卷一七一绍兴二十六年正月辛未。

340　《宋史》卷四七三《秦桧传》。

341　《宋宰辅编年录校补》卷一六。

342　《要录》卷一六五绍兴二十三年闰十二月癸巳。

343　《要录》卷一五一绍兴十四年六月丙申。

344　《挥麈后录》卷十，《独醒杂志》卷八。

345　《鹤林玉露》甲编卷三《幸不幸》，《贵耳集》卷上，《挥麈后录》卷十。

346　《要录》卷一二六绍兴九年二月乙亥，《历代名臣奏议》卷三〇六胡铨奏。

347　《永乐大典》卷一〇四二一《李柔中》。

348　《要录》卷一六一绍兴二十年三月丙申，卷一六八绍兴二十五年四月辛卯。

349　《宋史》卷四三五《胡寅传》。

350　《要录》卷一六一绍兴二十年三月丙申、壬寅。

351　《要录》卷一六一绍兴二十年九月甲申。

352　《会编》卷二二七。

353　《容斋三笔》卷四《祸福有命》。

354　《要录》卷一七〇绍兴二十五年十一月庚午、辛未，《宋会要》刑法二之一五二。

355　《文定集》卷一《应诏言弭灾防盗札子》。

356　《要录》卷一六四绍兴二十三年三月戊申。

357　《宋史》卷四七三《秦桧传》。

358　《要录》卷一七〇绍兴二十五年十一月辛未。

359　《要录》卷一六九绍兴二十五年八月辛巳、十月辛卯。

360　《要录》卷一七〇绍兴二十五年十一月戊申。

361　《于湖居士文集》卷一六《乞改正迁谪士大夫罪名札子》。

362　《要录》卷一六四绍兴二十三年四月辛巳。

363 《要录》卷一九〇绍兴三十一年六月丙辰,以《宋史全文续资治通鉴》卷二三参校。
364 《会编》卷二三七,《金史》卷六五《郑家传》。
365 《武经总要》前集卷一二、卷一三,
366 《元史》卷一五六《张弘範传》。
367 《宋史》卷四五一《张世傑传》,《文山先生全集》卷一六《祥兴第三十六》,《道园学古录》卷一四《淮阳献武王庙堂之碑》。
368 《文山先生全集》卷一六《祥兴第三十六》。
369 《国朝文类》卷四一《经世大典·政典总序·征伐·平宋·崖山拉倾》。
370 《文山先生全集》卷一六《祥兴第三十六》,《宋季三朝政要》卷六。
371 《国朝文类》卷四一《经世大典·政典总序·征伐·平宋·崖山拉倾》,《宋史》卷四七《瀛国公纪》。
372 《宋史》卷四五一《张世傑传》,《宋季三朝政要》卷六。
373 《国朝文类》卷四一《经世大典·政典总序·征伐·平宋·崖山拉倾》。
374 《文山先生全集》卷一四《二月六日海上大战,国事不济,孤臣天祥坐北舟中,向南恸哭,为之诗曰》,《道园学古录》卷一四《淮阳献武王庙堂之碑》,《国朝文类》卷四一《经世大典·政典总序·征伐·平宋·崖山拉倾》。
375 《古今小说》卷一五《史弘肇龙虎君臣会》引"刘两府(锜)作《水底火炮》诗"。
376 《资治通鉴》卷一一六及注,《水经注》卷三。
377 《新唐书》卷五十《兵志》。
378 《旧唐书》卷一八五《王方翼传》,《新唐书》卷一一一《王方翼传》。
379 《旧唐书》卷三八《地理志》,《新唐书》卷三七《地理志》。
380 《旧唐书》卷一三《德宗纪》。
381 《旧唐书》卷一六二《韩全义传》,《新唐书》卷一四一《韩全义传》,《资治通鉴》卷二三五。
382 《全唐文》卷七三七《夏平》。
383 《新唐书》卷三五《五行志》。
384 《全唐文》卷六八《令市耕牛诏》。
385 《全唐诗》卷五四八。
386 《全唐文》卷八一《给夏州等四道节度以下官俸敕》。
387 《全唐诗》卷六〇三。
388 《全唐文》卷八一《洗雪南山平夏德音》。
389 《旧唐书》卷一七《文宗纪》,《新唐书》卷五〇《兵志》,《全唐文》卷六四九《授王元琬银州刺史制》。
390 《长编》卷二三太平兴国七年五月己酉。
391 《旧唐书》卷三八《地理志》,《元和郡县志》卷五。
392 《长编》卷三五淳化五年正月癸酉。
393 《宋史》卷三三四《徐禧传》,《长编》卷三二八元丰五年七月戊子。
394 《太平治迹统类》卷一五《徐禧等筑永乐城》,《长编》卷三二六元丰五年五月丙午。
395 《武经总要》前集卷一八。
396 《长编》卷三一九元丰四年十一月甲申。
397 《涑水记闻》卷一四。

398	《太平治迹统类》卷一五《徐禧等筑永乐城》，《长编》卷三二六元丰五年五月丙午。
399	《宋史》卷三三五《种谔传》，《长编》卷三二八元丰五年七月丙戌。
400	《长编》卷四六六元祐六年九月壬辰。
401	《皇朝文鉴》卷一一九《上曾枢密书》。
402	《长编》卷三四七元丰七年七月丁未。
403	《长编》卷二一七熙宁三年十一月癸巳，卷四六九元祐七年正月壬子。
404	《长编》卷三一八元丰四年十月丙寅，《梦溪笔谈》卷三。
405	《旧唐书》卷一〇八《杜鸿渐传》。
406	《全唐文》卷四六三《令诸道募灵武镇守人诏》，卷七八八《授田牟灵州节度使制》。
407	《旧唐书》卷一三三《李听传》，卷一九六下《吐蕃传》，《新唐书》卷三七《地理志》，卷二一六下《吐蕃传》，《资治通鉴》卷二二五大历十三年、卷二三四贞元八年，《全唐文》卷六二三宋申锡撰李听德政碑铭，《元和郡县志》卷四，《太平寰宇记》卷三六。
408	《全唐诗》卷八一三《送灵武李侍御》。
409	《全唐诗》卷五六六《送卢潘尚书之灵武》。
410	《新五代史》卷四九《冯晖传》。
411	《旧唐书》卷三八《地理志》，《太平寰宇记》卷三六。
412	《长编》卷四九咸平四年十月丁未，《宋史》卷二六五《张齐贤传》。
413	《长编》卷四四咸平二年六月戊午，卷五〇咸平四年十二月丁卯，卷三二一元丰四年十二月戊午、戊寅；《宋史》卷二七七《刘综传》。
414	《长编》卷二四太平兴国八年十一月壬申，卷三九至道二年五月壬子，卷五〇咸平四年十二月丁卯；《宋史》卷三〇五《杨亿传》，《武经总要》前集卷一八。
415	《资治通鉴》卷二八五开运三年八月，《宋史》卷二五四《药元福传》。
416	《长编》卷四九咸平四年十月丁未，卷五〇咸平四年十二月乙卯，《宋史》卷二五七《李继和传》，卷二六五《张齐贤传》。
417	《长编》卷四一至道三年正月辛卯、七月丙寅。
418	《长编》卷三一六元丰四年九月甲申朔。
419	《长编》卷五〇咸平四年十二月乙卯。
420	《长编》卷二三二熙宁五年四月丙寅。
421	《太平治迹统类》卷一五《徐禧等筑永乐城》，《长编》卷三二六元丰五年五月丙午。
422	《范文正公政府奏议》下《奏陕西河北攻守等策》，《宋朝诸臣奏议》卷一三四《上仁宗论和守攻备四策》。
423	《长编》卷三二一元丰四年十二月乙卯，卷三二七元丰五年六月戊辰。
424	《宋史》卷四八六《夏国传》。
425	《长编》卷五〇〇元符元年七月甲子。
426	《后汉书》卷八五《挹娄传》，《三国志》卷三〇《挹娄传》。
427	《晋书》卷九七《肃慎氏传》。
428	《魏书》卷一〇〇《勿吉传》，《北史》卷九四《勿吉传》。
429	《隋书》卷八一《靺鞨传》，《新唐书》卷二一九《黑水靺鞨传》。
430	《新五代史》卷七三《四夷附录》。
431	《金史》卷一三五《金国语解》。

432　《会编》卷九九《北记》。
433　《会编》卷三、卷七〇《宣和录》。
434　《会编》卷一六五《燕雲录》。
435　《鸡肋编》卷中。
436　《会编》卷一六六《金虏节要》。
437　《金史》卷四《熙宗纪》，卷一〇五《孔璠传》。
438　《金史》卷一二九《萧肄传》。
439　《金史》卷五《海陵纪》，卷二四《地理志》。
440　《揽辔录》。
441　《陈亮集》（增订本）卷二《中兴论》。
442　《历代名臣奏议》卷三五〇卫泾奏。
443　《金史》卷八《世宗纪》，卷四四《兵志》，卷八八《唐括安礼传》。
444　《金史》卷一九《世纪补》。
445　《金史》卷九《章宗纪》。
446　《金史》卷七《世宗纪》大定十三年。
447　《金史》卷八《世宗纪》大定二十七年，卷九《章宗纪》明昌二年，卷一二《章宗纪》泰和七年，卷四三《舆服志》。
448　《鄂国金佗稡编》卷一〇《画守襄阳札子》。
449　《元史》卷五九《地理志》。
450　《金史》卷一一四《白华传》。
451　《金史》卷一五《宣宗纪》兴定元年四月，《金史》卷一〇三《完颜阿里不孙传》。
452　《金史》卷一一六《徒单兀典传》。
453　《金史》卷一一一《思烈传》。
454　《金史》卷一一九《完颜娄室传》。
455　《金史》卷一一九《粘葛奴申传》。
456　《辽史》卷一《太祖纪》。
457　《辽史》卷四《太宗纪》。
458　《辽史》卷一〇《圣宗纪》。
459　《辽史》卷一三《圣宗纪》，卷八五《萧挞凛传》。《宋会要》蕃夷一之二七，《长编》卷五五咸平六年七月己酉，《契丹国志》卷一三《景宗萧皇后》则明确记载"西捍达靼"。
460　《辽史》卷一四《圣宗纪》。
461　《辽史》卷一五《圣宗纪》。
462　《辽史》卷九四《耶律化哥传》。
463　《辽史》卷一五《圣宗纪》，卷八七《萧孝穆传》，卷九三《萧图玉传》。
464　《辽史》卷一七《圣宗纪》，卷九三《萧惠传》。
465　《辽史》卷一六《圣宗纪》。
466　《辽史》卷二〇《兴宗纪》。
467　《辽史》卷二二《道宗纪》，卷九六《耶律仁先传》，卷九九《萧巖寿传》。

468　《辽史》卷九三《萧迂鲁传》。
469　《辽史》卷二四《道宗纪》。
470　《辽史》卷二五、卷二六《道宗纪》,卷九四《耶律那也传》《耶律何鲁扫古传》,卷九六《耶律挞不也传》,卷九七《耶律斡特剌传》,卷九八《耶律胡吕传》。
471　《辽史》卷二六《道宗纪》。
472　《辽史》卷二八《天祚帝纪》。
473　《辽史》卷一〇三《萧韩家奴传》。
474　《辽史》卷四六《百官志》。
475　《辽史》卷一〇四《耶律昭传》。
476　《会编》卷二一。
477　《首届辽上京契丹·辽文化学术研讨会论文集》,内蒙古文化出版社2009年版,第218页。
478　《全辽文》卷八《耶律仁先墓志铭》。《辽史》卷九六《耶律仁先传》作"阻卜塔里干叛命"。
479　《萧兴言墓志铭》,载《辽上京地区出土的辽代碑刻汇编》,社会科学文献出版社2009年版,第100页。
480　《辽上京地区出土的辽代碑刻汇编》,社会科学文献出版社2009年版,第295页。
481　《辽史》卷二四《道宗纪》。
482　《辽史》卷四六《百官志》。
483　《会编》卷九九《北记》,《大金国志校证》卷九。
484　陈相伟:《完颜希尹神道碑校勘记》,载《辽金史论集》第3辑,书目文献出版社1987年版。《金史》卷四《熙宗纪》、卷七三《希尹传》、卷七六《宗磐传》也都不载攻"萌古斯",即蒙古事,无疑都是被元朝史官所删削。
485　《要录》卷一三三绍兴九年,《大金国志校证》卷十。
486　《会编》卷二二一洪皓行状,《盘洲文集》卷七四《先君述》,《宋史》卷三七三《洪皓传》。
487　《要录》卷一四八绍兴十三年四月,卷一五五绍兴十六年八月,卷一五六绍兴十七年三月。又参见《金史》卷七二《毅英传》,卷八一《耶律怀义传》,卷八二《移剌温传》,卷一二〇《乌林荅晖传》。金大定十二年《大房山宝岩院进禅师寿塔记幢》:"遇皇统恩,其年蒙古叛乱,国家兴师攻伐。"即是指此次军事行动,载《北京辽金史迹图志》下册,北京燕山出版社2004年版。
488　《金史》卷五《海陵纪》,卷七二《毅英传》。
489　《蒙鞑备录·征伐》。
490　《金史》卷六《世宗纪》,卷七一《宗叙传》,卷八八《纥石烈良弼传》。
491　《北行日录》上、下。
492　《金史》卷八《世宗纪》,卷二四《地理志》。
493　《金史》卷九四《夹谷清臣传》,《完颜襄传》。
494　《金史》卷九三《宗浩传》。
495　《金史》卷九六《李愈传》。
496　《金史》卷二四《地理志》。
497　《金史》卷一一〇《杨雲翼传》。
498　《大金国志校证》卷二一《章宗皇帝下》。

二

◆

社会经济

经济重心的南移与政治中心的东移

中国古代各地区经济发展的不平衡，不仅有南北的问题，也有东西的问题。从秦岭经峡州而至海南岛，有一条南北线，其经济发展水平存在着西不如东的差别。从中国古代经济史的粗略情况来看，在此条南北线以西的主要发达地区，一是关中平原，二是成都平原。这两块地区的基本缺点是面积小，与东部的诸如黄淮海平原、长江下游平原和中游两湖平原相比，面积差别甚至很大。在秦与西汉，关中平原和成都平原曾有领风骚的时代，但一旦东部更广大的地区经济发展了，即使是同等发展水平，其经济总量也会大大超过西部。

粗略看来，南方经济在春秋时代，似乎还是楚地领先。战国时，秦占巴蜀，修建都江堰，成都平原在汉代大致保持领先水平。三国时，长江下游应胜过长江中游。南北朝时，江南胜过淮南。唐朝中后期的记载称，"扬州富庶甲天下，时人称扬一益二"，战乱之后，"江、淮之间，东西千里扫地尽矣"。[1]"扬一益二"表明当时淮南经济居于全国领先地位，而成都平原居其次。经过唐后期的战乱，到五代吴越时，长江三角洲的经济才稳居全国首位。经历宋元，直到明朝中期，方有"湖广熟，天下足"之说，[2]珠江三角洲的经济也跻身先进行列。唯有从明代开始，南方才形成了成都平原、两湖平原、长江三角洲和珠江三角洲四个农业发达地区。如果从东西的角度看，东部就更胜于西部。

再从政治中心看，自西周以来的约一千九百年间，中国的政治中心始终是非长安，即洛阳。人们赞美甚至惊叹这两个古都曾有的辉煌，其实，其辉煌的基础，正在于古代的农业所能提供的余粮，足以支持其庞大城市人口的食用。自汉迄唐，经常需要从关东运输粮食，接济关中。为此开凿漕渠，而三门峡的险阻，又成了黄河漕运的最大难题。唐朝安史之乱以后，随着西北沙化，西北经济在全国比重的下降，河北藩镇割据，"国家用度，尽仰江淮"[3]。唐昭宗天祐元年（公元904年），军阀朱全忠胁迫皇帝离开长安，"毁长安宫室、百司及民间庐舍"，"长安自此遂丘墟矣"[4]。三年后，后梁遂升汴州为开封府。这是中国古代建都史上最重要的转折，政治中心的东移，遂成定局。除了后唐以洛阳为都城外，后晋到北宋都以开封为都城。宋太祖曾有重建洛阳为都城的企图，但终于接受众臣僚的劝告，安心居守开封。此后，除南宋以临安为偏安之所，明初朱元璋定鼎南京外，自金海陵王于贞元元年（公元1153年）迁都燕京，历元明清，北京一直为国都。

政治中心所以东移，当然是与西部经济比重的下降，南方经济重心地位的稳固，密切相关。古代长期存在的南粮北运，即表明了经济重心与政治中心的密切关系，而运河则是联结两者的交通干道。唐初，运入关中的稻米每年不会超过二十万唐石，后增至一两百万甚至三百万唐石。北宋太宗时，规定南米漕运额为三百万宋石，后又增至六百万宋石[5]。如此巨额的粮食漕运，在唐朝是不可设想的。

宋代的绿色革命

宋朝的农业成就是多方面的，其中最突出者，还是在一些先进地区实行精耕细作，扩大复种制，因而创造了当时世界上最高的亩产量，这显示了人口多而耕地少的中国农业的长远发展方向。

复种制是指在同一块耕地上实行两年三熟、一年两熟、一年三熟等耕种方式，因而成倍地提高了耕地的利用率。中国古代发明的复种制，是举世公认的一项重大农业技术成就。

实现复种需要较充足的阳光和水分，故中国历史上的复种制，是自南而北，逐步推广与发展的。复种并非创始于宋朝，南北朝和唐朝已有少量记载。

宋朝是中国经济重心自北向南转移的时期，也正好是大江南北复种制有较大范围推广的发展阶段。宋时的南方复种制主要包括稻麦两熟制和双季稻。

宋时长江以南，稻米普遍有早稻和晚稻之区分。早稻和晚稻的名称并非创始于宋，东晋大诗人陶渊明的一首诗名为《庚戌岁九月中于西田获早稻》[6]，但从后世收获时间看，九月成熟者不应称早稻。在唐诗中也有一些早、晚稻的记录，如陆龟蒙《刈获》诗有"廉廉早稻才遮亩"之句，唐彦谦《蟹》诗有"晚稻初得蟹如虎"之句。[7]宋代除早稻和晚稻外，还出现了中稻。据《宝庆四明志》卷四说，在今宁波一带，稻米生产竟以中稻最丰。当然，当时中稻的种植限于部分地区，并不普遍。早稻、中稻和晚稻的栽插和收获期不同，但在长江流域一带，尚不能在同一块耕地上实现复种。故耕田便有"早田"和"晚田"之别。陆九渊在《与张季海》信中说，今江西"金谿西北近临川处率多早田，耕必三犁，秋乃可望"[8]。宋朝有一部记录刑事诉讼判案的书，叫《名公书判清明集》，此书卷四和卷五记录田事诉讼：其一说，有名范僧者，"分得晚田，卖与夏秀才"；其二说，有"赵宅买罗琛庚难字号晚田一亩二角二十二步"。早田和晚田的区分正说明早稻和晚稻不能复种。

宋朝，特别是在南宋，长江流域一带的稻麦两熟愈来愈普遍。叶梦得介绍江东路一带，"惟有二麦收刈后，合重行耕犁，再种晚禾"[9]。虞俦《和姜总管喜民间种麦》诗说："腰镰刈晚禾，荷锄重新麦。"[10]陈造《田家谣》诗说："麦上场，蚕出筐，此时只有田家忙。半月天晴一夜雨，前日麦地皆青秧。"[11]杨万里《江山道中蚕麦大熟》诗说："却破麦田秧晚稻，未教水牯卧斜晖。"[12]范成大《刈麦行》诗说："梅花开时我种麦，桃李花飞麦丛碧。多病经旬不出门，东陂已作黄云色。腰镰刈熟趁晴归，明朝雨来麦沾泥。犁田待雨插晚稻，朝出移秧夜食麨。"[13]当时种植越冬小麦和大麦，一般收获于四月、五月，正好晚稻插秧，可在时节上实行循环复种，而早稻或中稻则不可能同冬麦实行循环复种。现代习惯上将秦岭和淮河作为南北农业之自然分界，宋时其实已有类似情况。南宋前期，有庐州（今合肥）知州吴逵上奏，说淮南开荒田，"如稻田又种麦，仍只理稻，其麦佃户得收"[14]，这证明宋时的稻麦两熟制已扩展至江北淮南一带。

宋代的双季稻生产还局限于闽、广一带。北宋前期成书的《太平寰宇记》记载岭南潮州、雷州、海南等地稻可再熟，大约唐、五代以来即是如此。《永乐大典》卷五三四三《三阳志》对潮州介绍更详，说本地好的粳米和糯米必须用膏腴地种植，一岁一熟。但秋成后，其田"半植大、小麦，逾岁而后熟"，即是稻麦两熟。然而糙赤米则可一年两熟。《岭外代答》一书说，宋时岭南地区早稻正月和二月栽插，四月和五月收获；晚稻五月和六月栽插，八月和九月收获，这正适于同一块耕地中实现复种。福建看来也只有部分耕田种植双季稻，卫泾在《福州劝农文》中说，当地"负山之田岁一收，濒海之稻岁两获"[15]。

复种制提高了亩产量，自秦汉迄隋唐，传世的亩产量记录不多，有的记录也难以凭信。宋的亩产量却有一批确切的记录，大致是北方一宋亩产粟麦一宋石，南方发达地区一宋亩产米二三宋石。宋人谈论亩产量只是以一次收种为准，并无现代按每年每亩收获总量估算亩产量之习惯，在有复种制的地区，两种亩产量的计算标准自然有明显差异。

按1宋尺约为31厘米，1宋亩为6000平方宋尺计，1宋亩约相当于0.8649市亩。1宋石约折合2/3市石，1市石米为150市斤，小麦为140市斤，粟为135市斤，依此折算，宋代北方亩产量，约相当于1市亩产粟104市斤，小麦108市斤；南方发达地区亩产量，相当于1市亩产米230至345市斤，依稻谷70%折米率，约折合稻谷329市斤至493市斤。长江流域一带稻麦两熟，另加每宋亩产麦1宋石，约折合每市亩产量为437至601市斤。宋时广南属不发达地区，耕作粗放，但福建发达地区，其双季稻依每宋亩年产米4宋石，约折合每市亩产稻谷658市斤。

关于南方稻米亩产量，还有另一种计算方法。科学家沈括在《梦溪笔谈》卷三说："今人乃以粳米一斛之重为一石，凡石者以九十二斤半为法。"1宋斤约合1.2市斤，则1宋石粳米为110市斤，依此折算，南方发达地区产米约合每市亩254市斤至381市斤，约折合稻谷363市斤至545市斤。另加每宋亩麦1宋石，则约折合每市亩的产量为471市斤至653市斤。福建双季稻约折合每亩产稻谷726市斤。宋时在今宁波一带，还有每宋亩一次收获6宋石至7宋石稻谷的高产纪录，后者约折合每市亩一次产稻762市斤。

以上两种计算方法所以产生差异，是由于古代度量衡很难精确地折算成现代度量衡。但是，宋时因实行精耕细作和复种制，其南方发达地区的亩产量达到前所未有的可观水平，应是无可置疑的。

在手工生产条件下，实行复种制，自然需要在单位面积投入更多的劳动量。宋代两浙路、江南路、福建路、成都平原等为地狭人稠的发达地区，人口稠密，正是推广复种制之前提条件，而复种制之推广，又对解决上述地区的吃饭问题起着重大作用。当时的贫苦百姓不能仅靠稻米糊口，还须兼吃麦类，而地主出租稻田，也有相当比例不收麦租。

中国汉唐之际，以北方为主体的农业发展，着重于用牛耕取代耒耜，实际上是横向开拓生产广度。据宋人说，"牛耕之功"为"钁耕之功四倍"。[16]汉唐北方耕地面积随着牛耕普及大增，但粟麦的亩产量并无多少提高。南方农业的崛起主要实现于宋代，着重于纵向开拓生产深度，实行复种制和提高亩产量。宋时，在牛耕的条件下，北方一个农业劳力可耕田四十宋亩，而南方一个农业劳力约可耕田二十宋亩。[17]若按前引亩产量折算，南方农业劳动生产率还是高于北方。

现代国外风靡一时的"绿色革命"，究其内容，无非是用各种现代农业技术，以成倍地提高粮食之亩产量。宋代大范围地实行复种制和提高亩产量，并取得突出成就，称之为古代的一次绿色革命，应不为过。

传统衣料的变化

自夏、商、周三代以来约四千年的中国文明史中，人们的衣料大致在前三千年以丝麻为主，后一千年逐渐转变为以棉花为主。

自三代至唐宋的三千三百年间，中原大地除栽种粟、麦、稻等粮食作物外，主要是栽种桑、柘、大麻、苎麻等。白居易《秦中吟·重赋》诗说："厚地植桑麻，所要济生民。"[18]随着人口的繁衍、土地的垦殖，处处有绿荫蔽野的桑树和柘树，此种景象，今日已不易设想，更无以复原了。

丝麻不仅是纺织品的原料，麻可以制作麻绳之类，丝絮是制作被褥、冬服等的原料。《重赋》诗描写"官库"内"缯帛如山积，丝絮似云屯"，[19]官府向民间征收大量丝绵，即是供官员、军人做冬服之用。李白《子夜吴歌》说："明朝驿使发，一夜絮征袍。素手抽针冷,那堪把剪刀。裁缝寄远道,几日到临洮?"[20]就生动描绘了一个女子为征夫赶制冬袍之情景。古时所谓布,一般是指麻布,人们用"布衣"一词形容平民百姓,是因为穷人穿不起丝织品,只能以麻布蔽体。陆游《霜风》诗说:"十月霜风吼屋边,布裘未办一铢绵。"[21]另一《泛舟过金家埂赠卖薪王翁》诗说:"软炊豆饭可支日,厚絮布襦聊过冬。"[22]反映当时尚可饱暖生活水平的,就是麻布做面料的丝绵冬服。杜甫的《茅屋为秋风所破歌》说:"布衾多年冷似铁,骄儿恶卧踏里裂。"[23]这是指丝绵为絮的麻布被,因使用多年,"骄儿恶卧",已丧失保暖作用。

自秦汉迄唐宋一千五百年间,丝麻维系着数千万甚至上亿中国人的衣着、被褥等生活必需。当时固然有衣不蔽体者,但也有浪费绫罗绸缎,用之如泥沙不惜者。两者相抵,尚有部分丝绸经海路和陆路出口,驰誉古代并不发达的国际市场。丝麻自给有余,这在技术落后的古代绝非易事。正如司马光所说:"蚕妇育蚕治茧,绩麻纺纬,缕缕而积之,寸寸而成之,其勤极矣。"[24]我们缅怀灿烂华夏古文明时,绝不应当忘却成千上万史册中无名的农妇们的劳绩,她们也同样是古文明的支柱。

古代主要是男耕女织式的自然家庭经济,全国的丝麻总产量绝不可能有官府的统计数字。列入官府统计者,只有赋税和财政收支。北宋人口最多时约有1亿。按1亿人的衣装、被褥、帐幔等用品估计,还须考虑到部分丝绸出口,以及人们的衣装盛行宽体、衣料的使用并不经济等情况,将丝麻织品依平均每人每年消费2匹估算,则丝麻织品总产量为26.04亿米。但是,另有丝绵之类，也是不能不估计的。宋神宗时，官府两税收入中有丝绵一项，为5850356两[25]，按16两为1斤、1宋斤约合0.6公斤估算，约折合219吨。若以1亿人口，每人平均每年耗费丝绵4两的保守估计，丝绵年产量亦需15000吨。

棉花古称木绵、吉贝等，最早在新疆、云南、海南等地种植。唐代韩鄂《四时纂要》卷二《三月》已记载了"种木绵法"，是唐代植棉的重要史料。五代时，楚王马希範作天策府，其"地衣"，即地毯，"秋冬用木绵"[26]，以示奢侈。

宋太宗时，令川峡各州罢织各种精致丝织品上贡，"只织买绫、罗、䌷、绢、驼布、木绵等"[27]，可知西川已有棉布生产。北宋末年亡辽后，宋金两国商定每年向金输纳岁币，金人"每喜南货，故虽木绵亦二万段"[28]。后宋金对峙时，"虔(州)布、木绵"等是南方对北方的两项重要贸易物资，[29]"木绵系福建路出产，虔布系江西路出产"[30]。当时木绵的主要产地是福建和广南。广南东路连州韩山书院廪田中有"没官木绵田九斗，税钱四贯五百足"[31]。至少在南宋晚期，在江、浙、福建、湖、广等地，夏税已开始输纳棉布[32]。种植不普遍，不可能纳入赋税的征收系统。

随着木绵布的推广，自古相传的麻布即布的概念也发生了变化，南宋后期的谢维新说："今世俗所谓布者，乃用木绵或细葛、麻苎、花卉等物为之。"[33]南宋后期的方大琮在一篇《劝织吉贝布》的文章中，提供了有趣的记录，"吉贝布自海南及泉州来，以供广人衣着"，"泉亦自种收花，然多资南花"。福建人依靠广东路生产的棉花织布，再返销广东路。方大琮说，"近闻南妇能绽，能纺以为纱，则织而为布甚易"，"敢劝织妇"，"虽不必仰泉可也"，主张自产自销，不必仰赖泉州的棉布供应。[34]福建路汀州的"土产"，"帛之属"有"绫、绸、布"，而布则有"苎、葛、蕉、麻、蘩花、吉贝"六种。[35]

南宋的木绵由闽、广向两浙、江南等地扩展，甚至超越黄河。在今河北中部，金代的"河间府产无缝绵"，"无缝绵即绵花"，"又名木绵"，成为当地的名产。[36]

宋代木绵已开始成为丝麻之下的第三位天然纤维作物，但产量尚少，故被人们视为稀珍。南宋陆游《家居》诗说："黎布敌纯绵。"他在诗下自注说："客有遗黎布者，甚轻暖。"[37]当时海南岛黎族妇女善织棉布，便称"黎布"。宋末元初的胡三省说，"木绵，今南方多有焉"，"织以为布，细密厚暖，宜以御冬"。[38]棉布自然比丝绸保暖，其实却不敌"纯绵"。陆游《天气作雪戏作》诗说："奇温吉贝裘。"[39]其实，依今人的穿着感受，棉花袍不如丝绵袍轻暖舒适。陆游的诗还是印证了一句老话，物以稀为贵。

总之，宋、元、明三代实为棉花取代丝麻之过渡期。东汉时的《说文解字》尚无"棉"字，隋代《广韵》卷二的仙韵下始有"棉"字，释义为"棉也，又木绵树名"。木绵树是一种树，与棉花完全不同。宋代一般称棉花为木绵或吉贝，此后"棉"字逐渐取代了古词"木绵"。生活在明朝前半期的丘濬《大学衍义补》卷二二说，在元初，植棉业推广至陕西，"至我国朝，其种乃遍布于天下，地无南北皆宜之，人无贫富皆赖之，其利视丝枲盖百倍焉"。

在西方历史上，曾出现棉花排挤羊毛和亚麻的情况，这是植棉所需劳动量少、价格低廉之故。有人甚至认为，棉花是近代文明的奠基石之一，因为使世界为之改观的工业革命，即是从棉织业发轫的。中国出现棉花排挤丝麻的情况，其时间也较西方为早，除了相同的原因外，棉织品比丝织品坚韧耐穿，也是一个不容忽视的因素。丘濬称植棉之利"视丝枲盖百倍"，虽为夸张之词，却不无道理。

明代尚是丝麻棉三足鼎立，而丝麻与棉花易位则是在明清嬗代之际。[40]此后中国丝绸产量锐减，产区狭小，已不能恢复古代之盛观。宋时棉花和棉织品尚为稀世之珍，自明以后，丝绵和丝织品反而成为稀世之珍。所可庆幸者，曾作为中华古文明重要标志之一的丝绸，衰而不失传，至今仍作为一种名贵的衣料，行销于国内外，享誉全球。

石炭、石油和天然气

煤炭古称石炭，如今日语中仍称石炭。中国在世界上最早利用石炭，在东汉末、曹魏时已有记录，而考古发掘则更早。但大规模地、普遍地以石炭作燃料，还是在辽宋时，对此不仅有不少文献记载，还有不少考古发现。石炭用于民家取暖、炊食等生活消费，也用于诸如烧制砖瓦、瓷器、造船、冶铁、酿酒等手工业生产。石炭利用的扩展，是与森林资源的萎缩相平行的。

北宋的财务机构三司的盐铁部下设铁案，"掌金、银、铜、铁、朱砂、白矾、绿矾、石炭、锡鼓铸"[41]。当时作为国家重点矿产仅有八种，而石炭即居其一，这是前朝所没有的事。地方上还设置如石炭务、石炭场之类。由于石炭也成了官府的利源，东京开封的石炭场从宋神宗时的一个，发展到宋徽宗时的二十多个。北宋后期，开封的木柴供应量大为减少，而市民"尽仰石炭，无一家然薪者"[42]。

中国的煤炭资源主要在北方，辽宋时代即是如此。北宋亡国后，金朝自然取代北宋，成为世界上主要的石炭生产国。宋使朱弁到金朝西京路，即今山西大同一带，描述当地人寒冬用石炭烧炕说，"西山石为薪，黝色惊射目"，"炎炎积红玉"。[43]但南方也并非全无石炭生产，如在今江西萍乡市、四川自贡市附近的荣县、重庆市等地，都有文献或考古发掘记录。陆游《初到荣州》诗说："地炉堆兽炽石炭。"[44]后来意大利人马可波罗来到中国，看到中国人使用石炭，就感觉新鲜和惊奇。

石油不是中国人最早发现和使用的。人们最初发现的只是从浅露的油田中流出的石油，称之为石漆、猛火油、火油、石脑油等。古代高奴县在今陕西延安市东北，《汉书》卷二八下《地理志》说，当地"有洧水，可爇"。看来中国人发现石油还早于石炭。《水经注》卷三引晋朝张华《博物志》说："酒泉延寿县（今甘肃玉门市南）南山出泉水，大如筥，注地为沟。水有肥如肉汁，取著器中，始黄后黑，如凝膏，然极明，与膏无异。膏车及水碓釭甚佳，彼方人谓之石漆。水肥亦所在有之，非止高奴县洧水也。"唐朝段成式《酉阳杂俎》前集卷十《物异》说："石漆，高奴县石脂水水腻，浮水上如漆，采以膏车，及燃灯极明。"宋前期的《太平寰宇记》卷一五二《肃州》也说："石漆：延寿城中有山，出泉注地，其水肥如牛汁，燃之如油，极明，但不可食。此方人谓石漆得水愈炽也。"

到了宋代，著名科学家沈括在《梦溪笔谈》卷二四说：

> 鄜延境内有石油，旧说高奴县出脂水，即此也。生于水际，沙石与泉水相杂，惘惘而出。土人以雉尾襄之，乃采入缶中。颇似淳漆，燃之如麻，但烟甚浓，所沾幄幕皆黑。予疑其烟可用，试扫其煤以为墨，黑光如漆，松墨不及也，遂大为之，其识文为"延州石液"者是也。此物后必大行于世，自予始为之。盖石油至多，生于地中无穷，不若松木有时而竭。今齐鲁间松林尽矣，渐至太行、京西、江南，松山大半皆童矣。造煤人盖未知石烟之利也。石炭烟亦大，墨人衣。

中国人"石油"一词的定名，始于沈括。他看到森林资源的萎缩，认为石油"后必大行于世"，这是高明的见识。

古代的石油也用于军事。《元和郡县志》卷四〇说，玉门县"石脂水在县东南一百八十里，泉有苔，如肥肉，燃之极明，水上有黑脂，人以草盝取用，涂鸱夷酒囊及膏车。周武帝宣政（公元578年）中，突厥围酒泉，取此脂燃火，焚其攻具，得水愈明，酒泉赖以获济"。这是中华古史上第一次将石油用于军事的记录。

五代时,《吴越备史》卷二说,"火油得之海南大食国,以铁筒发之,水沃,其焰弥盛",钱镠将火油用于军事。后梁贞明三年（公元917年）,南方吴国向契丹人"献猛火油",说:"攻城,以此油然火焚楼橹,敌以水沃之,火愈炽",是准备军用的。[45]后周显德五年（公元958年）,占城国王"贡猛火油八十四瓶","猛火油以洒物,得水则出火"。[46]江南不产石油,上述的火油或猛火油都是从海外进口的。

宋朝的石油更广泛地用于军事。《说郛》卷二一、弓三四引南宋初康与之《昨梦录》,追忆北宋往事说:

> 西北边〔城〕防城库皆掘地作大池,纵横丈余,以蓄猛火油。不阅月,池土皆赤黄色,又别为池而徙焉。不如是,则火自屋柱延烧矣……惟真琉璃器可贮之。中山府治西有大陂池,郡人呼为海子。余犹记郡帅就之,以按水战,试猛火油。池之别岸为房人营垒,用油者以油涓滴自火焰中过,则烈焰遽发,顷刻房营净尽。油之余力入水,藻荇俱尽,鱼鳖遇之皆死。

北宋的边防城市的确曾广泛地使用石油。开封设有广备攻城作,设十一作,作类似于现代所谓车间,"猛火油作"即是其中之一。[47]中国古代浅露的油田只有两处,一是今甘肃玉门一带,二是陕北。当时的玉门一带归西夏管辖,宋朝境内仅有陕西油田。无论是进口或由陕西采集，运输到开封，"惟真琉璃器可贮之"，都并不容易，单设猛火油作，无非是有某种加工和包装。北宋的军事著作《武经总要》前集卷一二《守城》记载了当时有熟铜制造的"猛火油柜"，是个四脚方柜，可以注油三宋斤，上设唧筒，用火药发火，喷出烈焰，"中人皆糜烂"。敌人"以冲车等进，则穿以铁环、木镘，放猛火油"。

宋真宗时，"景德中，河朔举人皆以防城得官，而范昭作状元。张存、任并虽事业荒疏，亦皆被泽。时有无名子嘲曰：'张存解放旋风炮，任并能烧猛火油。'"[48]宋仁宗时，侬智高叛乱，包围广州，宋蕃官普延"以猛火油烧其攻具"[49]。北宋末，李纲负责防守开封城，配置各种城防用具，包括"备火油"[50]。南宋初，宰相吕颐浩上奏，谈到对金作战，说沿淮的浮桥，"如未可解拆，即南岸措置猛火油，准备缓急焚爇缆索"[51]。此类是宋时将石油用于实战的记录。

天然气古称火井。中国古代最早利用天然气的地方，是在四川。《华阳国志》卷三《蜀志》说临邛县（今四川邛崃县）一带，"井火煮之，一斛水得五斗盐，家火煮之，得无几也"。《太平御览》卷一八九引"蜀都赋曰：'火井炪荧于幽泉。'注：'蜀都有火井，欲出其火，先将家火投之，隆隆如雷声，须臾火出，光耀十里，以竹筒盛之，其光不灭。'"又引晋朝张华《博物志》说："临邛有火井〔一所〕，纵广五尺，深二、三丈，在县南百里。昔〔人以〕竹木投之以取火。诸葛丞相往视之，后火转盛，以盆〔著井上〕，煮盐得盐（另一处作'以盆贮水，煮之则盐'）。后〔人〕以烛火投井中，即灭，迄今不复也。"[52]临邛以火井煮盐，从东汉一直延续到后世。今邛崃县西南有一天纲祠，其中有一块清乾隆时的碑，说是"自唐时古火井处"[53]。北宋刘攽诗说，当地"火井煮盐收倍利"[54]。《太平寰宇记》卷一三九载蓬州蓬池县（今四川仪陇南）有"火井在县西南三十里，水涸之时，以火投其中，烟从地中出，可以御寒，移时方灭"。宋太宗端拱元年（公元988年），泸州泸川县"盐井水竭，令人入井视之，下有吼声如雷，火焰突出，被焚死者八人"[55]，说明今泸州市有天然气的贮藏。四川一些地区的天然气固然有用尽之时，但也有后世新开发者，故世代不绝。

另一处比较集中的记载，是在今陕北和晋北。《汉书》卷二五下《郊祀志》、卷二八下《地理志》说，汉宣帝"祠天封苑火井于鸿门"，"火从地出也"。《水经注》卷三说，西河郡圁阴县有"火井庙。火从地中出"，这是在今陕北秃尾河一带。《太平御览》卷一八九、卷八六八引《郡国志》说："〔达〕浑府[56]姑衍州遥火山西有火井，深不可见底，炎气上升，常若微电，以草爇之，则烟腾火发，其山似火从地而发，故名荧台。"这是在今陕北靖边县一带。《太平寰宇记》卷四九载雲中县（今山西大同）有"火井"，雲中当时已归属辽朝，为西京。同书卷五〇《岢岚军》记载，今山西岢岚一带，"焚台山地中出火，因名焚台，上复有火井"。《渭南文集》卷二九《跋火井碑》说，河东路"火山军（今山西保德东北）地枯燥，不可耕，锄犁入地不及尺，烈火随出"。上述所说的晋北和陕北的火井也可能是煤田中溢出的瓦斯。

总的说来，在古代的科技水平下，石炭的开发和利用比石油和天然气容易，所以在辽宋金代已相当普及，并对人们的生产和生活产生了重大影响。

宋代农民的五大公害

宋代社会当然以农业为主要产业，农业经营以租佃制为主、雇佣制为辅。农民之中，自耕农看来比例不大，多数是佃农和半自耕农。在国家户籍中，农民被编成乡村下户和客户。按宋时的户口统计粗略估算，农民约占总人口的五分之四至十分之九，甚至更多。宋代社会的农民是处于最底层的劳苦大众，却又是灿烂宋文明的基石。在当时的社会条件下，农民的五大公害是地租、高利贷、耕地被兼并、官府的苛重税役以及司法腐败。

宋代的耕地大部分为地主所有，农民租种地主耕地，须缴纳地租。地租主要是实物租，大致可分为分成租与定额租两类，也有货币租。分成租一般是对分租，即地主与农民各分田地收获的一半，也有高至七八成者。定额租存在明显的南北差别，北方一般大约每宋亩几宋斗，南方很多是在五宋斗至一宋石之间，也有高达二宋石以上。相当比例的农民无牛，租牛也须出牛租。一头牛有至几石以至十石者。地租本来就相当重，而地主又用各种方式加租，如变更度量衡器具，甚至有以一百九十合为一斗，就等于加租九成。在不少场合，地主还私设牢狱，拷打农民以逼租。宋人有诗说："豪家征敛纵狞隶，单巾大帕如蛮兵。索钱沽酒不满欲，大者罗织小者惊。谷有杨簸实亦簸，巨斛凸概谋其赢。"[57]

高利贷在宋时称生放等。北宋规定的民间私贷利率，年利为100%，古时称"倍称之息"，月利为6%，禁止利上加利的复利，农民未纳赋税，不得先偿私债。南宋改为年利50%，月利4%。但在实际上，民间私下借贷，年利甚至高达200%~300%。"豪民多贷钱贫民，重取其息，岁偿不逮，即平入田产"[58]，利用高利贷兼并农民的耕地。宋诗说："客户耕田主户收，螟蝗水旱百般忧。及秋幸有黄云割，债主相煎得自由？"[59]有的豪民还私设牢狱，"诛倍称之息，械系设于私室"[60]，以酷刑逼债。

宋代地主对农民田地的兼并方式，大致有典田、买田和强占三类。典田不同于买田，农民将田地抵押给地主，照理是可以赎回的，但"为富不仁者因立契抵当，径作正行交易投税，便欲认为己物"[61]。"富人有不占田籍，而质人田券至万亩，岁责其租"[62]，既免广占田产之虚名，又得掠取地租，而不纳赋税之实利。至于凭据权势强占者，如秦桧的妻舅王㬇"寓居抚州，恃秦桧之势，凌夺百姓田宅，甚于寇盗"，为害江西一路。[63]

宋朝苛捐杂税之多，超过前代。朱熹说："古者刻剥之法，本朝皆备。"[64]这表述其实是不完备的，因为宋朝还创造了不少自古未有的刻剥之法。特别是地区性的苛捐杂税，即使是当时的官员，也无法有较完整、较全面的统计。大项目的赋税即有两税、役钱、和买、丁税、科配，还有似税非税的和籴等。即以两税而论，平均为每宋亩一宋斗，但有大斛、大斗、加耗、支移、折变等各种名目的税上加税，加之官吏和揽户的从中勒索，两税负担已十分沉重。南宋晚期四川的和籴,"官籴其百,则私以千言,官科其千,则私以万言"[65],而官府支还的籴本照例是很少的。宋时相当部分劳役由厢军承担,但治理黄河、战时运输等劳役,仍十分繁重。如宋神宗时对西夏战事,河东调发"三十万夫","临时督办,致民皆破产"[66]。地主用各种手段转嫁赋税和劳役,农民则是税役的主要承担者。南宋著名词人辛弃疾说:

> 州以趣办财赋为急,吏有残民害物之状,而州不敢问。县以并缘科敛为急,吏有残民害物之状,而县不敢问。田野之民,郡以聚敛害之,县以科率害之,吏以乞取害之,豪民以兼并害之,盗贼以剽夺害之,民不为盗,去将安之?[67]

司法腐败也是极关农民疾苦的大事。真德秀将"断狱不公,听讼不审,淹延囚系,惨酷用刑,泛滥追呼,招引告讦"列为民间"十害"中的六项。[68]他具体地描述了当时牢狱的黑暗与残酷:"访闻诸县间有轻置人囹圄,而付推鞫于吏手者,往往写成草子,令依样供写,及勒令立批出外索钱,稍不听从,辄加棰楚,哀号惨毒,呼天莫闻。或因囚粮减削,衣被单少,饥冻至于交迫。或枷具过重,不与汤刷,颈项为之溃烂。或屋瓦疏漏不修,有风雨之侵。或牢床打并不时,有虮虱之苦。或坑厕在近,无所蔽障,有臭秽之薰。或因病不早医治,致其瘐死。"[69]北宋时,首都开封府的祥符知县为官户督租,"至勘决不当偿债之人,沽卖欠人田产，及欠人见被枷锢，而田主殴击至死，身死之后，监督其家，不为少止"[70]。南宋江南西路饶州馀干县，官府督额外加租，"将田家十余人，铁料拘锁，拷打无全肤，以为骗乞之资，一番得钱，视为利源""贫下田家，米无可陪，身不可脱，不死不已"。[71]

上述五项公害，无非是宋代地主阶级和代表地主阶级的官府，对农民进行残酷的经济剥削和政治压迫的具体化，这在当时的社会条件下也是不可避免的。总的说来，宋代的大多数农民是生活在贫困线上下，甚至挣扎在饥饿和死亡线上。

世界上最早的纸币发行

纸币如今已成人们日常生活不可或缺之物。宋代发明了世界上最早的纸币。就技术条件而论，发行纸币，一是需要纸，二是需要印刷术。就经济条件而论，当然需要相当发达的商品经济。可见纸币的发明，出现在北宋，并非偶然。北宋纸币诞生地是在四川，当地行用铁钱，这又是一种价贱而笨重的铸币。最初铁钱10文，仅值铜钱1文。铁钱1贯，即1000文，约重3.9千克。如果购买丝织品罗1匹，须用20贯铁钱，约重78千克。这对商品交换，确实非常不便。纸币也就应运而生。

最早在宋真宗大中祥符四年（公元1011年）时，四川十几户富商发行了一种铁钱代币券，名为交子，类似于现代的不记名可流通支票，临时填写价值，尚不完全具备纸币的性质。天圣元年十一月二十八日（公元1024年1月12日），宋朝设立交子务，至此方是世界上首次发行纸币，这可算是铁钱本位制的纸币，而南宋又发行了铜钱本位制的会子纸币。但交子即使是由官府发行，在最初的16年，交子币值被定为1贯至10贯铁钱，在发放时临时书填。到宋仁宗宝元二年（公元1039年），才改为5贯与10贯两种，而固定的币值采用印刷。交子最初是分界发行，一界两周年，横跨三个年度，到时回收。这当然与交子的纸质有关。

交子在最初的50年内，币值保持稳定，这是因为其发行额控制在1256340贯，每界交子有铁钱360000贯作为准备金，可以随时兑换。宋神宗时，将每界交子行用期改为4年，相当于每界交子发行额增长一倍，但稍有贬值。自宋哲宗开始，由于增印，交子出现大幅度贬值。

纸币的诞生，当然是人类文明的一种进步，也有人将此作为一种科技发明，但有利必有弊。一是纸币成本便宜，必然出现伪币，非重禁严刑所能制止。早在私商发行时期，就在印刷时"各自隐密题号，朱墨间错，以为私记"[72]，以防伪造。如果滥印滥发，必然造成通货膨胀。南宋与金元的后期，因财政危机而滥印纸币，都造成了严重的通货膨胀，纸币严重贬值。故到明朝初年，又停止了纸币的发行。

海上贸易大国

中国自唐至宋，对外经济交流由陆路交通为主转变为以海上交通为主。宋代的造船业有相当发展,造船技术有相当提高。人们懂得,海船必须是尖底船,并设计了水密隔舱。南宋后期开始用铁锚取代石碇。[73]特别是指南针的应用,是航海技术的一次革命。到南宋时,指南针又发展为针盘,即罗盘。当然,海上贸易的发达,也离不开经济条件,这无非是旧大陆各地与各国的经济发展和人们生活所需。由于今存史料不足以对当时世界上所有重要海上贸易国列一排行榜,但宋朝作为海上贸易大国的定位,应是确定无疑的。

唐朝的海港主要是交州、广州、泉州和扬州。宋代北自京东的登州、密州,直到海南岛,港口数量明显增加。两浙路有镇江府、江阴军、青龙镇、澉浦镇、杭州、明州、温州和台州等港。福建路主要是泉州,泉州港的地位甚至超过了广州港。广南沿海主要有潮州、广州、钦州、琼州等港。宋朝继承唐制,在重要贸易港口设立市舶司,负责对进口商品抽税。

宋朝出口商品种类颇多,最有特色的则有瓷器、丝织品和铜钱三项。丝织品和瓷器是中国传统的出口产品,因为在很长时间内,主要只有中国生产,又为世界各民族所喜爱。茶也成为重要出口物资,"阜通货贿,彼之所阙者,如瓷器、茗、醴之属,皆所愿得"[74]。最为特殊的是铜钱。一般说来,世界各地传统是用金银作为货币。然而中国缺少金银,就出现了特殊的铜钱,其造型很快统一为象征天圆地方的方孔圆钱,铸以汉字,又形成了特殊的铜钱文化。世界许多地方和国家"得中国钱,分库藏贮,以为镇国之宝。故入蕃者非铜钱不往,而蕃货亦非铜钱不售"[75]。故宋人称"四夷皆仰中国之铜币"[76]。尽管宋朝设立严禁重刑，也无法阻止巨额铜钱的走私出口。东自日本，西至东非，都在吸收宋朝的铜钱。

宋代的进口商品品种繁多，有金银、象牙、犀角、香药等。中国能制作精美的瓷器，而玻璃器皿却依赖进口，这是在相当长时期内特殊的商品交换。宋元人所称的"大食瓶"，即是玻璃瓶，"晶荧龙宫献，错落鬼斧镌。粟纹起点缀，花毯蟠蜿蜒"[77]，由中东传入中原。此外，又如中国已大量生产的黑火药，其原料之一的硫黄，需要从日本进口。宋神宗时，明州"募商人于日本国市硫黄五十万斤"，"每十万斤为一纲，募官员管押"[78]。故宋人称"硫黄颇为国计之助"[79]。

宋代海外贸易之盛况，以泉州的记载为例，"富商巨贾，鳞集其间"，"州南有海浩无涯，每岁造舟通异域"，"涨海声中万国商"，"梯航通九译之重"，"更夸蛮货，皆象犀珠贝之珍"[80]。又如明州，"乃海道辐凑之地，故南则闽广，东则倭人国，北控高丽，商舶往来，物货丰衍"[81]。在广州，由于大量舶货的拥入，以至有"斛量珠玑若市米，担束犀象如肩柴"[82]之诗。

1　《资治通鉴》卷二五九。
2　《南吴旧话录》卷二二《梅贞起》引《乡评录》。
3　《资治通鉴》卷二五〇。
4　《资治通鉴》卷二六四。
5　《新唐书》卷五三《食货志》，《长编》卷三四淳化四年。
6　《全晋诗》卷六。

7	《全唐诗》卷六二一、卷六七一。
8	《象山先生全集》卷十。
9	《石林奏议》卷一一《措置买牛租赁与民耕种利害状》。
10	《尊白堂集》卷一。
11	《江湖长翁文集》卷九。
12	《诚斋集》卷一三。
13	《石湖居士诗集》卷一一。
14	《宋会要》食货六三之一一七。
15	《后乐集》卷一九。
16	《宋会要》食货六三之一六三。
17	《吴郡志》卷一九《水利》,《浪语集》卷一九《论营田》,《定斋集》卷三《条具屯田事宜状》,《历代名臣奏议》卷二六〇蔡戡奏,《古今考》卷一八方回附论。
18	《全唐诗》卷四二五。
19	《全唐诗》卷四二五。
20	《全唐诗》卷一六五。
21	《剑南诗稿》卷一。
22	《剑南诗稿》卷六九。
23	《全唐诗》卷二一九。
24	《司马文正公传家集》卷四八《乞省览农民封事札子》。
25	《文献通考》卷四。
26	《资治通鉴》卷二八三天福七年十月丙子。
27	《宋会要》食货三七之二。
28	《会编》卷一六《北征纪实》。
29	《宋会要》食货三八之四一。
30	《石林奏议》卷一二《堂白收买木绵虔布乞于福建江西两路出产州军和买绢内折纳札子》。
31	《永乐大典》卷五三四三《三阳志》。
32	《元典章》卷二四。
33	《古今合璧事类备要》外集卷六四。
34	《铁庵方公文集》卷三三。
35	《永乐大典》卷七八九〇《临汀志》。
36	《嘉靖河间府志》卷七《土产》,《金史》卷二五《地理志》。
37	《剑南诗稿》卷五九《家居》(其三)。
38	《资治通鉴》卷二八三天福七年十月丙子注。
39	《剑南诗稿》卷六五。
40	参见《中国古代的丝麻棉续编》,载《涓埃编》,河北大学2008年版。
41	《宋史》卷一六二《职官志》。
42	《鸡肋编》卷中。
43	《中州集》卷十《炕寝三十韵》。
44	《剑南诗稿》卷六。

45　《资治通鉴》卷二六九,《辽史》卷七一《太祖淳钦皇后述律氏传》。
46　《新五代史》卷七四《四夷附录》。
47　《麈史》卷上《朝制》,《宋会要》职官三〇之七。
48　《青箱杂记》卷八。
49　《长编》卷一七四皇祐五年五月丁未。
50　《靖康要录》卷一靖康元年正月七日。
51　《忠穆集》卷一《上边事备御十策》,《历代名臣奏议》卷九〇。
52　以《太平御览》卷八六五、卷八六九参校。
53　胡昭曦:《清〈火井碑〉》,《四川古史考察札记》,重庆出版社1986年版,第65页。
54　《彭城集》卷一四《送郑秘丞知邛州蒲江县》。
55　《宋会要》食货二三之二二。
56　"达",原作"连",据《旧唐书》卷三八《地理志》、《新唐书》卷四三下《地理志》改。
57　《蒙川遗稿》卷二《田家吟》。
58　《长编》卷八六大中祥符九年四月辛丑。
59　《南宋群贤六十家小集·静佳龙寻稿·农桑》。
60　《定庵类稿》卷四《与人论民兵书》。
61　《名公书判清明集》卷六《以卖为抵当而取赎》。
62　《宋史》卷四五六《侯可传》。
63　《要录》卷一六四绍兴二十三年三月癸丑。
64　《朱子语类》卷一一〇。
65　《字溪集》卷一《上宣谕余樵隐书》。
66　《宋史》卷三〇三《范育传》。
67　《宋史》卷四〇一《辛弃疾传》。
68　《名公书判清明集》卷一《咨目呈两通判及职曹官》。
69　《名公书判清明集》卷一《劝谕事件于后》。
70　《栾城集》卷四六《论冬温无冰札子》。
71　《黄氏日抄》卷七〇《再申提刑司乞将理索归本县状》。
72　《宋朝事实》卷一五《财用》。
73　铁锚最初称铁猫,形容犹如猫爪,见《癸辛杂识》续集上《栅沙武口》《海蛆》《霍山显灵》。
74　《宋会要》刑法二之一四四。
75　《宋会要》刑法二之一四四。
76　《长编》卷二八三熙宁十年六月壬寅。
77　《宋史》卷四八九《占城传》,《玉澜集·大食瓶》,《渊颖吴先生文集》卷二《大食瓶》。
78　《长编》卷三四三元丰七年二月丁丑,《宋会要》食货三八之三三。
79　《开庆四明续志》卷八《蠲免抽博倭金》。
80　《方舆胜览》卷一二《泉州》。
81　《方舆胜览》卷七《明州》。
82　《青山集》卷八《广州越王台呈蒋帅待制》。

三

教科文与风俗

经学、教育和科举三位一体的确立

宋文明超越了唐文明。近代史家从宋文明中发现若干近代文明的征象，但从主流看来，宋文明仍是中华传统文明的延续、深化和堆积。一种文明愈是发展得过于成熟，在蜕变为另一种新的更高的文明时，似乎就愈发积重难返，步履维艰。宋代经学完成了由"汉学"向"宋学"的转变，即由章句之学转变为义理之学，这不可能是什么犹如西方的文艺复兴，而是中国传统经学发展的深化。与此相关的，一是孟子在宋代由诸子之一而被提到亚圣的地位，儒学开始了孔孟并称的新阶段。二是王安石实行科举改革，考试科目罢诗赋，而主要以儒家经义取士。

对于王安石的科举改革，反对者持两种意见：一是主张完全复旧，其代表人物是苏轼；二是认为此举"乃革历代之积弊，复先王之令典，百世不易之法也。但王安石不当以一家私学，欲盖掩先儒，令天下学官讲解。及科场程试，同己者取，异己者黜"，其代表人物是司马光[1]。然而在事实上，以经义取士遂固定下来，为后世元明清所遵行而不废。

隋唐时科举制的出现，强调以公平竞争的考试，选拔人才，这对以往的世族世选，确实具有革命意义。科举制据说对外国也产生了积极影响。就考试科目而论，以经义取代诗赋，也确有其合理性。

然而有利必有弊。自科举实行儒家经义取士后，经学、教育和科举遂成三位一体，把经学和教育的功能单纯地、狭隘地局限于为入仕而参加科举考试，而官位成了读书人唯一的追逐目标。明朝又推行八股文。这些都是对中国士大夫更深、更厉害的思想禁锢。在此种教育和文化环境下，培养出来的最优秀士人，其最伟大的理想无非是赢得金榜题名，然后治国平天下。反观西方，近代所有的哲学名家都是自然科学家。不少科学家有乐于献身科学、造福人类的襟怀，这在前述的中国古代三位一体环境中，是不可能产生的。

依今天的知识反省中华传统文化之源的经学和诸子，中国人哲学思维是偏重于政治哲学和伦理哲学，而不重视自然哲学。中华的传统思维，是偏向于不作细致的、个别的观察，仅凭借想象，就不费气力地构筑其宇宙模式。宋人周惇颐的《太极图》就是一个典型，他说，"无极而太极，太极动而生阳"，"静而生阴"，"阳变阴合，而生水、火、金、木、土"。依照古代大儒的思维，是偏喜抽象，偏喜综合，偏喜概括，偏喜想象，偏喜模糊甚至混沌，而不求具体，不求分析，不求实证。现代科学实验可分两种层次，一是理论科学实验，二是技术科学实验。中国古代恰好是缺乏理论科学实验的思维和传统，这无疑是扼制了近代自然科学的产生。

要说中国古代完全没有具体实证研究的思路，也是冤枉。当国人获得欧洲近代科学知识之后，再回头寻找故纸堆，发现了如宋代的沈括、明代的宋应星等人物，他们的作品也成了中国古代科学的瑰宝。此外，古代中医学堪称唯一一门至今仍造福全人类的科学，当然，它绝不是精密科学。中医学强调的是辨证施治，蕴含着具体实证研究和丰富的辩证法的思维。中医强调因人而异，可以同病异方、异病同方，这是先进的医疗思想。但总的说来，在古代的教育和文化环境中，此类具体实证研究没能形成主导的、普遍的思维模式。自然科学类图书如《梦溪笔谈》《天工开物》，以及医学类图书都难登大雅之堂，只有四书五经才是至高无上的。人们高度评价宋代沈括的科学贡献，但更重要的，只怕还是需要反省：为何沈括的《梦溪笔谈》反而成了孤立的现象，没能引导古代的士人去钻研自然科学，从而蔚然成风。蔚然成风者只是读经，参加科考，争取金榜题名。

从中国古史上看，禁锢思想言论最大的、影响最深的事件也许是以下五事。一是秦始皇的焚书坑儒。二是汉武帝的罢黜百家、独尊儒术。三是宋神宗在王安石的倡议下，将科举改为以儒家经学取士，从此实现了经学、教育和科举的三位一体。四是明朝在科举中采用八股文。五是清朝康熙、雍正和乾隆三代厉行文字狱。

禁锢思想言论既有威逼的一手，又有利诱的一手。教育的功能是多方面的。一旦将教育的功能理解和压缩为以读经而科举中第做官，又进而以八股文取士，这其实是更厉害的禁锢，对中华文明的落伍产生了极严重的影响。胡适曾惊讶于当清代学者的聪明才智施展于古书堆时，西方学者却将其聪明才智施展于自然科学。这无疑是宋明清三代禁锢思想言论的可悲的总结局。直到鸦片战争前,经学仍然是中国人心目中最大甚至是唯一的学问,人们最终沦落到坐井观天的地步。

标准语的变化
——北京话开始取代洛阳话

自古以来,中国汉族一直有许多方言,但既然有统一的文字,事实上也必然需要和伴随着一种标准语。用语言学家的规范称呼,是汉民族共同语,它是相对于方言而论的。古代标准语并非出自行政命令,进行推广,并且远不是各地的人都能听得懂,却是自然形成的。标准语是出于同一民族内部交流的需要,起着维系一民族的第二文化纽带的作用,十分重要,其作用亦非方块字所能取代。古代标准语的形成和变迁,自然与政治中心的所在地有关。在秦与西汉时,大致是以秦晋一带的方言作为标准语,而自东汉以降,又以洛阳一带的方言作为标准语。

降及唐宋,即使在北方,口头语言与书面语言的差别显著增大。富丽堂皇的唐诗中,已经采纳了一些当时的口语。宋代的汉文更出现了口语化的倾向。由著名的大思想家朱熹的弟子所编的《朱子语类》,在很大程度上保留了朱熹使用宋代口语讲授和谈话的原貌。这证明即使像他那样文化修养很高的士人,尽管还是用古文写作,但平日的言谈,甚至讲授儒家经典,也已经不可能像六七百年前的北方庶民那样,"其辞多古语"[2]。今存有一篇王俊诬告岳飞的状词，全用当时的白话文。这表明由于古文与当时口语相差太大，文化水平不高的人，已经没有能力书写标准古文式的书面语言。

尽管口语发生了很大变化，但因为北宋定都开封的关系，洛阳语作为标准话的地位并未改变，语言学家称之为准共同语。《耆旧续闻》卷七说：

> 乡音是处不同，惟京师，天朝得其正。

《说郛》卷五《谈选》说：

> 寇莱公(准)与丁晋公(谓)同在政事堂日，闲论及天下语音何处为正，寇言："惟西洛人得天下之中。"丁曰："不然，四远各有方言，唯读书人然后为正。"

由于开封与洛阳相近，两地方言应是差别极小，然而谈论语音，仍然是以洛阳"语音最正"。但洛阳方言虽然是标准语的基础，并不就完全等同于标准语，"唯读书人然后为正"，两者的差别犹如今日的北京土话与电台、电视台中的标准普通话的差别。洛阳话虽然是宋代"读书人"的标准话，读书人也一般用标准语，即洛阳话说话，但也可能夹带一些各自的地方腔。

金朝主要是以中都，即今北京为国都。金朝中期，据楼钥《北行日录》上说，接待宋使的"承应人"，作为汉人，"或跪或喏，跪者胡礼，喏者犹是中原礼数，语音亦有微带燕音者"，反映了当时中都话的推广情况，中都话开始取代洛阳话作为标准语的地位。这是中都作为政治中心使然。《金史》卷一一四《合周传》载，完颜合周"语鄙俚"，其"自草括粟榜文"有"雀无翅儿不飞，蛇无头儿不行"之语。众所周知，现代北京话带"儿"字，是其一个特点。看来早在辽金时代，燕地方言即带"儿"字，如辽代称汉人为"汉儿"。

《全元散曲》第一七三四页至一七三六页有无名氏《风月担》，也颇有带"儿"字者，如"倚仗他性儿谦，鲍儿甜"，"自砍得风月担儿尖"，"说着他话儿长"，"秤儿上曾称"，"罢字儿心上有，嫁字儿口头（喏）"，当也是反映当时的大都方言。

自东汉以降，中国的标准语，事实上存在着一个用北京语自然地、缓慢地取代洛阳语的过程，这个过程大致可追溯至金代定都今北京。

席地跪坐的改变

中国古代席地而坐的风俗大约持续了三千年，在唐宋之际方发生变化。但是，东邻日本仍然长时间保留了中国此种风俗和相应的礼仪，可称是中华古风俗的活化石。

了解古代席地而坐其实涉及三个相关方面的问题，即坐姿、礼仪和家具。

古代席地而坐的礼貌姿态就是坐，坐即跪坐，臀部压在脚后跟上，与跪在姿势上相近。故席在家具中占有重要地位。有席方能坐。"正襟危坐"就是指严肃的跪坐姿态。《论语·卫灵公》："师冕见，及阶，子曰：'阶也。'及席，子曰：'席也。'皆坐，子告之曰：'某在斯，某在斯。'"这就是当时入室后的起码礼节。古代君臣之间谈话是严肃的，故一般必须使用坐的姿态。贾谊与汉文帝谈"至夜半，文帝前席"[3]。在跪坐的姿态下，汉文帝听得入耳，他的膝盖就不知不觉地在席上前移。

从考古实物看，安阳出土的商代玉人和石人雕像已有跪坐姿势，另有四盘磨村出土的贵族白石雕像，其双手后撑，膝盖弯曲坐地，头部斜仰，人体呈倒"W"形，看来也是一种商人的坐姿，后世似未沿用。秦兵马俑有蹲跪式，即半跪，古语或称"跽"，是由坐到起的动作，含有戒备之意。在鸿门宴上，樊哙突入，项羽"按剑而跽"[4]。踞即是蹲，这在古代不是一种礼貌的姿势。坐地而双腿伸开，则称箕踞，更是不礼貌者。荆轲刺秦始皇不成，"轲自知事不就，倚柱而笑，箕踞以骂"[5]。

宋代的朱熹说，"古人坐于地，未必是盘足，必是跪。以其惯了，故脚不痛"；"跪坐，故两手下为拜"；"盖古坐时只跪坐在地，拜时亦容易"；"若拜时，低手袛揖，便是肃拜"，其实就是稍变跪坐的姿势，两手撑席；"稽首拜，头至地；顿首拜，头叩地；空首拜，头至手，所谓拜手也"[6]。此类礼节其实都是跪坐姿势的衍生。

古人也有揖礼。刘邦"方踞床，使两女子洗足。郦生不拜，长揖，曰：'足下必欲诛无道秦，不宜踞见长者。'"[7]。司马迁对汉高祖刘邦的描写有不少传神的史笔，活灵活现地刻划了汉高祖粗野的流氓气质，其中涉及当时的席地而坐的礼俗，今人若不懂此种礼俗，就无法理解他史笔之妙。"踞床"，用今人的语言说，就是刘邦坐在床边。但依照汉时的概念，只有跪坐方是"坐"，此种后人公认的垂足坐姿只能叫"踞"，是很不礼貌的。郦生就以降格礼对无礼，在室内不行通常的在席上的拜礼，而改行站立的揖礼。

到了取消席地而坐的宋代，人们就以揖礼为主了，所谓叉手、唱喏之类，都是配合揖礼的。文天祥被俘到元大都，丞相博罗召见，文天祥"长揖"，通事（翻译）命他行蒙古"跪"礼，文天祥说："南之揖，即北之跪，吾南人，行南礼毕，可赘跪乎？"[8]尽管如此，但跪拜之礼并未全废，室内或某些礼仪不再铺席，就另设褥位。如宋宫祀高禖神求子，"褥位以绯"，"乃请皇后行礼，导至褥位，皆再拜"。南宋给宋徽宗"发册宝之礼"，宋高宗"诣册宝幄东褥位，西向立"，"再拜"。[9]

《荀子·礼论》说："越席、床笫、几筵，所以养体也。"此处说到跪坐时三种重要家具，一是席，二是床，三是几。以下分别加以介绍。

席与古人的生活起居极为密切，王室与贵族、平民用席各有等差。据说"天子之席五重，诸侯之席三重，大夫再重"[10]。孔子注重礼节，故"席不正，不坐"[11]。汉光武帝"特诏御史中丞与司隶校尉、尚书令会同，并专席而坐。故京师号曰三独坐"[12]。可见臣僚们见皇帝，往往是几人合着跪坐一席，"专席""独坐"

当然是殊恩。

因古人生活起居与席的关系过于密切，就出现了如避席之类常用语。"礼，师有问，则避席起答。曾子闻孔子之言甚大且深，故瞿然起敬，避席立对。"[13]出于起敬、惶恐、辞让等情况，古人就往往采用避席的动作。管宁与华歆断交，两人"同席读书，有乘轩冕过门者，宁读如故，歆废书出看。宁割席分坐曰：'子非吾友也。'"[14]。断交以割席的方式，这在垂足坐的后世是不可采用的。古代臣僚上殿坐席，就必须脱鞋，汉高祖"乃令萧何赐带，剑履上殿，入朝不趋"[15]，就成为特殊的礼遇。"趋"是臣子入朝必须快走的礼仪。后来的权臣，如曹操、司马懿等都袭用此礼。晚至隋唐交替时，"隋恭帝诏唐王(李渊)剑履上殿，赞拜不名"。当时仍然保留席地而坐的风俗，臣僚"引升殿，皆就席，解(剑)而后升"，"凡朝会赞拜，则曰'某官某'，不名，亦殊礼也。"[16]古人讲究名讳，不直呼大臣的名，也是殊礼。"拜"当然是前引朱熹所说的"跪坐，故两手下为拜"。

估计即使是古代贵族，最初也是在筵席上举行宴会。但史料和实物表明，西周时已发明了"几"的家具，宴会必设几。案最初是指有脚的托盘，用以盛放食物。东汉有著名的孟光"举案齐眉"，礼敬丈夫的故事。[17]《周礼·考工记》说："案十有二寸。"按一般的研究，《考工记》是战国时的作品。战国时的度量衡已经相当邈远，姑以1尺相当22.5厘米计，案高约27厘米，不足1市尺。出现案一类带脚的托盘，可能如梁鸿和孟光那样贫寒之家，未必有经济能力置办几，饮食简陋，就以案代几，据案就食。故后来案渐与几混用。后世更演变为几小案大，唐朝节度使"视事之日，设礼案，高尺有二寸，方八尺"[18]。姑以1唐尺约长0.3米计，礼案高为0.36米，四方桌面各长2.4米。这仍是席地而坐时代的矮桌，而其桌面却要比如今的八仙桌大得多。朱熹说，"古人祭祀，只是席地。今祭祀时，须一椅一桌，木主置椅上"[19]，反映了宋代与唐以前的风俗差别。

床在周代已有记载。《诗经·斯干》："乃生男子，载寝之床。"古代的床是卧具兼坐具，而床脚很短，坐床的姿势是跪坐。床上可设箪，即竹编的垫。帝后专用者可称御床。三国时，司马懿奏："臣昔从辽东还，先帝（魏明帝）诏陛下、秦王及臣升御床，把臣臂，深以后事为念。"[20]榻是床的变种，出现稍晚，榻最初是较小的，可以悬挂。在席地而坐之时，皇帝让臣僚升御床或御榻，算是一种殊礼。后世垂足坐，皇帝独处御座，自然再无臣僚"升御床"的景象。

学者们对胡床早有不少研究，这是游牧民族一种轻便的折叠凳。胡床引进时，内地显然没有其他相似的家具，相近的只是床，遂取名胡床。古代的床是坐卧两用，而胡床既不能卧，也不能跪坐，按照古人的概念，只能是"踞"在其上。但胡床有其实用价值，得以流传，并且在此基础上，发展出了椅、凳之类新家具，对改变汉人席地而坐的礼俗，起了相当作用。

由此可见，在席地而坐的时代，帝王召见臣僚，可有多种场面。汉文帝与贾谊谈话，应是皇帝面南，跪坐席上，而贾谊则面北，相对跪坐。《世说新语》卷中《赏誉》说许询与晋简文帝跪坐交谈,"不觉造膝,共叉手语,达于将旦",也是类似场面。帝王面南,跪坐在御几或御案之后,召见臣僚,也是一种场面。再如帝王面南,跪坐在御床或御榻上,召见臣僚。曹操"将见匈奴使,自以形陋,不足雄远国,使崔季珪(琰)代,帝自捉刀立床头",然而匈奴使者所注意的,竟是"床头捉刀人"[21],大致反映了此种场面。此外,如魏明帝对司马懿托孤,估计病危的魏明帝只能躺在床上,而"升御床"的司马懿大约是在矮脚御床上跪坐。刘备向诸葛亮托孤,估计也是类似场面。

传世的南唐顾闳中《韩熙载夜宴图》为今人提供了由席地而坐转变为垂足坐的生动实证。夜宴自然是非正式的宽松场合,不必过于拘泥礼俗。从画面上看,屋内全是使用高脚椅和坐墩,人们垂足而坐,坐在床上的姿态都相当随便,没有跪坐。特别有趣的是,韩熙载本人盘腿坐在一张大靠背椅上。由于佛教的影响愈益广泛,唐人使用跏趺的姿态已相当普通。如在阎立本《步辇图》中,唐太宗也是盘腿坐在步辇上。按个人的体验,盘腿的坐姿显然要比跪坐舒服些。

即使到辽宋金元时,皇帝的座位还是沿用前代遗俗,称为御榻。南宋初,群臣反对和议,秦桧"于御榻前求去,欲要决意屈己从和"[22]。祭山仪时,辽朝皇帝和皇后"升南坛御榻坐。群臣、命妇分班,以次入就位"[23]。即使晚到明弘治十六年(公元1503年),仍有"上召(刘)大夏入御榻前"[24]的记载。

关于御榻的样式,《宋史》卷一四八《仪卫志》有一段文字:"驾头,一名宝床,正衙法坐也。香木为之,四足琢山(玉雕的山),

以龙卷之。坐面用藤织云龙，四围错采，绘走龙形，微曲。上加绯罗绣褥，裹以绯罗绣帕。每车驾出幸，则使老内臣马上拥之，为前驱焉。"既称皇帝"正衙"所用的为"法坐"，应即是御榻。但"老内臣"能"马上拥之"，就不会是一个大床，实际上已缩小到与龙椅差不多，臣僚不可能像前代那样"升御榻"。除了"法坐"之外，御榻也可有其他称呼，如"御座"[25]、"金交椅"、"御椅子皆黄罗珠蹙"[26]，又称"黄罗、珠子蹙、百花背座御椅子并脚踏"、"御校椅"[27]，或称"金龙御座"[28]。但说御榻即是交椅、椅子，应是不错的。人们常说的"龙椅"，其名称出现似更晚。除椅子外，其他坐具有绣墩、蒲墩、杌子之类。杌子或称兀子，即是四脚凳。

中国人常说衣、食、住、行，这四项当然是中国古代社会生活史或风俗史的重要内容。就住而论，古代主要发生两次大变化：一是自西周开始，以砖瓦木结构房屋取代了夏商时期的茅茨土阶，这是一大进步，直到清代为止，中国式的居屋大致还是沿用砖瓦木结构；二是在唐宋之际，人们在室内由席地而坐改为垂足坐，由此引起家具和礼仪方面的一系列变化。

1　《司马文正公传家集》卷五四《起请科场札子》。
2　《颜氏家训》卷七《音辞第十八》。
3　《汉书》卷四八《贾谊传》。
4　《史记》卷七《项羽本纪》。
5　《战国策·燕策》。
6　《朱文公文集》卷六八《跪坐拜说》，《朱子语类》卷九一。
7　《史记》卷八《高祖本纪》。
8　《文山先生全集》卷一七《纪年录》。
9　《宋史》卷一〇三、卷一〇八《礼志》。
10　礼记·礼器》。
11　《论语·乡党》。
12　《后汉书》卷二七《宣秉传》。
13　《御定孝经注·开宗明义章第一》。
14　《世说新语》卷上《德行》。
15　《史记》卷五三《萧相国世家》。
16　《资治通鉴》卷一八五。
17　《后汉书》卷八三《梁鸿传》。
18　《旧唐书》卷四四《职官志》，《新唐书》卷四九下《百官志》。
19　《朱子语类》卷九〇。
20　《三国志》卷九《曹爽传》。
21　《世说新语》卷下《容止》。
22　《宋史》卷三八二《李弥逊传》。
23　《辽史》卷四九《礼志》。
24　《明史纪事本末》卷四二。
25　《长编》卷一九四嘉祐六年七月壬辰注。
26　《东京梦华录》卷六《十四日车驾幸五岳观》。
27　《梦粱录》卷一《车驾诣景灵宫孟飨》。
28　《西湖老人繁胜录》。

四

◆

两宋名人

范仲淹的两句名言

范仲淹（公元989—1052年），字希文，两浙路苏州吴县人，为宋代重要的政治家。他官至参知政事（副相），在抵御西夏和主持庆历新政中起了相当大的作用。但对后世影响最大者，还是他的人品、他所倡导的气节。欧阳修为他写神道碑说：

> 公少有大节，于富贵、贫贱、毁誉、欢戚，不一动其心，而慨然有志于天下，常自诵曰："士当先天下之忧而忧，后天下之乐而乐也。"[1]

上引的名言是为人们所熟知的，此外，他的另一句格言至少也是同等重要：

> 作官公罪不可无，私罪不可有。[2]

这两句名言具有互补性。古代的"公罪谓缘公事致罪，而无私曲者"，"私罪谓私自犯及对制诈不以实，受请枉法之类"，"私罪谓不缘公事，私自犯者，虽缘公事，意涉阿曲，亦同私罪。对制诈不以实者，对制虽缘公事，方便不吐实情，心挟隐欺，故同私罪。受请枉法之类者，谓受人嘱请，屈法申情，纵不得财，亦为枉法"。[3]私罪就是后人所谓贪赃枉法之类。如果没有先天下之忧而忧的精神，而斤斤计较于个人的富贵、贫贱、毁誉、欢戚、升黜,害怕政治上犯"公罪",不务求个人操守的清白,不能坚持原则,在贪浊的社会和官场里,就必然是私罪可有,而公罪不可有。这两句名言正是古代儒家理想中的官员,特别是台谏官的楷模。纵观范仲淹的一生,仕途中屡受打击和挫折。但君相贬责他,反而成全了他被贬责者的清誉。在不存在"文死谏"的条件下,特别是范仲淹本人,成了一面不计升沉祸福,只论是非曲直的大旗。

古代的儒家学说向来是崇尚名节的,名节是作为一种匡世济时的重要手段。但是,专制政治的本质,却又决然筛选和宠爱随风转舵之人、曲学阿世之士。二者是互相矛盾的,在某种意义上却也是相反相成的。由于儒家学说的强烈影响,以致君主们一般不会公开标榜自己就是喜欢没有名节之士。

宋代最伟大的思想家朱熹评论说,"至范文正方厉廉耻,振作士气","至范文正时便大厉名节,振作士气","本朝惟范文正公振作士大夫之功为多"。[4]范仲淹对宋朝士大夫名节观的发展和振作,产生了重大的影响。

宗泽
——大呼过河身已僵

宗泽(公元1059—1128年),两浙路婺州义乌县人,为抗金名臣和民族英雄。他是元祐六年(公元1091年)进士,入仕之后,"质直好义","自奉甚薄",[5]却因拒绝执行宋徽宗的错误政令，屡遭贬黜等处分，"坐建(道教)神霄宫不虔，除名，编管"，"坐废四年"，[6]屈沉下僚。

宗泽原为不知兵的文臣。他的军事生涯始于靖康元年(公元1126年)出任磁州知州，初战率义兵救援真定府失利，二战在磁州击退来犯之敌，三战是进攻李固渡的敌寨[7]。接着是挥兵南下，解救开封。按宋钦宗之命，康王开河北兵马大元帅府，汪伯彦和宗泽任副元帅，其任务是救援开封。康王与汪伯彦私下商定，让宗泽军南进，并对外扬言康王在宗泽军中，以吸引金人兵锋，而掩护康王、汪伯彦等东逃。宗泽毅然南下，营救开封，接连打了些小胜仗，但看来也吃过败仗[8]，至少他的兵力仍不足以直取开封。金人兵锋所向，宋军或一触即溃，或不战而溃，在兵败如山倒的情势下，宗泽一个不知兵的文臣，年近古稀，却孤军独进，取得如此战绩，已十分难能可贵。

金军灭亡北宋后，宗泽身为大宋臣子，所面临的却是"乱臣贼子"张邦昌与康王，两者必选其一的选择。他虽洞悉康王的为人，也只能劝进，且加以苦谏："一曰近刚正而远柔邪，二曰纳谏诤而拒谀佞，三曰尚恭俭而抑骄侈，四曰体忧勤而忘逸乐，五曰进公实而退私伪。"[9]康王登基后，原来元帅府的官员都攀龙附凤，纷纷高升，唯独宗泽，却被排摈在朝廷之外。

经李纲力争，宗泽才出任开封知府，后又升开封尹、东京留守，[10]他所管辖的地区仅限于开封府界。宗泽虽无权掌管前沿的各军区，然而却在事实上成为最重要的前沿统兵大臣，东京留守司军在他的领导下，成为建炎初宋军的中坚，抗金的重心，最有战斗力的一支队伍。从建炎元年（公元1127年）冬到翌年春，金军在灭辽破宋之后，正值兵威最盛，又在最善战的完颜宗翰（粘罕）等指挥下，对开封发动了最凌厉的攻势，却遭受严重挫败。

前后不过一年，一个年近七旬的老人，居然转眼间成为一个威震南北，并且是两宋最优秀的统兵文臣，这无论如何都是一个奇迹。

宗泽上奏，严正地批判了黄潜善、汪伯彦等投降派的罪恶，坚决主张宋高宗返回开封，主持北伐大计。他极端愤慨地说："其不忠不义者但知持禄保宠，动为身谋，谓我祖宗二百年大一统基业不足惜"，"凡误国之事，无不为之"。[11]他在奏疏中感慨万端地说："臣犬马之齿已七十，于礼与法，皆合致其事，以归南亩。臣漏尽钟鸣，犹仆仆不敢乞身以退者，非贪冒也。实为二圣蒙尘北狩，陛下驻跸在外，夙夜泣血，惟恐因循后时，使天下自此失我祖宗大一统之绪。"[12]他明知自己上奏到此地步，"岂止谤书盈箧而已"，然而在"痛切愤闷"之余，仍然"不避奸邪诋诬，不避冒犯诛戮"，而不断上奏。[13]他强调指出，"大举六月之师"，"机会间不容发"，"愿陛下以时果断而行之，毋惑谗邪之言，毋沮忠鲠之论。倘陛下以臣言为是，愿大驾即日还都，使臣为陛下得尽愚计。若陛下以臣言为非，愿陛下即日放罢老臣，或重窜责，臣所不辞"。[14]"臣若有毫发误国大计,臣有一子〔五〕孙,甘被诛戮,以谢天下。"[15]

宗泽的悲剧,在于他不仅为指挥抗金战争而殚精竭虑,在李纲罢相,朝中失去奥援的情势下,他还必须用极大的精力,以应付朝廷各种本可避免的争执和刁难。时势造就了一位老英雄,却更残酷地折磨着这位老英雄。

正是在内外双重政治与军事压力下,宗泽以风烛残年之躯,心力交瘁,终于"积忧成疾,疽发于背"[16],一病不起,于建炎二年(公元1128年)七月一日病死。临终前,他吟哦杜甫的诗句"出师未捷身先死,长使英雄泪满襟","无一语及家事,但连呼'过河'者三"。[17]其遗表说,"但知怀主,甘委命于鸿毛;无复偷生,期裹尸于马革。夙宵以继,寝食靡宁","岂谓余生,忽先朝露","神爽飞扬,长抱九泉之恨;功名卑劣,尚贻千古之羞","嘱臣之子,记臣之言,力请銮〔舆〕,亟还京阙,上念社稷之重,下慰黎民之心。命将出师,大震雷霆之怒;救焚拯溺,出民水火之中。夙荷君恩,敢忘尸谏"。[18]他至死尚以不得"过河"作为自己的"千古之羞",而"长抱九泉之恨"。陆游《感秋》诗说他"疾危尚念起击贼,大呼过河身已僵"[19]。

在国难深重的年代,人们不难感受到宗泽之死的分量。他身死之日,"都人为之号恸。朝野无贤愚,皆相吊出涕,三学之士千余人为文以哭"[20]。"其家人方入棺,未敛,军兵舁出大厅,三日祭吊,来哭不绝,祭物满厅无数。"[21]有个士人吴芾,"客临安,闻之鸣咽流涕,终夕不寐,为诗哭之,语甚悲壮。即日传播，邮亭、传舍处处题写，读者至为感泣"[22]。这首诗保存了下来，吴芾在诗中说，"咄咄肉食人，尚踵蔡(京)与王(黼)。奸谀蔽人主，痛毒流万邦。人怨天且怒，意气犹洋洋"，"始知国〔病〕在膏肓"，"正色立朝不顾死，半生长在谪籍中"，"太平时节君不容，及至〔艰难〕君始用"，"古来有生皆有终，唯公存亡系休戚"。[23]吴芾虽与宗泽素不相识，但他对当时的朝政与宗泽的立身行事说得相当透彻，只是限于古代的历史条件，不能直接指责君主。

李纲
——谋身性虽拙，许国心独苦

李纲(公元1083—1140年)，字伯纪，福建路邵武军邵武县人，为抗金名臣和民族英雄。北宋晚期，表面上似乎进入了天水朝的太平极盛之时，却内蕴着深刻的危机。李纲作为中级官员，上疏说"当以盗贼、外患为忧"，但"朝廷恶其言，谪监南剑州沙县税务"。[24]

及至靖康时，国势阽危，养士一百六十年的北宋，唯有李纲能挺身救国，作为一个本不知兵的文臣，在仓促之际，居然相当有效地组织了开封的城防，屡次击退了敌人。他虽在士民中赢得了很高的威望，但也招致了同列很深的忌妒。宋钦宗本人来回摇摆于卑怯的投降主义和轻率的冒险主义之间，他委任李纲负责城防，又不能授予全权，更不听李纲的劝阻，而致力于屈辱求和。二月初，发生了宋钦宗批准姚平仲劫金营而失败的事件。众执政乘机夸张事态，诿过于李纲。宋钦宗惊慌失措，下令罢免李纲和统率陕西援兵的老将、同知枢密院事种师道。于是开封城中爆发了陈东领导的伏阙上书的爱国群众运动。几万名无组织的群众云集宣德门下，正说明人同此心、心同此理，大家认定，救国已非李纲莫属。但宋钦宗无疑将爱国群众运动视为厉阶，不能容忍对其君主权威的挑战。他虽然被迫复用李纲，却心存极深的猜忌。在救援太原失败后，将李纲贬黜出京。

南宋初，在国难当头之际，朝野声望最高的，自然是李纲。"天下人望之所归者"，"一人而已"，"万口一音"，说他"德义才力，足以任大事"。[25]宋高宗不得不任命李纲为相。经历北宋末年的变故，李纲已成为深谋远虑的政治家。他认真总结北宋亡国的惨痛教训，审度宋金实力对比，提出一系列对策。他说，"能守而后可战，能战而后可和，而靖康之末皆失之。今欲战则不足，欲和则不可，莫若自治，专以守为策。俟我政事修，士气振，然后可以议大举"，"不务战守之计，唯信讲和之说，则国势益卑，制命于敌，无以自立矣"。[26]这无疑是审时度势的正确对策，既反对轻率冒险，也反对卑屈事仇。但宋高宗实际上却信用黄潜善与汪伯彦，处处对李纲刁难掣肘。李纲在相位仅七十五日，不但去位，而且"责词甚严"，流放到当时号称炎荒之极的海南岛，"凡纲所规画军民之政，一切废罢"。[27]

此后李纲虽也出任过地方大员，宋高宗却一直不容他参与朝政。李纲屡次上奏，坚决主张积极抗金，收复失地，反对投降政策。他说，"深恐退避讲和之议复出，以眩惑圣听，则大事去矣"[28]，"与其事不共戴天之雠，仰愧宗庙，俯失士民之心，而终归于亡，贻羞无穷，曷若幡然改图，正仇雠之名，辞顺理直，以作士民之气，犹可以履危而求安，转亡而为存，未为失策也"[29]。

李纲在晚年的一首诗中写道："回头睇中原，郡国半沙漠。犬羊污宫殿，蛇豕穴城郭。畴能挽天河，一洗氛祲恶。"[30]在诗中抒发了有志难伸的苦闷。绍兴十年（公元1140年）正月，在金朝正式撕毁和约、大举进攻前夕，李纲因三弟李经去世，不胜哀恸，猝然而逝，享年五十八岁。

曾任岳飞幕僚的薛弼写祭文说："志大则难行，才大则难用，谋大则难合，功大则难成。自古在昔，以是为喟，公亦如尔，非天尔耶！"[31]李纲《建炎行》诗说，"谋身性虽拙，许国心独苦"[32]，可以作为他悲剧一生的写照。

李清照和秦桧、王继先

李清照，其出生年难以确定，其生年可能是元丰四年（公元1081年）、六年（公元1083年）或七年（公元1084年），卒年不详，至少活至宋高宗绍兴后期，享年七十岁左右，京东东路济南府历城县人，为冠绝古今的女诗人。

李清照与秦桧的亲戚关系是有史料可稽的。北宋有一个宰相，名叫王珪。他的孙女王氏，史书无名，嫁给秦桧，显然是个河东狮吼式的女子。秦桧后来独相，虽然势焰熏天，但在王氏的雌威面前，却只能伏低做小。王氏未生育子女，秦桧仅与女婢生下庶子林一飞，却被王氏轰出家门。后来有人向秦桧建议，将林一飞恢复秦姓。虽然对秦桧说来，这是至关重要而迫切的头等大事，但王氏却是不可逾越的障碍。她一力维护养子秦熺的地位，秦熺是王氏亲兄的庶子。秦桧不喜秦熺，而林一飞竟不能复姓，使秦桧死不瞑目。王氏是王仲山之女，而王仲山的长姐则嫁给李清照的父亲李格非。所以李清照大致是王氏的表姐妹[33]。

李清照虽是秦桧的亲戚，但至少有两件事表明双方的关系很不好。一是李清照离婚。她改嫁而离婚的事应无疑问，关键是宋代不像明、清时，人们并未将女子，特别是寡妇改嫁，作为一件失节丢人的事。例如文天祥著文坦白亲祖母梁氏改嫁，并无羞愧感，梁氏死后，还为她守孝。宋人有关李清照改嫁的一些记载，决无造谣中伤之意，说她改嫁不可能起毁谤的作用。李清照对后夫忍无可忍，在起诉到判案期间，她必然会拜托亲故。从李清照方面的亲戚而论，权位最高而关系较近的，自然是时任右相的秦桧。但是，她所投靠，并确实为她出力帮忙的亲戚，却是时任兵部侍郎、兼直学士院的綦崇礼。[34]綦崇礼与李清照的亲戚关系却是远而又远，并且是秦桧的政敌，他在秦桧的罢相制词中使用的责词颇为严厉，因此与秦桧结成深怨。二是李清照在一次端午节给皇宫写帖子词，却遭秦桧之兄秦梓从中使坏。[35]

中国成语"结党营私"有深刻的科学内涵，盖不结党就不足以营私。按照中国专制传统的惯例，当秦桧权势炙手可热之际，凡沾亲带故者，特别是王氏方面的亲故，一律飞黄腾达，窃据要津。一人得道，岂止鸡犬升天，甚至连鸡虱和狗蚤也可遨游云霄。但李清照显然不是一个因亲戚关系而受惠者。李清照"欲将血泪寄山河"，"生当为人杰，死亦为鬼雄"的爱国情怀，当与秦桧残害忠良、屈辱苟安于半壁江山的言行相凿枘，是双方交恶的根本原因。

李清照在《金石录·后序》中详细叙述其夫妻节衣缩食所换取的收藏之富，与"得之难而失之易"之过程和悲恸，却无片言只语涉及医官王继先低价强购她家收藏的事。

中国人一般不会不知道遗臭万年的秦桧，而不研究宋史的史学家，一般也不知道王继先。宋高宗是十分荒淫的皇帝，他在扬州白昼淫乐，受到了好色的惩罚，因在金军突击扬州时受了惊吓，丧失了生育能力。医官王继先能为他合壮阳药，就受到特别的恩宠，虽然官位最终不过正四品，却形成一股甚至与秦桧相颉颃的恶势力。韩世忠部将王胜受另一大将张俊迫害，韩世忠为王继先设宴，命王胜出见，拜王继先为干爹。王胜很快就出任镇江府都统制（相当于今大军区司令）。秦桧独相，视执政（相当于今副总理或国务委员）如奴隶，任意颐指气使，却必须巴结王继先。他特别叫妻子王氏，即李清照的表姐妹，与王继先认干亲。宋高宗曾失言:"桧,国之司命;继先,朕之司命。"36

王继先垂涎于赵明诚家的收藏,赵明诚逝世,尸骨未寒,王继先即出面欺压他的未亡人,愿出黄金三百两,收购李清照的收藏。宋代与明清时不同,金银作为流通手段,须与铜钱折价。三百两黄金约折合钱九千贯,九千贯钱当然不是一个小数目,却仍是低价强购无疑。李清照通过亲戚谢克家出面,上奏论诉。但是,在宋高宗的偏袒下,李清照与王继先的官司,以李清照的败诉告终。37 李清照所以没有在《金石录·后序》中提及此事,当然是畏惧王继先的恶势力。据李清照自述,在赵明诚死后,她本人也"大病,仅存喘息",王继先的趁火打劫,当然对她起着雪上加霜的作用,但李清照居然顽韧地、奇迹般地活了下去。她在《金石录·后序》中如泣如诉般的叙述,实际上也应理解为对王继先的控诉。

岳飞的高风亮节点滴

岳飞(公元1103—1142年),字鹏举,河北西路相州汤阴县人,为民族英雄和南宋最优秀的军事家。中国流传着不少历史人物的传奇故事,许多是后世虚构的。但就岳飞而论,在《说岳全传》和一些戏文中,虽然虚构事迹颇多,但对他的高风亮节其实反映得并不充分。

岳飞针砭时弊,有一句流传九百年的名言:"文臣不爱钱，武臣不惜命，天下当太平。"[38]在宋代社会，官场中充溢着崇文抑武的习气，武将被指为粗人。武将能讲出如此一针见血、言简意赅的名言，已极为不易，更何况是身体力行。他担任高官之后，收入自然颇高，却一直过着相当简朴的生活。后妻李娃有一次穿丝织品，岳飞就一定要她更换成低档的麻衣。他的私财收入是十分丰厚的，却经常化私为公，以私财补贴军用。有一次，他以宅库中的物品变卖，造弓两千张。他遇害后被抄家，家中根本没有金玉珠宝，除几千卷书之外，主要只有三千余匹麻布和丝绢、五千余斛米麦，显然还是准备贴补军用的。

宋代统治阶级纳妾是太平常的事。如抗金名将吴玠服用金石，酒色过度，咯血而死。韩世忠不仅纳妾多人，还喜欢污辱部将妻女，竟迫使猛将呼延通自杀。岳飞的前妻刘氏是在战乱情况下，自动离家改嫁的。岳飞与后妻李娃始终是一夫一妻。有一次，吴玠属官出差到岳飞军营，对于岳家军中无姬妾、歌童、舞女等劝酒作陪，颇感惊讶。他回去报告吴玠，吴玠特别为岳飞送来一个四川名姝，并置办许多金玉珠宝做妆奁。岳飞只与这位美女隔着屏风谈话一次，一面未见，就打发了回去。

岳飞根本不是恋栈的官迷，他几次上奏，都表白了准备功成身退的心迹。"三十功名尘与土"的名句，也正表达了他贱视官爵的心态。南宋的百姓对此有广泛的崇高的评价，说他"手握天戈能决胜，心轻人爵祗寻幽"[39]。

岳飞有五个儿子，他死时仅三十九岁，却已是抱儿弄孙的祖父了，长孙岳甫还比幼子岳霆大一岁。因年龄关系，真正能随他出入战阵的就只有长子岳雲，他对岳雲的要求可说是超乎寻常严格，这应是与力图矫正宋军中的各种裙带风式的腐败有关。当岳雲还是一名小军士时，在训练中不慎跌下马来，就被岳飞严责一百军棍。岳雲年龄稍大，就成为一名十分骁勇的战将。他的兵器不像演义或戏曲中所说的是一对铁锤，而是一对铁锥枪，军中称他为"赢官人"，[40]意为这个"官人"(官员的尊称)总能打赢。他参加了多次重要的战役，特别在著名的颍昌大战中，打得人为血人，马为血马，全身创伤一百多处，对扭转战局起了重大作用。但岳飞在一般情况下，只报将士们的战功，却对岳雲的战功扣押不报，并且多次拒绝上级或皇帝为岳雲加官。岳飞平时不准儿子们近酒，在学习的间隙，还让他们参加农事，理由是"稼穑艰难，不可不知也"[41]。

岳飞强调"正己然后可以正物，自治然后可以治人。"[42]他不是如《孟子·万章上》所批评的"枉己而正人者"。岳飞为山河一统的崇高事业而献身，其实仅就不爱钱，不贪色、不恋栈、严以待子四条，就足以成为辉耀千古的历史伟人、爱国英雄。真正了解一个人，是需要作近距离的、长时间的观察。有一书生黄纵，他在岳飞军营中作了近距离的、长时间的观察，他评价岳飞说："公之英威，古人不能过，至于仁心爱物，虽古之名将有所不逮。若夫盛德懿行，夙夜小心，不以一物累其心,虽今之老师宿儒,勉强而力行者,公则优为之。"[43]当时一些宿儒,他们能按儒家教义"勉强而力行者",岳飞"则优为之",能很自然而然地说到做到。

"莫须有"千古奇冤

宋朝与前朝后代相比,相当优礼臣僚和士人。宋太祖传下誓约,"不诛大臣、言官","不得杀士大夫及上书言事人","违者不祥"。[44]北宋历代皇帝十分注意遵守誓约,直到北宋末,宋钦宗开了杀戒,杀了王黼等人。宋高宗即位之初,就残忍地杀害直言敢谏的名士陈东和欧阳澈,陈东是北宋末著名的学生运动领袖。但后来宋高宗也不得不为背上恶名而深感后悔。岳飞身为执政级的宣抚使和枢密副使,照理是不能随便杀戮的。他的遇害绝不是宋朝政治的惯例,而是绝无仅有的特例。

金朝都元帅完颜兀术致信秦桧,说:"尔朝夕以和请,而岳飞方为河北图,且杀吾婿,不可以不报。必杀岳飞,而后和可成也。"[45]这对求和心切的宋高宗君臣当然有重要影响。宋朝既有开国太祖自武将以黄袍加身的来历,向来就把猜忌和防范武将作为重要国策。岳飞坚决主张抗金,与皇帝的政策分歧由来已久,嫌忌日甚。

在专制政体的官场中,从来是功大而谤兴,德高而毁至。岳飞的所有优秀人品,从猜忌的角度看来,正好被视为野心勃勃。宋高宗最嫌忌者，正在于岳飞深得民心和军心。有一个明显的对比，就是大将刘光世赋闲，皇帝"以玩好物数种赐之。光世大喜，秉烛夜观，几至四更"[46]。一个大将玩物丧志，反而使宋高宗十分放心。岳飞为人耿直，朱熹虽然也带有宋代文士一贯轻视武人的偏见，他说，"岳飞恃才不自晦"，"飞作副枢，便直是要去做"，"其用心如此，直是忠勇也"[47]。但唯其忠勇，就更遭宋高宗和秦桧的害怕和忌恨。

尽管宋高宗和秦桧的政治目标尚不尽相同，但无论是从降金乞和，还是从因害怕以至决意消灭大将的威权两方面看，不置岳飞于死地，他们是绝不可能高枕而卧的。

绍兴十一年（公元1141年），整个陷害步骤完全是紧锣密鼓，一环扣一环。首先是解除岳飞军权，罢宣抚使，改任枢密副使。接着又由万俟卨、罗汝楫等上奏弹劾，罢官赋闲。岳飞于八月九日罢官，鄂州大军副都统制张宪按照宋廷的命令，于九月一日由鄂州出发，前往镇江的枢密行府，参见枢密使张俊。八日，张宪的前军副都统制王俊出面，诬告张宪企图裹胁全军到襄阳府，威逼宋廷，让岳飞重新掌军。王俊的状词自然急递发往镇江，早七天出发的张宪须昼行夜宿，等他到达镇江府，恰好是自投罗网。

王俊的状词保留至今，其中分明是一派拙劣的谎言。按其说法，张宪是在八月二十二日召见王俊，告诉他"自家相公"罢官，"我相公处有人来，教我救他"。按宋时的交通条件，即使是官方金字牌递或急递，不分昼夜，派人轮流传送，从临安到鄂州也需十日。如果岳飞真命人送信，也须昼行夜宿，十四天的时间是肯定不可能到达鄂州的。王俊做贼心虚，他特别在诬告状中申明："张太尉说岳相公处人来，教救他，俊即不曾见有人来，亦不曾见张太尉使人去相公处。张太尉发此言，故要激怒众人背叛朝廷。"即使按王俊的状词，岳飞也与张宪的谋反毫无瓜葛。此外，张宪既然意图谋反，又何以在状词中还对王俊说："朝廷必疑我也。朝廷教更番朝见，我去则必不来也！"[48]何不赖在鄂州，反而驯服地前往镇江府？

张俊在枢密行府违反法纪制度，对张宪严刑拷打，上报宋廷，牵连岳飞。宋高宗下令，给岳飞等人举办诏狱，于十月十三日逮捕岳飞，冤狱拖延到岁末，竟持续两个半月。最初，御史中丞、主审官何铸天良发现，他找到秦桧，力辩岳飞无辜。秦桧在理屈词穷之余，便抬出了皇帝，说："此上意也！"[49]只求躲避迫害的韩世忠也挺身而出，责问秦桧，秦桧只是冷冰冰地回答："飞子云与张宪书虽不明，其事体莫须有。"[50]"莫须有"即"岂不须有"[51]，当然完全是蛮不讲理的话，因为秦桧确实也拿不出岳飞等人谋反的任何证据。

卷入岳飞诏狱案者共计九人，秦桧和万俟卨通过刑部、大理寺状上报宋高宗，建议将岳飞和张宪判重刑，岳云、于鹏、孙革、王处仁、蒋世雄、和尚泽一和智浃七人判轻刑。这当然已经是最大限度地重判了。所有九人全部是按私罪论处的。但依"以官当徒"、"以官当流"的减刑规定，[52]如岳云虽量刑为徒刑，其实只是削除一级官阶，罚铜二十斤，每斤铜钱"一百二十文足"，"勒停"。[53]于鹏、孙革、王处仁、蒋世雄的量刑也相类似，在追官、罚铜之后"勒停"，勒停只是革职。智浃作为"七品官子孙"，依律只是罚铜，只有泽一无"官当"。

但宋高宗最终的亲自判决，将岳雲由徒刑超越流刑，定为斩刑，而于鹏、孙革、王处仁、蒋世雄由徒刑升格为流刑，并由"勒停"升格为"除名"。"诸除名者，官爵悉除，课役从本色。"由于"除名"者"六载之后听叙，依出身法"，[54]故于鹏和孙革还被特别规定"永不收叙"[55]。秦桧第二次任相期间，冤狱之多，不可胜计，而诛戮之惨，株连之广，则以这次"莫须有"狱为最。宋高宗在不少冤狱中，一般仍遵守宋太祖的誓约，不开杀戒，而唯独对岳飞的冤狱例外，在秦桧和万俟卨的重判之上，再加重判，特别是将岳雲由徒刑超越流刑，定为斩刑，也足见其狠毒了。

漆侠先生在《杨倩描〈吴家将〉序》中指出，"打开一部二十四史，这些有才干的武将的日子之不好过，是任何一个王朝所莫及的"，"宋专制主义统治的腐败，而这种腐败就是前面提到的对武将特别是对有才干的武将的猜忌、防制，使他们难于建功立业。人们常说：'狡兔死，走狗烹。'[56]在宋代，往往是狡兔未死而走狗先烹"。[57]功成而身戮，本来已是古代君臣关系的残酷规则，何况名将的悲惨归宿，尤甚于此。元朝史官说："高宗忍自弃其中原，故忍杀飞。"[58]就宋高宗而论，他忍于向杀父之仇人屈膝称臣，又忍于对一代贤将下毒手，在天水朝更是绝无仅有的。

演义小说《说岳全传》所虚构的岳飞的愚忠形象，在第六十回、六十一回中达到了极致。张保(史无其人)煽动岳飞和张宪、岳雲杀出冤狱，被岳飞制止。最后，"岳雲、张宪道：'我们血战功劳，反要去我们，我们何不打出去？'岳爷喝道：'胡说！'"三人听任禁子勒死，其理由是"为臣尽忠，为子尽孝"。这些情节当然是不符史实的。

岳飞入狱前，曾得到部属蒋世雄和王处仁的密报，劝岳飞上奏自辩，岳飞却感慨地说："使天有目，必不使忠臣陷不义；万一不幸，亦何所逃！"[59]这反映了岳飞的倔强，他认为宋高宗有足够的明辨真伪的能力，不须自辩，更不愿仿效韩世忠，向皇帝乞求保全。入狱后，他只是在狱案上写了"天日昭昭！天日昭昭"八个大字[60]，史书说他"久不伏，因不食求死"[61]。他临死前，根本就没有"天子圣明，臣罪当诛"之类语言。

文天祥
——时穷节乃见

文天祥(公元1236—1283年)字雲孙，后改履善、宋瑞，吉州吉水县人，为民族英雄。他二十一岁参加科举考试，针对当时宋理宗的嗜欲怠政，他在御试策中反复强调"自强不息"，进行规谏，落笔万言，不起草稿，"一挥而成"，故一举中状元。[62]此后历任中央和地方官。文天祥多次指责弊政，也不免受到一些打击。在官场蹭蹬、岁月蹉跎之中，感慨"少年成老大，吾道付逶迟。终有剑心在，闻鸡坐欲驰"[63]，却仍引用晋朝刘琨和祖逖闻鸡起舞的典故，表明自己的"剑心"。"修复尽还今宇宙，感伤犹记旧江山。近来又报秋风紧，颇觉忧时鬓欲斑"[64]，反映了他的一腔忧国忧民的情怀，一种安邦济世的壮心。

德祐元年（公元1275年），文天祥时任江西安抚使等职。他的祖母刘氏去世，本应守孝，但迫于严峻的形势，只能变卖家产，戴孝服从戎，招募义士，赶赴南宋国都临安（今浙江杭州）。他被派遣守卫平江府（今江苏苏州），但因宋廷的部署失策，加之其他将领的怯战，他的一支部队虽然在常州英勇战斗，壮烈牺牲，竟无补于败局。宋廷又将他召回临安。

次年正月，元朝兵临城下，南宋的官员纷纷逃遁，文天祥临危受命，出任右丞相。听政的谢太后却根本没有抗击的盘算，只是命令文天祥率领若干要员，到元军中和谈。文天祥到敌军中，进行不屈不挠的抗辩，并且痛斥降元的官员。"单骑堂堂入虏营，古今祸福了如陈。北方相顾称男子"，"自分身为齑粉碎，虏中方作丈夫看"等诗句，就是他入元营的写照。[65]元朝统帅伯颜很快发现，唯有文天祥是个伟丈夫，就乘机将他扣留。临安的南宋小朝廷没有了主心骨，只能成为一条无脊梁的狗。"太后传宣许降国"，"臣妾佥名谢道清"，"满朝朱紫尽降臣"。[66]文天祥事后也"深悔一出之误"[67]。

文天祥被元军押解过了大江。他历尽艰险，终于逃脱，泛海南下温州。"厄运一百日，危机九十遭。孤踪落虎口，薄命付鸿毛。"[68]"不是谋归全赵璧，东南那个是男儿。"[69]尽管临安失守，文天祥仍怀着救亡图存、再造乾坤的宏愿，来到年幼的宋端宗的行都福州。文天祥主张出兵温州，而与行朝的掌政者陈宜中、张世杰等异议，最后只能以同都督的身份，在南剑州（今福建南平市）开设都督府，进驻汀州（今福建长汀），出兵江西。

不料文天祥到汀州之后，福州随即失陷，小朝廷浮海南逃广东路。他只得于景炎二年（公元1277年）移屯漳州，又转入梅州（今广东梅县）。他仍然怀抱着复兴的壮志，部署经略江西，于五月进军江西赣州。六月三日，宋军在雩都县大捷，一时声威颇盛。但元军发动反攻，文天祥兵败。

祥兴元年（公元1278年），文天祥转战广东一带。十二月，元军发动奇袭，文天祥不幸在潮阳县五坡岭被执。他吞服脑子（一种海外进口的药物），企图自尽，却不死。他见到元将张弘范，"抗节不屈"[70]。祥兴二年（公元1279年），张弘范押文天祥前往厓山（今广东新会县南），强令他招降宋廷。文天祥遂赋著名的《过零丁洋》诗："辛苦遭逢起一经，干戈落落四周星。山河破碎风飘絮，身世飘摇雨打萍。皇恐滩头说皇恐，零丁洋里叹零丁。人生自古谁无死，留取丹心照汗青。"[71]厓山海战是南宋亡国的最后一战，文天祥"亲所目击，痛苦酷罚，无以胜堪"，"坐北舟中，向南恸哭"，写诗说，"正气扫地山河羞"，"惟有孤臣雨泪垂"。[72]

文天祥被押往元朝的大都（今北京）。当年十一月，见到元朝大臣，坚决不行跪礼，与他们反复辩论，说"国亡，我本当死，所以不死者"，"别立君，为宗庙社稷计"，"今日文天祥至此，有死而已，何必多言"！[73]元朝君臣大多不忍杀他，将他囚禁狱中，不断派遣各种人前来劝降，其中有被俘的南宋小皇帝，也有文天祥的亲弟文璧。文璧"将惠州城子归附"，元世祖说："是孝顺我底。"[74]但文天祥用"弟兄一囚一乘马，同父同母不同天"[75]之语表达了决绝的态度。

此后四个年度，文天祥在阴森的暗狱中度日。"阴房阒鬼火，春院闷天黑"，"二年二大雨，地污实成池"，"臭秽恨莫追，掩鼻不可近"，"嗟哉沮洳场，为我安乐国"，[76]这些诗句就是他牢狱生活的写照。但是，文天祥本着"命有死时名不死，身无忧处道还忧"[77]的痛心，创作了许多诗歌，总结南宋亡国的教训，斥责卖国的奸佞，歌颂战友们的以身许国，描述人民的苦难，抒发了一个爱国斗士的悲壮情怀。他无疑是南宋末期最重要的诗人。其中最重要的代表作，当然是堪称千古绝唱的《正气歌》。他的诗歌是中国诗坛上的一朵奇葩，光彩耀目，以诗言志，情文并茂。

文天祥本来有一个幸福的家庭，一妻二妾二子六女。但他既然从事抗元，覆巢之下，不可能再有完卵，他的儿女，或是夭亡，或是给蒙古贵族做奴隶，两个妹夫也身殉国难。为坚持爱国正气，其家族也付出了惨重的代价。

元世祖对文天祥十分器重，他曾问群臣："南、北宰相孰贤？"群臣都说："北人无如耶律楚材，南人无如文天祥。"[78]

元朝虽然混一南北，但国家治理不良，元世祖时已有不少弊政，他身后更甚。面对着不少叛乱和反抗，元世祖终于听从有的臣僚的劝告，认为被囚的文天祥如虎在柙，仍然威胁着元朝的统治。文天祥最后在至元十九年十二月九日（公元1283年1月9日）慷慨就义，时年四十七岁。文天祥的绝命词说："孔曰成仁，孟云取义，惟其义尽，所以仁至。读圣贤书，所学何事，而今而后，庶几无愧。"[79]这表明他确是一个儒家优秀传统精神的继承者和发扬者。

文天祥曾对元世祖的宠臣阿合马说："南朝早用我为相，北可不至南，南可不至北。"[80]的确，如果南宋早以文天祥取代贾似道，历史自然会改写。然而在专制政体下，官场沉浮和筛选规律往往是黄金下沉、粪土上浮。但既然存在着专制主义中央集权下的等级授职制，养士三百年就不可能不是败政。等级授职制的官场是个贪墨的大染缸，大多数士大夫经历官场的染色，只能成为国家和民族的蠹虫。高官们平日似乎是高视阔步，旁若无人，一旦稍有风吹草动，便立即显露出萎靡卑琐的鼠辈本色。只有很少量的优秀士大夫，能够在大染缸里涅而不缁，却又难逃被排挤、被打击的噩运，而湮没在众多的凡夫俗子之下。北宋与南宋之交，面对金军凌厉攻势，当一大群高官手足无措之际，方得有两个屈沉下僚的文士李纲和宗泽临危脱颖而出，敢于以大气魄和大器识担负救国重任，但宋廷从皇帝到群臣，却容不得两人施展抱负，而使他们沦为悲剧角色。文天祥则经历了比李纲和宗泽更为惨痛的命运。可悲的是他虽然脱颖而出，当了丞相，却几乎没有主持过大政。

1　《欧阳文忠公全集》卷二〇《资政殿学士户部侍郎文正范公神道碑铭》。
2　《晁氏客语》。
3　《前汉纪》卷四、卷二三，《唐律疏议》卷二，《宋刑统》卷二。
4　《朱子语类》卷一二九。
5　《宋史》卷三六〇《宗泽传》。
6　《宋史》卷二二《徽宗纪》，《宗忠简公集》卷七《遗事》，《鲁斋王文宪公文集》卷一四《宗忠简公传》。
7　《宗忠简公集》卷七《遗事》。
8　参见《会编》卷八五，《要录》卷三建炎元年三月壬寅，《靖康稗史笺证·南征录汇》，《宗忠简公集》卷七《遗事》，《鲁斋王文宪公文集》卷一四《宗忠简公传》，《宋史》卷三六〇《宗泽传》。
9　《会编》卷九三，《宗忠简公集》卷一《上大元帅康王札子》。
10　《要录》卷六建炎元年六月戊辰、乙酉，《宗忠简公集》卷七《遗事》。
11　《历代名臣奏议》卷八六，《会编》卷一一六，《要录》卷一五建炎二年五月己丑，《宗忠简公集》卷一《遣少尹范世延机幕宗颖诣维扬奏请回銮疏》（建炎二年五月，通前后表疏，系第二十二次奏请）。
12　《历代名臣奏议》卷八五，《要录》卷一二建炎二年正月丁未，《宗忠简公集》卷一《乞回銮疏》（建炎二年正月，通前后表疏，系第十二次奏请）。
13　《历代名臣奏议》卷八六，《会编》卷一一六，《要录》卷一五建炎二年五月己丑，《宗忠简公集》卷一《遣少尹范世延机幕宗颖诣维扬奏请回銮疏》（建炎二年五月，通前后表疏，系第二十二次奏请）。
14　《历代名臣奏议》卷八六，《要录》卷一五建炎二年五月己丑，《宗忠简公集》卷一《乞回銮疏》（建炎二年五月，通前后表奏，系第二十三次奏请）。
15　《历代名臣奏议》卷八五，《要录》卷一二建炎二年正月丁未，《宗忠简公集》卷一《乞回銮疏》（建炎二年正月，通前后表疏，系第十二次奏请）。
16　《宗忠简公集》卷七《遗事》，《鲁斋王文宪公文集》卷一四《宗忠简公传》，《要录》卷一五建炎二年五月辛卯，《宋史》卷三六〇《宗泽传》。
17　关于宗泽的死期，《宗忠简公集》卷七《遗事》、宋宗中简公全集》卷九《宗忠简公事状》《鲁斋王文宪公文集》、卷一四《宗忠简公传》都为七月十二日，《宋史》卷二五《高宗纪》为七月四日丙戌。据《要录》卷一六建炎二年七月癸未朔和乙未注，宗泽死于七月一日，而宋廷迟至七月十二日甲午得宗泽死讯，则宗泽死期应以《要录》所载为准。
18　《宋宗忠简公全集》卷四，《宗忠简公集》卷二，《要录》卷一六建炎二年七月癸未朔。
19　《剑南诗稿》卷二〇。
20　《要录》卷一六建炎二年七月癸未朔，《宗忠简公集》卷七《遗事》。
21　《朱子语类》卷一三二。
22　《朱文公文集》卷八八《龙图阁直学士吴公神道碑》。

23　《湖山集》卷四《哭元帅宗公泽》。
24　《宋史》卷三五八《李纲传》，《宋会要》职官六九之三，《梁溪全集》卷四〇《论水〔灾〕便宜六事奏状》。
25　《会编》卷一二四，《要录》卷五建炎元年五月乙未附吕中《大事记》，卷六建炎元年六月，《北山小集》卷三六《寄李枢密论事札子》，《太仓稊米集》卷五七《上皇帝书》。
26　《梁溪全集》卷五八《议国是》，卷一七四《建炎进退志总叙》，卷一七八《建炎时政记》，《历代名臣奏议》卷八四。
27　《会编》卷一一三，《要录》卷八建炎元年八月乙亥，《宋宰辅编年录校补》卷一四，《宋史》卷三五八《李纲传》。
28　《梁溪全集》卷九九《论淮西军变札子》，卷一〇〇《奏陈利害札子》。
29　《历代名臣奏议》卷八五，《梁溪全集》卷一〇二《论使事札子》，《要录》卷一二四绍兴八年十二月戊午。
30　《梁溪全集》卷三二《冬日来观鼓山新阁偶成古风三十韵》。
31　《梁溪全集》附录。
32　《梁溪全集》卷一九。
33　《瓯琰集删存》卷一《王太师珪神道碑》、《鸡肋编》卷中、《玉照新志》卷四明确记载李格非娶王珪长女，而秦桧是王珪孙女婿。《宋史》卷四四四《李格非传》载："妻王氏，拱辰孙女。"或所载有误，或是王珪长女死后续弦。李清照生母不论是王珪长女或王拱辰孙女，都与秦桧有亲戚关系。
34　《云麓漫钞》卷一四，《要录》卷五七绍兴二年八月甲寅。
35　《浩然斋雅谈》卷上。
36　《四朝闻见录》乙集《秦桧王继先》。
37　《要录》卷二七建炎三年闰八月壬辰，卷二八建炎三年九月。
38　《朱子语类》卷一一二。
39　《蒙斋集》卷二〇《岳忠武祠》（其二）。
40　《鄂国金佗稡编》卷九《诸子遗事》。
41　《鄂国金佗稡编》卷九《遗事》。
42　《鄂国金佗稡编》卷一五《辞男雲特转恩命第四札子》。
43　《鄂国金佗续编》卷二七黄元振编岳飞事迹。
44　《避暑漫抄》，《松隐文集》卷二六《进前十事札子》，《会编》卷九八《北狩闻见录》，《要录》卷四建炎元年四月，卷七建炎元年七月丙辰，《宋史》卷三七九《曹勋传》。
45　《鄂国金佗稡编》卷二〇《吁天辨诬通叙》。
46　《要录》卷一四〇绍兴十一年六月壬辰。
47　《朱子语类》卷一三二。
48　《挥麈录余话》卷二，《鄂国金佗稡编》卷二四《张宪辨》。
49　《宋史》卷三八〇《何铸传》。

50　《琬琰集删存》卷一韩世忠神道碑。

51　以《永乐大典》卷一九七三五《曾公遗录》与《宋史》卷一九二《兵志》参对，可知宋时"莫"之词义或可作"岂不"解。

52　《宋刑统》卷二。

53　《庆元条法事类》卷七六《罚黩》。

54　《宋刑统》卷二。

55　《建炎以来朝野杂记》乙集卷一二《岳少保诬证断案》。

56　《史记》卷四一《越世家》，卷九二《淮阴侯列传》。

57　《漆侠全集》第九卷《探知集》，河北大学出版社2008年版，第306、308页。

58　《宋史》卷三六五《岳飞传》。

59　《鄂国金佗稡编》卷八《鄂王行实编年》。

60　《说郛》卷一九《因话录》。

61　《要录》卷一四三绍兴十一年十二月癸巳。

62　《文山先生全集》卷三《御试策一道》，《宋史》卷四一八《文天祥传》。

63　《文山先生全集》卷二《夜坐》。

64　《文山先生全集》卷一《题碧落堂》。

65　《文山先生全集》卷一三《纪事》。

66　《增订湖山类稿》卷一《醉歌》。

67　《文山先生全集》卷一三《所怀》。

68　《文山先生全集》卷一三《入浙东》。

69　《文山先生全集》卷一三《诸宰执自京城陷后，无复远略，北人之驱去，皆俯首从之，莫有谋自拔者。予犯死逃归，万一有及国事，志亦烈矣》。

70　《文山先生全集》卷一七《纪年录》。

71　《文山先生全集》卷一四。

72　《文山先生全集》卷一四《二月六日海上大战，国事不济，孤臣天祥坐北舟中，向南恸哭，为之诗曰》，卷一六《南海》第七十五。

73　《文山先生全集》卷一七《纪年录》。

74　《文山先生全集》卷一七《纪年录》。

75　《文山先生全集》卷一五《闻季万至》。

76　《文山先生全集》卷一四《筑房子歌》《正气歌》。

77　《文山先生全集》卷一五《己卯十月一日至燕，越五日，翟狴犴有感而赋》。

78　《文山先生全集》卷一九胡广《丞相传》。

79　《文山先生全集》卷一七《纪年录》、卷一九刘岳申《文丞相传》。

80　《文山先生全集》卷一七《纪年录》。

附录

治史心得

本人治史，根底浅薄，先天不足，又兼之以后天失调，与前辈优秀学者确实存在着不可弥补的学问差距，所以必须声明，自己不必谬充"大家"之列，做人应有自知之明。但如今回顾起来，个人也有两条幸运之处：一是接触和学习了马克思主义，对史识大有裨益；二是正逢研究手段革命的开端，即古籍的电子化、数字化。本人原先只治宋史，在20世纪80年代，因工作关系，由辽史的外行和金史的半内行转为内行。90年代以来，既以批判中华古代专制主义、专制腐败政治为主攻方向，又得益于古籍的电子化、数字化，故个人的研究，由辽宋金断代史逐渐走向通史，自秦汉至明代都写有专文，对秦汉以下的各代，已非全外行。另外也兼写小说与杂文。

归纳个人的论著，一些重要的论点可列举如下：

一、学习和掌握马克思主义理论，对治史极为重要。治史能力，大致是宏观的掌控能力和微观的渗透能力。宏观上不能准确掌控，就会产生方向性、全局性的偏差，甚至一错百错，极需马克思主义哲学的指导。就微观的考证而论，当然是史学家必须具备的基本功，其要领无非是去伪求真，由表（现象）入里（本质），自此及彼，分清主次。考证固然需要逻辑推理，但至少在某些场合下，欲由表入里，分清主次，就更需要马克思主义哲学的指导和运用。

二、治史不应单纯为古人算账。理解过去，透视现在，指点未来，这是一个现代爱国史家对祖国和中华民族应尽的一份义务。研究历史，在不少场合，史识是第一位的，发表出人意表、发人深思、令人回味的史论，很不容易。史识本质上是科学性的问题，是追求真理，却不能不与追求民主的态度息息相关。古今一揆，知今有助于识古，究古有助于察今。治史应当古今一体化，有条件者，也应中外一体化。在某种意义上，史识可说是对历史和现实的综合洞察力。

史学的另一个重要功能，是歌颂正义，批判邪恶。客观而公正的历史记载和研究，是维系社会良知和正义的重要舆论力量。

以上两条功能非其他学科所能取代。

三、由于中华历史悠久，古籍浩繁，即使在古籍开始电子化、数字化的今天，史家的基本训练不可丢，治中华古史打基础，还是应当认真通读前四史和《资治通鉴》。断代史的观念仍不可废，治中华古史必须从断代史入门，方有深入的可能。但可以设想，将来史学学术竞争的主战场将不是在断代史方面，而是在通史方面，谁拥有的通史知识更多更深更广，谁的研究就会更精湛。高明的史学家的作品将会以千万字为统计单位。尽管今后古籍数字化、信息化水平会不断提高，而由断代史走向通史，仍将是一条正确的、高明的治史之道。

四、当今的学术腐败可谓五光十色，如趋炎附势风、拼抢名位风、空头主编风、剽窃风、浮躁风、吹牛风等，不一而足，愈演愈烈。记得马克思曾无比感慨地说，他播下龙种，却收获跳蚤。一些所谓学者的基本特征，无非是以利己主义的心态，兼以实用主义的手段，去歪曲、篡改、阉割或抹杀马克思主义的精华。马克思主义强调事物的必然性，既然有此类人得便宜的滋生条件、抢实惠的活动空间，那么这种姑且称之为跳蚤式的理论家或史学家，必然应运继踵而生。一切稍有良知的治史者应当起而抵制和反对，努力使中华史学的发展走上正道。最大限度地集中精力和时间，应是治史的第一要诀。科学无禁区，媚骨必然扼制史才，科学本身要求从事研究者无私和无畏，其中也包括有勇气承认自己的错误和失败。

五、迄今为止，一切文明社会都是阶级社会。将社会总人口划分为阶级，是人类对自身社会认识的一次飞跃。阶级区分虽不能将纷繁复杂的社会结构包举无遗，却是抓住了人类文明社会结构的根本和核心问题。马克思主义阶级论最根本的实质问题，是强调阶级之间的经济剥削和政治压迫，这是人类文明史的科学提炼和总结。国家是统治阶级镇压被统治阶级的工具，法律是体现统治阶级的意志，其实都是阶级论的派生。阶层论等蓄意掩盖和抹杀阶级之间的经济剥削和政治压迫，就只能是违背人类文明社会的根本事实，违背马克思主义的伪科学和歪理邪说。

目前经常可以在论著中见到所谓"精英"一词，这在西方史学界用得烂熟，而中国史学界却以为新鲜。究其含义，无非是指社会上层人士。按照马克思主义的阶级论，他们是统治和剥削阶级，我有一句诗，"冠盖炎凉少义丘"，这是符合史实的概括。在中国古代儒家思想的教育和影响下，剥削和统治阶级中确实也有少量真正意义上的社会精英。然而其大多数在等级授职制的大染缸里浸沉后，只能是贪污腐化有种，横征暴敛有能，奉承拍马有才，结党营私有份，钩心斗角有术，文过饰非有方，妒贤嫉能有为，无非是国家和民族的蠹虫。治史者应当关注者，是占人口绝大多数的被剥削和被压迫阶级，他们才是灿烂古代文明的基石，尽管在古代史料中，对他们的状况反映很少。

六、人类作为群体动物，形成社会，社会总是需要有人管理公共事务，并且随着文明的演进，管理公共事务的工作不是愈来愈简单，而是愈来愈复杂。如何选贤任能，无疑是掌握公共权力和管理公共事务的永恒主题。人类进入文明社会，即阶级社会后，管理公共事务不可避免地沦为阶级统治，其各种各样的陈规和陋矩，必然严重地阻碍选贤任能原则的贯彻。人类数千年文明史的经验证明，如何掌握公共权力和管理公共事务，是一个关系民族兴衰的重大问题，而比较先进的制度和方式仍然是马列主义早已昭示的直接选举制，而不可能是等级授职制。

对于中国古代秦汉以降的政治体制，治史者过去常用专制主义中央集权一词，应当补充为专制主义中央集权的等级授职制，方可成为一个更加完整、更加科学、更加准确的定性。这援引马克思一句重要的话："用等级授职制去代替普选制是根本违背（巴黎）公社的精神的。"从一般意义上说，贪腐是阶级社会的痼疾、一切剥削阶级的通病，但民主和法治可以大大压缩贪腐滋生的空间。中国古代至近代的史实证明，等级授职制和人治必然产生诸如裙带风、卖官等各种人事腐败，必然成为贪官污吏同性繁殖的最佳温床，贪腐现象滋生不息的怪圈，必然出现官官相护的情况，进而编织成庞大的贪腐保护网。在各种各样的腐败中，人事腐败居于中心地位。在等级授职制下，百姓的好恶和口碑，绝不可能决定一个官员的升沉和荣辱，而上级或最高权力的青睐，才是升沉和荣辱的关键。

中国的古史过于悠久，历代兴亡的往事也积累得过多。一方面是每个王朝开国总是企求长治久安，致力于堵塞各种招致败亡的漏洞，而另一方面又是从来无不亡之国、无不败之朝。尽管每朝每代的覆灭，总是各有许多具体的条件和情况，而其中一个根本性的因素，一条贯穿历代败亡的基线，说来说去，还只是"腐败"二字。腐败的根源，说来说去，也无非是专制主义中央集权的等级授职制。靡不有始，鲜克有终，只要专制体制不变，祖宗发家，子孙败家，由腐败走向灭亡，这是古代权力和财产遗传规律的必然性。欲走出"兴亡成败一刹那"的古史周期律，必须有"居危思安"的认识，首要的一条，就是用马克思主义特别强调和倡导的直接选举制，去逐步取代等级授职制。

七、有的学者提出，要将制度史写成活的制度史，这是很对的。马克思主义对等级授职制的批判，就研究中国制度史而论，应有更高层次上的指导意义。在专制主义中央集权的等级授职制下，制度的运作，不可能离开人治和人事腐败。如若不从这个理论的制高点去俯瞰和研究制度史，制度史就有可能成为死的制度史。

八、中国古代卖官鬻爵的出现和发展，至少有三个普遍性的条件：一是商品经济某种程度的发展，使官爵可以成为商品；二是官爵成为肥缺，方得有买官的可能；三是自秦汉以来，实行专制主义中央集权体制下的各种形式的官员等级授职制，方有卖官的可能。一个时代的卖官，总是与政治的昏暗和腐败程度成正比，总是成为一个时代政治昏暗和腐败程度的重要标尺。依据古代的儒家舆论，腐恶的卖官现象，也与中国自古相传的各种可怕而可憎的政治遗传基因一样，是作为反面事物而受谴责的，处于无理地位。但另一方面，卖官现象仍是滋生不息，且有变本加厉之势。其故非他，卖官现象有丰厚的滋生沃土，就决不可能做到正本清源式的根治。

九、在人类历史上，经济、技术的新旧交替往往是一刀两断型的，一旦新的工艺、产品之类被采用，旧的工艺、产品之类就会被人们弃如敝屣,毫不顾惜。然而政治、文化的新旧交替却往往是藕断丝连型的,旧的政治、文化表现出一种顽强的连贯性或持续性,甚至是"剪不断,理还乱"。用马克思主义的话说,就是死的拖住活的。

十、中华民族是伟大而古老的,迭经磨难而又有强韧生命力的民族。在其漫长的民族发展史上,芳香与秽臭共生,光荣与耻辱并存,正义与邪恶互争,进步和倒退兼备。优秀的历史传统可以成为民族进步的动力,腐恶的历史传统则可以成为民族进步的阻力,甚至反动力。历史传统是不可能被割断的。

任何一个民族的历史传统,大致总有好的、坏的、适用的和不适用的四个部分。一个民族的进步,离不开继承本民族好的、适用的历史政治和文化传统,也应当吸收外民族好的和适用的历史政治和文化传统。中华文明当然是人类史上的优秀文明,否则,又何以在相当长的时期内,居于世界的领先地位;但中华文明也有其严重缺点,否则,又何以在最近的五百六十年左右逐渐落伍。当中华民族处于先进地位时,或不免产生自傲感,不易虚心体察和学习其他民族的长处;反之,当无情的事实证明中华民族处于落后地位时,或不免产生自卑感,将自己的历史政治和文化传统看得一文不值。更有甚者,则是本民族与外民族坏的、应当废弃的历史传统反而极度膨胀,恶性泛滥。既不要自傲,更不能自卑,这就是中庸之道。时至今日,中华大地仍处在文明重建阶段。中华民族不甘永远落人之后,也不会永远落人之后。在复兴中华的伟大事业中，中国传统文明的精华，必将以其久远而顽强的生命力起着重大的、无可替代的作用。

十一、中华历史传统主要可否区分为政治和文化两个层面，而两者似有所差别。

中华文化传统当然有其精品，例如方块字、中医、书法、国画、古乐、民乐、诗词歌赋、戏曲、曲艺、园林建筑、中华烹饪等，但也有糟粕，比如用专制主义控制人们的思想和言论。不论是言者无罪或有罪，都只能是专制统治者的语言。言论当然有是有非，但应当通过平等讨论，通过实践加以解决。以言定罪，以言量刑，则无疑是人类政治文明低级阶段的产物。《国语·周语》的"防民之口甚于防川"是古代著名的格言，然而后代的专制统治者，一般并不以周厉王监谤的败亡为戒，其安全感正是建立在"防民之口"的虚妄基础上。迷信权力，通过行政权力苛待异论，成为中华古代积久的弊政。当然，这样做并非不能取得暂时的效果，就长远而论，却无异于饮鸩止渴。对于错误的思想言论，是应当进行批判的，特别是对某些歪理邪说，也理应口诛笔伐，以求最大限度地压缩其蛊惑人心的空间。

十二、就中华政治传统而论，中国古代也有忧国爱民、清正廉明、直言敢谏、举贤任能、忍辱负重、临危受命等好的政治传统。但是，若对古史作整体考察，好的政治传统无疑不占主导地位，可以命名为非主流政治传统。

至于专制、愚昧和腐败的传统，却在中华古史中占据主导地位，可以命名为主流政治传统。专制必然滋生腐败，而腐败又必然依赖专制。这亦可谓一对难舍难分、形影不离的传统政治遗传基因。愚昧，可否包括三个层面：一是民众缺乏文化教育，二是统治者实行愚民政策，三是有文化的统治者也可以做出愚昧的决策。历史证明，绝顶聪明的统治者在某些场合可能利令智昏，做出绝对愚蠢的事。专制政体本身就是反常思维、变态心理之类的温床，而掌握了最高的、得不到监控的权力的个人，其反常思维、变态心理之类在历史上所起的破坏作用是极其巨大的。中国古代主流政治传统之所以根深蒂固、牢不可拔，成为非常可怕而可憎的习惯势力，其遗传基因又被不断复制，给世界上古老的、人口最多的民族制造了无穷尽的灾祸，其必然性就在于一个专制政体，以及在此政体下的各种形式的等级授官制，不仅一直在延续，并且不断地强化。

十三、专制主义最可怕、最可憎的首要罪恶，可说是传统，就是草菅人命。马克思曾深刻地批判说，"君主政体的原则总的说来就是轻视人，蔑视人，使人不成其为人"，"专制制度必然具有兽性，并且和人性是不相容的。兽的关系只能靠兽性来维持"。我痛感中华民族过于多灾多难，数千年间，供奉在专制主义祭坛上的牺牲过于惨重。老祖宗也发明了"人命关天"一词，此种观点正好与草菅人命相悖，但不居主导地位。人命最为可贵，随着人类文明的演进，国际上已制订了一个公认的反人类罪标准，而专制政体大致不可能避免惨酷的反人类罪，反人类罪为其首要的最大的罪状。这在根本上还是源于专制统治者极端贱视人命。

中华的夏、商、周三代有礼有刑，而无成文法，大致自春秋后期，开始制订和公布成文法，包括铸刑书等。从无法到有法，自然是历史上的一个进步。依个人的简单化理解，法治是法大于权，而人治则是权大于法。尽管出现了成文法，但从战国、秦汉至明清，都是权大于法的人治社会，即使是法令繁多的宋朝，也决不例外。

十四、我们民族至今仍有很沉重的专制主义包袱，在这个包袱甩掉以前，思想解放运动不可能半途而废，反专制主义的任务也不可能半途而废。这是一个千真万确的客观存在，任何人闭着眼睛不承认，也并不能使这个客观存在取消。任何政治权力的干预，只能使思想解放运动延缓或加速，而不能使之终止。光有物质生产的增长肯定是不够的，在专制主义包袱被抛入太平洋之前，中华民族决不可能成为真正意义上的现代先进民族。

十五、英雄造时势，时势造英雄，是中国两个古老的历史哲学命题。其实，在不少场合下，还有时势造小丑、小丑造时势的历史哲学命题。纵观中华数千年史，其实时势造英雄、英雄造时势的情况，还远不如时势造小丑、小丑造时势的情况多，而后一种情况对民族兴衰的影响，也远比前一种情况多而大。一批小丑主宰国运，一方面是自己演出丑剧和闹剧，另一方面则是给广大民众制造悲剧。小丑主宰国运的现象层出不穷，贤良之辈尽管得到百姓的好评，往往屈沉下僚，甚至惨遭陷害。此类现象不断地复出迭见，正是专制体制自身具备的必然性。中国传统儒家哲学很强调所谓君子和小人之争，强调名节。事实上，在专制政治体制下，皇帝亲小人是正常状态，亲君子却是非常状态；士大夫失节是正常状态，而守节却是非常状态。从根本上说，专制政治总是宠爱随风转舵之人，曲学阿世之士。专制政治体制经常会造就小丑神气活现的时势，而小丑也经常会对昏暗腐败政治推波助澜，甚至叱咤风云。一个伟大民族不时遭受一小撮小丑的侮弄和折磨，这是显而易见的史实。一位西方哲学家说："产生英雄的民族是不幸的。"我们岂不可以补充说："不时产生小丑的民族更是可悲的。"

十六、古语称以史为鉴，今人说不要忘记历史。任何民族都需要从历史中提取民族进步的营养素，更何况是中华民族。但是，历代统治者为了一己一群的私利，可以强调和宣传某些历史教训，又隐讳和抹杀某些历史教训，这是不足取的。一个真正的爱国者，应当绝对正视本民族的一切缺陷和错误，只有有勇气正视所有重要的历史教训，克服和改正所有重要的缺陷和错误的民族，才是一个真正伟大的、不可侮的现代民族。

十七、民主与专制政体的主要分野大致有三。一是马克思主义特别强调的普选，即直接选举制。中国大致自夏代进入阶级社会后，就取消了原始社会的选举传统。二是最高权力能否受到有效的监督和制约。三是舆论监督权力，而不是权力监控舆论。《孟子·告子下》说："入则无法家拂士，出则无敌国外患者，国恒亡。"前一句话译成现代语，即如无"法家拂士"主持正论，以舆论监督和制约君主的权力，国家注定会灭亡。古代开明的台谏(御史和谏官)政治多少体现了民主的后两条精神，堪称是在专制政体下的一点民主因素。古代优秀台谏官一不怕罚，二不怕死，以忠于职守的直言彪炳于史册，值得今人继承和发扬。

政见不同是普遍存在的，古今中外，概莫能外，而对不同政见的宽容程度，却无疑是人类政治文明演进的一个重要标尺。那种对不同政见压制、封杀，以至动辄罗织罪状，残酷斗争，无情打击，无疑是人类政治文明低级阶段的产物。不忌讳横挑鼻子竖挑眼式的苛责、鸡蛋里找骨头式的挑剔，正是社会自信力的表现，统治自信心的表现。反之，害怕直言，又是社会缺乏自信心的表现，统治缺乏自信心的表现。在中国古史上，惩创直言，从来是社会走向衰世的表征，是无道暴君的指标。用今人的眼光来看，君主专制体制下的某些台谏官，也可说是具有某种民主色彩的反对派，或者说，按儒家伦理，优秀的台谏官就应当是某种意义上的反对派，能够对君主、宰执等唱反调。反对派的存在，起着监督作用，无疑对政治的清明有利。

官无监督，权无制约，必然产生腐败，这已成了人们的共识。君主专制和权臣等其他形式的专制之所以是落后的政体，正是因为对最高统治者缺乏监督，对最重要的权力缺乏制约。如果台谏官的监察权成为皇权的附庸，在某些场合下甚至是权臣的附庸，就绝不可能真正有效地制约腐败。这是古代监察制度的惨重教训。

十八、祖国和国家乃是现代人的不同概念，不能混淆。恩格斯说，"恰巧在德国，对国家的迷信，已经从哲学方面转到资产阶级甚至很多工人的一般意识中去了。按照哲学家的学说，国家是'观念的实现'，或是译成了哲学语言的尘世的上帝王国，也就是永恒真理和正义所借以实现或应当借以实现的场所。由此就产生了对国家以及一切有关国家的事物的崇拜，由于人们自小就习惯于认为全社会的公共事业和公共利益只能用旧的方法来处理和保护，即通过国家及其收入极多的官吏来处理和保护，这种崇拜就更容易生根"，"实际上，国家无非是一个阶级镇压另一个阶级的机器，这一点即使在民主共和制下也丝毫不比君主制下差"。[1]马克思主义强调国家无非是阶级统治的工具，并无庸人辈所说的神圣性，这是科学的、准确的定性，是经典性的科学结论。爱国主义就是对祖国的热爱和忠忱，与国家的观念无关。

我们必须歌颂历史上的爱国民族英雄，为我们的时代树立正气。但是，新时代的爱国主义，应当以民主和科学作为基本内涵，这与古代的爱国主义，既有密切的传承关系，又有继往开来的创新。对古代的爱国民族英雄，人们不会去苛求他们具有反对专制政治的超前意识，而他们中有很多人却是专制腐败政治的牺牲品。孙中山就不同了，他首先举起了一面民主的大旗。从他开始，任何一个真正的爱国者，就必须具备民主的素养，他们的爱国正气，也必然体现在他们的民主的素养上。在五四时代，我的母校北京大学成了新文化运动的阵地，陈独秀又提出了民主和科学的著名口号，这是对孙中山爱国主义的重要补充。自此之后，任何一个真正的爱国者，就必须具备民主和科学的素养，他们的爱国正气，也必然体现在他们的民主和科学的素养上。在现时代，任何一个人，不管他口头上或书面上如何说，只要他事实上是个反民主、反科学者，在他身上就决不可能体现真正的爱国正气。

十九、《孟子·滕文公下》说："富贵不能淫，贫贱不能移，威武不能屈。"古今的史实证明，这是很高的道德修养境界，但中国古代确有一些清官，以自己的立身行事履践着这条古训，这是极为难能可贵的。但清官不仅需忍受生活上的清苦，在官场上也大都是蹭蹬不得志。等级授职制的官场筛选规律，往往是黄金下沉，而粪土上浮。清官固然可敬，至多也只是在小范围内抵制了一些贪腐现象。清官也可能成为众多贪官的遮羞布。中华民族的反贪如果只是停留在清官戏的水平上，只能说明我们民族没有长进。我们需要的是依据马克思主义的巴黎公社原则,指导和实施反贪。今日的公仆应与古代的清官根本不同。古代的清官是在儒家思想的教育下出现的,但既然存在着人治、存在着等级授职制,他们还是高居于百姓之上的官老爷。但在现时代,"清官"的观念无疑是陈旧和过时了。公仆应是在马克思主义教育下出现的,其身份应由直接选举制和法治确定。划清清官与公仆的界线,在今日尤为重要、必要和迫切。

二十、古人对盛世的内涵没有作出全面的、规范性的诠释,如究其规范,盛世大致可有四条标准:一是吏治清明,贪官污吏稀少;二是百姓安居乐业;三是社会犯罪率低;四是容纳和欢迎直言。这四条标准当然是互相关联,互为因果的。值得注意者,后世人羡称唐朝贞观之治,而唐太宗君臣身居盛世,不自诩盛世,这正是他们的高明处。清朝的康熙、雍正和乾隆三代,在奠定现代中国疆域方面,功不可没(今日的中国版图约只及乾隆时的四分之三)。但从另一角度看,这又是中国与西方列强拉开差距的主要时代,大致有三个方面。一是西方逐渐进入近代民主,逐渐走向以舆论监督权力,而清朝却加强专制政体,厉行历史上最长、最血腥的文字狱。彼此拉开了强盛的民主政体与腐朽的专制政体的差距。二是西方学者的聪明才智用于自然科学,实现了近代科学革命。胡适先生曾惊讶于清代学者的聪明才智反而用于故纸堆,这就是为一些人艳称的乾嘉学派。三是西方开始了工业革命，而中国仍停留在落后农业国的水平。

文化造神运动在历史上并不罕见，是一种重要的、值得深思的历史现象，而宋高宗和秦桧的文化造神运动又具有典型性。大凡统治者日子不好过，或者自感理亏心虚之时，就往往乞灵于自我造神，而必不可少的条件，是需要有一批文丐。利用权势掌控舆论，鼓吹所谓"中兴""盛世"之类，固然可使吹牛拍马的文字堆积如山，鼓噪一时，但到头来，此类文字便成了"满地黄花堆积"，"如今有谁堪摘"，其歪理邪说完全不足以欺骗天下后世。可怜后世的当政者并不能参悟此中的浅显道理，于是一代又一代，吹牛拍马的文字冰山被不断造作，又不断消融。生前作恶多端，犹且痴心妄想，追求身后千古不朽，这只能是永远的幻梦。尽管在清朝典籍中，有数不尽的对皇清"盛世"的赞谀，然而经历康、雍、乾三代，中国在国际竞争中的败势遂成定局，却并不醒悟，犹夜郎自大。

回顾个人的治史道路，从大学时代开始，其实只想远离政治，在学问上搞出点儿名堂。然而不间断的劳动和运动，特别是在悲惨的"文革"劫难时期，中华大地，竟放不下一张平静的书桌。从20世纪70年代后期到80年代，个人其实还是走一条学究式的道路。记得大师兄漆侠先生曾评论我的文章，有"拘谨"两字，说为他《宋代经济史》写的书评还放得开。这是80年代末所写，其实已经有点儿转型了。从90年代开始，我告别了学究式的道路之后，自问史识上有点长进，视野上有点放开，力求站在新的高度，探索我们这个文明古国的来龙去脉。知识分子与政治的关系，是个长期争论的话题。依我观察，在较为良好的政治环境下，知识分子可以两耳不闻窗外事，一心一意搞学问。然而在不良政治的环境下，却是另外的情况。大致有三类人：一是趋炎附势，曲学阿世，浑水摸鱼，以比他人多得到一碗或几碗残羹冷炙为荣，当然，毕竟是僧多粥少，有人可能中彩，成为"宠物"，更多的人则是黯然退出名利场；二是惹不起，躲得起，大致上还是追求洁身自好；三是多少有点儿良知，愿意为祖国和民族的前途尽一点非常微弱的责任，这就必须收获不公正的待遇，甚至承受乖舛的命运。

年过八旬，如果说本人感到有一点自豪的话，自己是光荣的北京大学的毕业生。有人把北大精神概括为"难得清高"。其实，中国自古以来，优秀的士大夫就强调清高。但如今的中国毕竟不同于往昔，是处在一个新时代。如果要说清高的话，不是古代优秀士大夫的清高，而是在专制思想面前，表现出民主的清高。在愚昧和伪科学面前，表现出科学的清高。当然，在腐败面前，也必须表现出洁身自好，入污泥而不染的清高。这只怕才是所谓"北大精神"的精髓。愿以此与志同道合者互勉。

1　《〈法兰西内战〉1891年单行本导言》，《马克思恩格斯选集》第2卷第336页。

王曾瑜

1939年生，上海人，1962年毕业于北京大学历史系。现任中国社会科学院荣誉学部委员、古代史研究所研究员。

著有《鄂国金佗稡编续编校注》《岳飞新传：尽忠报国》《宋高宗：荒淫无道》《宋朝军制初探》《金朝军制》《宋朝阶级结构》《岳飞和南宋前期政治与军事研究》《辽宋西夏金社会生活史》（合撰）《宗泽李纲评传》（与史泠歌合著）等专著，历史系列小说《靖康奇耻》《河洛悲歌》《大江风云》《转战湖汉》《扬威南北》《关山怅望》《忠贯天日》等7部，论文和译文300篇。另有论文选集《凝意斋集》等，论文集《锱铢编》等6部。参与《中国大百科全书·历史卷》（辽宋西夏金部分）和《中国历史大辞典·宋史卷》的编写，参加张政烺先生主编的《中国古代历史图谱》和漆侠先生主编的《辽宋西夏金通史》工作。发表的作品不计重复，总数约1000万字以上。